清　張廷玉等撰

明史

第二册

卷一五至卷三〇（紀志）

中華書局

明史卷十五

本紀第十五

孝宗

孝宗建天明道誠純中正聖文神武至仁大德敬皇帝，〔一〕諱祐樘，憲宗第三子也。母淑妃紀氏，成化六年七月生帝於西宮。時萬貴妃專寵，宮中莫敢言。悼恭太子薨後，憲宗始知之，育周太后宮中。十一年，敕禮部命名，大學士商輅等因以建儲請。是年六月，淑妃暴薨，帝年六歲，哀慕如成人。十一月，立爲皇太子。

二十三年八月，憲宗崩。九月壬寅，卽皇帝位。大赦天下，以明年爲弘治元年。丁未，斥諸佞倖侍郞李孜省、太監梁芳、外戚萬喜及其黨，謫戍有差。

冬十月丁卯，汰傳奉官，罷右通政任傑、侍郞蒯鋼等千餘人，論罪戍斥。革法王、佛子、國師、眞人封號。乙亥，尊皇太后周氏爲太皇太后，皇后王氏爲皇太后。丙子，立妃張氏爲皇后。丁亥，萬安罷。壬辰，追謚母淑妃爲孝穆皇太后。癸巳，吏部左侍郎兼翰林學士徐溥入閣預機務。十一月癸丑，尹直罷。乙卯，詹事劉健爲禮部侍郎兼翰林學士，入閣預機務。戊午，下梁芳、李孜省於獄。十二月壬午，葬純皇帝於茂陵。是月，免江西、湖廣被災稅糧。

是年，安南、暹羅、哈密、土魯番、烏斯藏、琉球入貢。封占城王子古來爲王，諭安南黎灝還占城侵地。

弘治元年春正月己亥，享太廟。丙午，大祀天地於南郊。己未，始考察鎭守武臣。二月戊戌，祭社稷。丁未，耕耤田。封哈密衞左都督罕愼爲忠順王。丙辰，禁廷臣請託公事。三月乙丑，疏文武大臣及中外四品以上官姓名，揭文華殿壁。癸酉，釋奠於先師孔子。乙亥，小王子寇蘭州，都指揮廖斌擊敗之。丙子，御經筵。丁丑，命儒臣日講。

夏四月甲寅，以天暑錄囚。嗣後歲以爲常。六月癸巳朔，日有食之。

秋七月戊辰，減浙江銀課，汰管理銀場官。八月乙巳，小王子犯山丹、永昌。辛亥，犯獨石、馬營。

冬十月乙卯，振湖廣、四川饑。十一月甲申，妖僧繼曉伏誅。乙酉，免河南被災秋糧。

是年，土魯番殺忠順王罕慎，復據哈密。琉球、占城、撒馬兒罕、烏斯藏入貢。

二年春正月丁卯，收已故內臣賜田，給百姓。辛未，大祀天地於南郊。二月癸巳，振四川饑。三月己未，免陝西被災秋糧三分之二。戊寅，閉會川衞銀礦。

夏五月庚申，河決開封，入沁河，役五萬人治之。

秋七月癸亥，以京師霪雨、南京大風雷修省，求直言。戊寅，振畿內水災，免稅糧，給貧民麥種。八月丁酉，復四川流民復業者雜役三年。己酉，憲宗神主祔太廟。十一月戊午，順天饑，發粟平糶。十二月甲申朔，日有食之。辛卯，賜于謙謚，立祠曰「旌功」。

是年，土魯番入貢。撒馬兒罕貢獅子、鸚鵡，却之。

三年春正月甲子，大祀天地於南郊。二月壬辰，免河南被災秋糧。甲午，戶部請免南畿、湖廣稅糧。上曰：「凶歲義當損上益下。必欲取盈，如病民何。」悉從之。三月丙辰，命天下預備倉積粟，以里數多寡爲差，不及額者罪之。庚午，賜錢福等進士及第、出身有差。甲戌，侍郎張海、通政使元守直閱邊。

秋九月庚戌，禁內府加派供御物料。閏月癸巳，禁宗室、勳戚奏請田土及受人投獻。

冬十一月甲辰，停工役，罷內官燒造瓷器。十二月辛亥，以彗星見，敕羣臣修省，陳軍民利病。己未，京師地震。壬戌，減供御品物，罷明年上元燈火。

是年，琉球、安南、哈密、撒馬兒罕、天方、土魯番入貢。

四年春正月癸未，以修省罷上元節假。己丑，大祀天地於南郊，停慶成宴。二月己巳，敕法司曰：「曩因天道示異，敕天下諸司審錄重囚，發遣數十百人。朕以爲與其寬之於終，孰若謹之於始。嗣後兩京三法司及天下問刑官，務存心仁恕，持法公平，詳審其情罪所當，庶不背於古聖人欽恤之訓。」六月辛亥，京師地震。

秋八月庚戌，蘇、松、浙江水，停本年織造。乙卯，南京地震。己未，封皇弟祐楷爲壽王，祐梈汝王，祐橓涇王，祐樞榮王，祐楷申王。

冬十月丙辰，以皇長子生，詔天下。戊午，河溢，振河南被災者。乙丑，禮部尚書丘濬兼文淵閣大學士預機務。十一月庚辰，振南畿災。十二月甲子，土魯番以哈密地及金印來歸。

是年，暹羅入貢。

五年春正月壬午，大祀天地於南郊。二月丙寅，命陝巴襲封忠順王。庚午，減陝西織造絨毼之半。三月戊寅，立皇子厚照爲皇太子，大赦。錄太祖廟配享功臣絕封者後。辛卯，廣西副總兵馬俊、參議馬鉉、千戶王珊等討古田叛僮，遇伏死。

夏六月丁未，免南畿去年被災稅糧。

秋七月甲午，振南京、浙江、山東饑。八月癸卯，劉吉致仕。乙丑，停蘇、松、浙江額外織造，召督造官還。

冬十月壬戌，湖廣總兵官鎭遠侯顧溥、貴州巡撫都御史鄧廷瓚、太監江悳會師討貴州黑苗。十一月丙申，閉溫、處銀坑。十二月丁巳，荆王見潚有罪，廢爲庶人。

是年，琉球、烏斯藏、土魯番入貢。火剌札國貢方物，不受，給廩食遣還。

六年春正月己卯，大祀天地於南郊。二月甲寅，錄常遇春、李文忠、鄧愈、湯和後裔，世襲指揮使。丁巳，擢布政使劉大夏右副都御史，治張秋決河。三月癸未，賜毛澄等進士及第、出身有差。

夏四月己亥，土魯番速檀阿黑麻襲執陝巴，據哈密。己酉，侍郎張海、都督同知緱謙經略哈密。辛酉，久旱，敕修省，求直言。五月丙寅，小王子犯寧夏，殺指揮趙璽。閏月乙未，免南京被災秋糧。六月庚午，捕蝗。壬申，都御史閔珪擊破古田叛僮。

秋八月甲戌，免順天被災夏稅。九月丁酉，免陝西被災夏稅。

冬十月丙寅，以災傷罷明年上元燈火。庚辰，停甘肅織造絨毼。十一月庚申，振京師流民。十二月己卯，敕天下鎮巡官修省。

是年，安南、烏斯藏、土魯番、暹羅入貢。

七年春正月丁酉，大祀天地於南郊。二月甲子，以去年冬孝陵風雷之變，遣使祭告，修省，求直言，命內外慎刑獄，決輕繫。三月癸巳，貴州黑苗平。戊申，兩畿捕蝗。

夏五月甲辰，太監李興、平江伯陳銳同劉大夏治張秋決河。

秋七月乙巳，京師地震。丙午，工部侍郎徐貫、巡撫副都御史何鑑經理南畿水利。九月丁亥，以水災停蘇、松諸府所辦物料，留關鈔、戶鹽備振。

冬十一月壬子，京師地震。十二月甲戌，張秋河工成。己卯，振甘、涼被兵軍民，給牛種。

是年，免北京、河南、湖廣、陝西、山西被災稅糧。琉球入貢。以土魯番據哈密，却其貢使。

八年春正月乙未，大祀天地於南郊，以太皇太后不豫，免慶成宴。壬子，甘肅總兵官劉寧敗小王子於涼州。二月乙卯朔，日有食之。戊午，丘濬卒。乙丑，禮部侍郎李東陽、少詹事謝遷入閣預機務。己卯，黃陵岡河口工成。三月壬辰，免湖廣被災稅糧。己亥，寧夏地震。

夏四月甲寅，蘇、松各府治水工成。壬戌，諭吏部、都察院，人材進退，考察務得實跡，不可偏聽枉人。五月己丑，免南畿被災秋糧。

秋七月丁亥，封宋儒楊時將樂伯，從祀孔子廟庭。戊子，廣西副總兵歐磐擊破平樂叛瑤。八月癸亥，以四方災異數見，敕羣臣修省。

冬十一月己酉，免直隸被災秋糧。十二月辛酉，巡撫甘肅僉都御史許進、總兵官劉寧入哈密，土魯番遁，遂班師。

是年，爪哇、占城、烏斯藏入貢。乜克力諸部款肅州塞求入貢，卻之。

九年春正月壬辰，大祀天地於南郊。二月庚午，免河南被災稅糧。辛未，右通政張璞、大理少卿馬中錫閱邊。三月丙申，賜朱希周等進士及第、出身有差。

夏四月戊子，以岷王膺鉟奏，逮武岡知州劉遜。給事中、御史龐泮、劉紳等諫，下錦衣衞獄，尋釋之。六月庚子，免江西被災稅糧。

秋八月壬寅，免湖廣被災秋糧。九月己酉，禁勢家侵奪民利。〔三〕

是年，日本、琉球、烏斯藏入貢。

十年春正月庚戌，大祀天地於南郊。三月辛亥，以旱霾修省，求直言。甲子，召大學士劉健、李東陽、謝遷於文華殿議庶政，後以爲常。

夏五月戊辰，小王子犯潮河川。己巳，犯大同。六月己卯，侍郎劉大夏、李介理宣府、大同軍餉。

秋七月癸丑，都督楊玉帥京營軍，備永平。

冬十一月庚子，土魯番歸陝巴，乞通貢。

是年，免南畿、山西、陝西被災稅糧，振山東、四川水災。安南、暹羅、烏斯藏入貢。

十一年春正月丁未，大祀天地於南郊。二月己巳，小王子遣使求貢。

夏五月戊申，甘肅參將楊翥敗小王子於黑山。

秋七月己酉，總制三邊都御史王越襲小王子於賀蘭山後，敗之。癸亥，徐溥致仕。八月癸未，振祥符民被河患者。

冬十月丙寅，命工作不得役團營軍士。甲戌，清寧宮災。丁亥，敕羣臣修省，求直言，罷明年上元燈火。十一月壬子，免陝西織造羊絨。閏月壬戌朔，日有食之。乙酉，罷福建織造綵布。十二月庚子，禁中外奢靡踰制。壬子，以清寧宮災詔赦天下。

是年，免山西、陝西、兩畿、廣西、廣東被災稅糧。土魯番、烏斯藏入貢。

十二年春正月辛未，大祀天地於南郊，免慶成宴。二月壬辰，免山東被災夏稅。戊申，嚴左道惑衆之禁。三月丁丑，賜倫文敍等進士及第、出身有差。

夏四月癸巳，敕宣、大、延綏備邊。是月，免湖廣、江西被災稅糧。五月戊寅，免南畿被災秋糧。六月甲辰，闕里先師廟災，遣使慰祭。

秋八月，免河南、南畿被災夏稅。九月壬午，普安賊婦米魯作亂。〔三〕甲申，重建清寧宮成。

是年，占城、烏斯藏、土魯番、爪哇、撒馬兒罕入貢。

十三年春正月乙丑，大祀天地於南郊。二月戊子，免山西被災稅糧。庚寅，定問刑條例。乙未，嚴旌舉連坐之法。

夏四月，火篩寇大同，遊擊將軍王杲敗績於威遠衞。乙巳，平江伯陳銳爲靖虜將軍，充總兵官，太監金輔監軍，戶部左侍郎許進提督軍務，禦之。五月甲寅朔，日有食之。丙辰，召大學士劉健、李東陽、謝遷於平臺，議京營將領。癸亥，火篩大舉入寇大同左衞，遊擊將軍張俊禦却之。〔四〕六月甲申，免江西被災秋糧，停山、陝採辦物料。庚子，召陳銳、金輔還，保國公朱暉、太監扶安往代，益兵禦寇。

秋七月己巳，京師地震。八月辛卯，振江西水災。

冬十月戊申，兩京地震。是月，小王子諸部寇大同。十二月辛丑，火篩寇大同，南掠百餘里。

是年，小王子部入居河套，犯延綏神木堡。琉球、土魯番、烏斯藏入貢。

十四年春正月庚戌朔，陝西地大震。己未，大祀天地於南郊。二月己亥，罷陝西織造中官。

夏四月庚辰，工部侍郎李鐩總督延綏邊餉。戊子，保國公朱暉、提督軍務都御史史琳、監軍太監苗逵分道進師延綏。戊戌，免陝西、山西物料。是月，火篩諸部寇固原。五月庚戌，振大同被兵軍民，免稅糧。辛酉，免陝西被災稅糧。戊辰，修闕里先師廟。命各布政使司上地里圖。

秋七月丁未，泰寧衞賊犯遼東，掠長勝諸屯堡。癸亥，南京戶部尚書王軾兼左副都御史提督軍務，討貴州賊婦米魯。丁卯，朱暉、史琳襲小王子於河套。庚午，分遣給事中、御史清理屯田。閏月乙酉，都指揮王泰禦小王子於鹽池，戰死。戊戌，振兩畿、江西、山東、河南水災。八月己酉，免河南被災稅糧。是月，火篩諸部犯固原，大掠韋州、環縣、萌城、靈州。己巳，減光祿寺供應，如元年制。火篩諸部犯寧夏東路。九月丙子朔，日有食之。丁亥，遣使募兵於延綏、寧夏、甘、涼。甲辰，召史琳還，起秦紘爲戶部尚書兼副都御史，〔五〕代之。冬十一月癸巳，分遣侍郎何鑑、大理寺丞吳一貫振卹兩畿、山東、河南饑民。十二月戊辰，遼東大饑，振之。是月，寇出河套。

是年，免湖廣、江西、山西、山東、陝西、河南、畿內被災稅糧。安南、琉球入貢。

十五年春正月丙子，朱暉帥師還。丙戌，大祀天地於南郊。二月癸丑，免河南被災稅糧。三月癸未，罷饒州督造瓷器中官。庚寅，賜康海等進士及第、出身有差。

夏四月壬寅，振京師貧民。五月庚子，免湖廣被災秋糧。秋七月己卯，錄劉基後裔世襲指揮使。己丑，王軾破斬米魯，貴州賊平。辛卯，命各邊衞設養濟院、漏澤園。八月庚戌，以南京、鳳陽雷雨大風，江溢爲災，遣使祭告，敕兩京羣臣修省。九月庚午朔，日有食之。戊子，放減內府所畜鳥獸。冬十月癸卯，罷明年上元燈火。十一月壬申，瓊州黎賊作亂。甲午，罷廣東採珠。十二月己酉，大明會典成。辛亥，以疾不視朝。是月，免南畿被災秋糧。是年，琉球、安南入貢。

十六年春正月癸酉，遣官代享太廟。二月辛丑，視朝。戊申，大祀天地於南郊。三月癸巳，免山西被災稅糧。夏四月辛亥，敕宣、大嚴邊備。五月戊子，以雲南災變敕羣臣修省。刑部侍郎樊瑩巡視雲、貴，察官吏，問民疾苦。秋七月，廣東官軍討黎賊，敗之。九月丁丑，振兩畿、浙江、山東、河南、湖廣被災軍民。冬十一月甲戌，罷營造器物及明年上元烟火。是月，免南畿被災秋糧。十二月丙午，免淮、揚、浙江物料。

是年，安南、暹羅、哈密、土魯番、撒馬兒罕入貢。

十七年春正月辛未，南京工部侍郎高銓振應天饑。甲戌，大祀天地於南郊。壬午，嚴誣告之禁。二月甲寅，減供用物料。己未，嚴讖緯妖書之禁。庚申，免浙江被災稅糧。三月壬戌，太皇太后崩。癸未，定太廟各室一帝一后之制。

夏四月己酉，葬孝肅皇太后。閏月辛酉，闕里先師廟成，遣大學士李東陽祭告。庚午，免山東被災稅糧。乙亥，以四方災荒敕羣臣修省。庚辰，命諸司詳議害民弊政。五月壬辰，罷南京、蘇、杭織造中官。六月乙亥，始命兩京五品以下官六年一考察。辛巳，召劉健、李東陽於暖閣，議邊務。癸未，火篩入大同，指揮鄭瑀力戰死。

秋七月癸巳，工部侍郎李鐩、大理少卿吳一貫、通政司參議叢蘭分道經略邊塞。甲午，左副都御史閻仲宇、通政司參議熊偉分理邊餉。八月戊辰，命天下撫、按、三司官奏軍民利病，士民建言可採者，所司以聞。甲申，免南畿被災夏稅。丁亥，召馬文升、戴珊於暖閣，諭以明年考察，務訪實蹟，以求至當。九月庚寅，諭法司不得任情偏執，致淹獄囚。甲寅，太常少卿孫交經略宣、大邊務。丁巳，御暖閣，諭劉健、李東陽、謝遷：「諸邊首功，巡按御史察勘，動淹歲年，非所以示勸。自今奏報，以遠近立限。違者詰治。」諭講官進講直言毋諱。

冬十一月戊子，罷雲南銀場。十二月庚午，申閑糴之禁。甲申，免湖廣被災秋糧。是年，琉球、撒馬兒罕、哈密、烏斯藏入貢。

十八年春正月己丑，小王子諸部圍靈州，入花馬池，遂掠韋州、環縣。戶部侍郎顧佐理陝西軍餉。乙未，大祀天地於南郊。甲辰，小王子陷寧夏清水營。二月戊辰，御奉天門，諭戶、兵、工三部曰：「方今生齒漸繁，而戶口、軍伍日就耗損，此皆官司撫卹無方，因仍苟且所致。其悉議弊政以聞。」三月癸卯，賜顧鼎臣等進士及第、出身有差。夏四月戊寅，刑部侍郎何鑑撫輯荆、襄流民。甲申，帝不豫。五月庚寅，大漸，召大學士劉健、李東陽、謝遷受顧命。辛卯，崩於乾清宮，年三十有六。六月庚申，上尊謚，廟號孝宗，葬泰陵。

贊曰：明有天下，傳世十六，太祖、成祖而外，可稱者仁宗、宣宗、孝宗而已。仁、宣之際，國勢初張，綱紀修立，淳樸未漓。至成化以來，號爲太平無事，而晏安則易耽怠玩，富盛則漸啓驕奢。孝宗獨能恭儉有制，勤政愛民，兢兢於保泰持盈之道，用使朝序清寧，民物康阜。易曰：「无平不陂，无往不復，艱貞无咎。」知此道者，其惟孝宗乎。

校勘記

〔一〕孝宗建天明道誠純中正聖文神武至仁大德敬皇帝　建天，原作「達天」，誠純，原作「純誠」，據孝宗實錄改。

〔二〕九月己酉禁勢家侵奪民利　原脫「九月」。「己酉」承上文「八月」，卽成爲八月己酉。按是年八月乙亥朔，不得有己酉日。孝宗實錄卷一一七繫「己酉」於九月，據補。

〔三〕九月壬午普安賊婦米魯作亂　孝宗實錄卷一五一、國榷卷四四頁二七三七均繫於六月癸卯。此「九月壬午」係兵部議奏征討之日，非始事之日，參見孝宗實錄卷一五四。

〔四〕遊擊將軍張俊禦却之　張俊，原作「張浚」，據本書卷一七五張俊傳、孝宗實錄卷一六二改。

〔五〕起秦紘爲戶部尚書兼副都御史　秦紘，原作「秦鋐」。本書卷一六武宗紀、孝宗實錄卷一七九都作「秦紘」。按本書卷一七八有秦紘傳，事跡與紀合，據改。

明史卷十六

本紀第十六

武宗

武宗承天達道英肅睿哲昭德顯功弘文思孝毅皇帝，諱厚照，孝宗長子也。母孝康敬皇后。弘治五年，立爲皇太子。性聰穎，好騎射。

十八年五月，孝宗崩。壬寅，卽皇帝位。以明年爲正德元年，大赦天下，除弘治十六年以前逋賦。戊申，小王子犯宣府，總兵官張俊敗績。庚戌，太監苗逵監督軍務，保國公朱暉爲征虜將軍，充總兵官，右都御史史琳提督軍務，禦之。

秋八月甲寅，尊皇太后爲太皇太后，皇后爲皇太后。丙子，召朱暉等還。九月甲午，南京地震。丁酉，振陝西饑。

冬十月丙辰，小王子犯甘肅。庚午，葬敬皇帝於泰陵。十一月甲申，御文華殿日講。

是年，占城、安南入貢。

正德元年春正月乙酉，享太廟。己丑，大祀天地於南郊。二月壬子，御經筵。乙丑，耕耤田。三月甲申，釋奠於先師孔子。

夏五月丙申，減蘇、杭織造歲幣。六月辛酉，禁吏民奢靡。免陝西被災稅糧。是日，大風雨壞郊壇獸瓦。庚午，諭羣臣修省。

秋八月乙卯，復遣內官南京織造。戊午，立皇后夏氏。

冬十月丁巳，戶部尚書韓文帥廷臣請誅亂政內臣馬永成等八人，大學士劉健、李東陽、謝遷主之。戊午，韓文等再請，不聽。以劉瑾掌司禮監，丘聚、谷大用提督東、西廠，張永督十二團營兼神機營，魏彬督三千營，各據要地。劉健、李東陽、謝遷乞去，健、遷是日致仕。己未，東陽復乞去，不允。壬戌，吏部尚書焦芳兼文淵閣大學士，吏部侍郎王鏊兼翰林學士，入閣預機務。戊辰，停日講。十一月甲辰，罷韓文。十二月丁巳，命錦衣衞官點閱給事中。癸酉，除曲阜孔氏田賦。

是年，哈密、烏斯藏入貢。

二年春正月乙亥朔，日有食之。乙酉，大祀天地於南郊。閏月庚戌，杖給事中艾洪、呂翀、劉蒞及南京給事中戴銑、御史薄彥徽等二十一人於闕下。二月戊戌，杖御史王良臣於午門，御史王時中荷校於都察院。三月辛未，以大學士劉健、謝遷，尚書韓文、楊守隨、張敷華、林瀚五十三人黨比，宣戒羣臣。是月，敕各鎮守太監預刑名政事。

夏五月戊午，度僧道四萬人。己巳，復寧王宸濠護衞。六月甲戌，孝宗神主祔太廟。戊寅，罷修邊垣，輸其費於京師。

秋八月丙戌，作豹房。

冬十月甲申，逮各邊巡撫都御史及管糧郎中下獄。丙戌，南京戶部尚書楊廷和為文淵閣大學士，預機務。十二月壬辰，開浙江、福建、四川銀礦。

是年，琉球入貢。

三年春正月丁未，大祀天地於南郊。辛亥，大計外吏，中旨罷翰林學士吳儼、御史楊南金。二月己巳，令京官告假違限及病滿一年者皆致仕。三月乙卯，賜呂柟等進士及第、出身有差。

夏四月乙亥，軍民納銀，得授都指揮僉事以下官。六月壬辰，得匿名文書於御道，跪羣臣奉天門外詰之。〔一〕下三百餘人於錦衣衞獄，尋釋之。

秋七月壬子，命天下選樂工送京師。八月辛巳，立內廠，劉瑾領之。庚寅，下韓文錦衣衞獄，罰輸米千石於大同。是月，山東盜起。九月癸卯，削致仕尚書雍泰、馬文升、許進、劉大夏籍。辛酉，逮劉大夏下獄，戍肅州。癸亥，振南京饑。

冬十月辛未，南京工部侍郎畢亨振湖廣、河南饑。十一月乙未，振鳳陽諸府饑。

是年，安南、哈密、撒馬兒罕、烏斯藏入貢。

四年春正月丙午，大祀天地於南郊。二月丙戌，削劉健、謝遷籍。三月甲辰，振浙江饑。己酉，吏部侍郎張綵請不時考察京官，從之。

夏四月乙亥，王鏊致仕。六月戊子，吏部尚書劉宇兼文淵閣大學士，預機務。

秋八月辛酉，遣使覈各邊屯田。是月，義州軍變。閏九月，小王子犯延綏，圍總兵官吳江於隴州城。

冬十一月甲子，犯花馬池，總制尚書才寬戰死。十二月庚戌，奪劉健、謝遷等六百七十五人誥敕。

是年，兩廣、江西、湖廣、陝西、四川並盜起。琉球、安南、哈密、土魯番、撒馬兒罕入貢。

五年春正月丁卯，大祀天地於南郊。庚辰，籍故尚書秦紘家。二月癸巳，兵部尚書曹元爲吏部尚書兼文淵閣大學士，預機務。三月辛未，禱雨，釋獄囚，免正德三年逋賦。乙酉，江西賊熾，右都御史王哲巡視南、贛，刑部尚書洪鍾總制川、陝、河南、鄖陽軍務兼振卹湖廣。〔二〕

夏四月庚寅，安化王寘鐇反，殺巡撫都御史安惟學、總兵官姜漢。丙午，起右都御史楊一清總制寧夏、延綏、甘、涼軍務，涇陽伯神英充總兵官，討寘鐇。辛亥，詔赦天下。太監張永總督寧夏軍務。是日，遊擊將軍仇鉞襲執寘鐇，寧夏平。五月癸未，焦芳致仕。六月庚子，帝自號大慶法王，所司鑄印以進。丙午，劉宇罷。

秋七月壬申，洪鍾討沔陽賊，平之。八月甲午，劉瑾以謀反下獄。詔自正德二年後所更政令悉如舊。戊戌，治劉瑾黨，吏部尚書張綵下獄。己亥，曹元罷。丁未，革寧王護衞。戊申，劉瑾伏誅。己酉，釋謫戍諸臣。九月丙辰，論平寘鐇功，封仇鉞咸寧伯。戊午，吏部尚書劉忠、梁儲並兼文淵閣大學士，預機務。己未，以平寘鐇、劉瑾功，封太監張永兄富、弟容皆爲伯。癸酉，封義子指揮同知朱德、太監谷大用兄大寬、馬永成兄山、魏彬弟英皆爲伯。

冬十月己亥，戮張綵尸於市。十二月己丑，賊陷江津，僉事吳景死之。

是年，日本、占城、哈密、撒馬兒罕、土魯番、烏斯藏入貢。

六年春正月甲子，大祀天地於南郊。癸酉，賊陷營山，殺僉事王源。二月丙申，寘鐇伏誅。己酉，起左都御史陳金總制江西軍務討賊。三月戊辰，賜楊愼等進士及第、出身有差。庚午，惠安伯張偉充總兵官，右都御史馬中錫提督軍務，討直隸、河南、山東賊。丙子，免被寇州縣稅糧一年。是月，小王子入河套，犯沿邊諸堡。

夏四月癸未，劉忠乞省墓歸。是月，淮安盜起。六月，山西盜起。

秋七月壬申，賊犯文安，京師戒嚴。癸酉，調宣府、延綏兵入援。八月己卯，兵部侍郎陸完將邊軍討賊。四川巡撫都御史林俊擒斬賊首藍廷瑞、鄢本恕。甲申，賊劉六犯固安。丙戌，召張偉、馬中錫還。九月丙寅，再調宣府及遼東兵益陸完軍。

冬十月癸未，賊陷長山，典史李暹戰死。甲申，賊焚糧艘於濟寧州。丁酉，甘州副總兵白琮敗小王子於柴溝。〔三〕十一月庚戌，太監谷大用、張忠，伏羌伯毛銳帥京軍會陸完討賊。丙辰，戶部侍郎叢蘭、王瓊振兩畿、河南、山東。戊午，京師地震。辛酉，敕修省。乙亥，瘞暴骨。十二月癸巳，禮部尚書費宏兼文淵閣大學士，預機務。甲午，淸河口至柳鋪，黃河淸三日。辛丑，賊掠蒼溪，兵備副使馮傑敗死。

是年，自畿輔迄江、淮、楚、蜀盜賊殺官吏，山東尤甚，至破九十餘城，道路梗絕。琉球、哈密入貢。

七年春正月甲寅，賊犯霸州，京師戒嚴。丁巳，陷大城，知縣張汝舟、主簿李銓戰死。己未，大祀天地於南郊。二月丁丑，副都御史彭澤、咸寧伯仇鉞提督軍務，太監陸誾監軍，討河南賊。己卯，賊犯萊州，指揮僉事蔡顯等力戰死。三月辛未，副總兵時源敗績於河南，都督僉事馮禎力戰死。

夏五月丙午，陸完敗賊於萊州，山東賊平。甲寅，左都御史陳金討平撫州賊。丙寅，賊殺副都御史馬炳然於武昌江中。閏月壬辰，仇鉞敗賊於光山，河南賊平。

秋七月癸巳，江西賊殺副使周憲於華林。丁酉，振四川饑。八月癸亥，陸完追殲劉七等賊於狼山。九月乙酉，陳金討平華林賊。戊子，召洪鍾還。都御史彭澤總制四川軍務。丙申，賜義子一百二十七人國姓。

冬十月，免河南、江西、浙江被災寇者稅糧。十一月壬申，時源爲平賊將軍，會彭澤討四川賊。丁亥，留大同、宣府、遼東兵於京營，李東陽諫，不聽。十二月丁卯，李東陽致仕。是月，免兩畿、山東、山西、陝西被災寇者稅糧。

是年，安南、日本、哈密入貢。

八年春正月癸酉，右副都御史俞諫代陳金討江西賊。壬午，大祀天地於南郊。乙酉，以邊將江彬、許泰分領京營，賜國姓。尋設兩官廳軍，命彬、泰分領之。癸巳，戶部侍郎叢蘭、僉都御史陳玉巡邊。二月丙午，以平賊功，封太監谷大用弟大亮、陸誾姪永皆爲伯。三月戊子，置鎮國府處宣府官軍。甲午，以旱敕羣臣修省。

夏四月乙丑，彭澤破賊於劍州。五月辛巳，仇鉞充總兵官，帥京營兵禦敵於大同。六月戊戌，河決黃陵岡。乙卯，俞諫破賊於貴溪。

秋八月，免南畿水災稅糧。土魯番襲據哈密。

冬十月丁未，俞諫連破賊於東鄉，江西賊平。十二月，南京刑部侍郎鄧璋振江西饑。

是年，哈密入貢。

九年春正月丁丑，大祀天地於南郊。庚辰，乾清宮災。二月庚子，帝始微行。丙午，禮部尚書靳貴兼文淵閣大學士，預機務。癸丑，彭澤、時源討平四川賊。三月辛巳，賜唐皐等進士及第、出身有差。

夏四月丁酉，復寧王護衞，予屯田。五月乙丑，費宏致仕。己丑，彭澤總督甘肅軍務，經理哈密。六月乙卯，開雲南銀礦。

秋七月乙丑，小王子犯宣府、大同。太監張永提督軍務，都督白玉充總兵官，帥京營兵禦之。八月辛卯朔，日有食之。辛丑，小王子犯白羊口。乙巳，京師地震。己未，小王子入寧武關，掠忻州、定襄、寧化。九月壬戌，犯宣府、蔚州。庚午，帝狎虎被傷，不視朝，編修王思以諫謫饒平驛丞。

冬十月己酉，遣使採木於川、湖。十一月辛酉，廢歸善王當沍爲庶人，自殺。十二月甲寅，建乾清宮，加天下賦一百萬。

是年，安南、哈密、烏斯藏入貢。

十年春正月癸亥，薄暮，享太廟。戊辰，薄暮，祀天地於南郊。三月壬申，楊廷和以憂去。

夏閏四月辛酉，吏部尚書楊一清兼武英殿大學士，預機務。戊寅，召彭澤還。

秋八月丙寅，小王子犯固原。

冬十二月癸丑朔，日有食之。己卯，免南畿旱災秋糧。

是年，琉球、安南、哈密、撒馬兒罕入貢。

十一年春正月乙未，大祀天地於南郊。

夏四月，振河南饑。五月庚寅，土魯番以哈密來歸。甲辰，錄自宮男子三千四百餘人充海戶。是月，振陝西饑。

秋七月乙未，小王子犯薊州白羊口，太監張忠監督軍務，左都督劉暉充總兵官，帥東西官廳軍禦之。丙午，工部侍郎趙璜、俞琳飭畿內武備。八月丁巳，左都御史彭澤、成國公朱輔帥京營兵防邊。庚申，賜宛平縣被寇者人米二石。甲子，楊一淸致仕。丁丑，禮部尚書蔣冕兼文淵閣大學士，預機務。九月，土魯番復據哈密，〔四〕侵肅州，殺遊擊芮寧。

冬十月己酉朔，享太廟，遣使代行禮。十一月甲申，免湖廣被災稅糧。

是年，琉球、天方入貢。

十二年春正月己丑，大祀天地於南郊，遂獵於南海子，夜中還，御奉天殿受朝賀。三月癸巳，賜舒芬等進士及第、出身有差。戊戌，以兩淮、浙江、四川、河東鹽課充陝西織造。

夏四月壬子，靳貴致仕。丙辰，副總兵鄭廉敗土魯番於瓜州。五月丙子，禮部尙書毛紀兼東閣大學士，預機務。六月乙巳朔，日有食之。

秋八月甲辰，微服如昌平。乙巳，梁儲、蔣冕、毛紀追及於沙河，請回蹕，不聽。己酉，至居庸關，巡關御史張欽閉關拒命，乃還。丙辰，至自昌平。戊午，夜視朝。癸亥，副都御史吳廷舉振湖廣饑。丙寅，夜微服出德勝門，如居庸關。辛未，出關，幸宣府，命谷大用守關，毋出京朝官。九月辛卯，河決城武。壬辰，如陽和，自稱總督軍務威武大將軍總兵官。庚子，輸帑銀一百萬兩於宣府。

冬十月癸卯，駐蹕順聖川。甲辰，小王子犯陽和，掠應州。丁未，親督諸軍禦之，戰五日。辛亥，寇引去，駐蹕大同。十一月丁亥，召楊廷和復入閣。戊子，還至宣府。十二月癸亥，羣臣赴行在請還宮，不得出關而還。閏月丁亥，迎春於宣府。

是年，琉球、烏斯藏入貢。

十三年春正月辛丑朔，帝在宣府。丙午，至自宣府，命羣臣具綵帳、羊酒郊迎，御帳殿受賀。丁未，罷南郊致齋。庚戌，大祀天地於南郊，遂獵於南海子。辛亥，還宮。辛酉，復如宣府。是月，振兩畿、山東水災。給京師流民米，人三斗。瘞死者。二月己卯，太皇太后崩。壬午，至自宣府。三月戊辰，如昌平。

夏四月己巳朔，謁六陵，遂幸密雲。五月己亥朔，日有食之。駐蹕喜峯口。戊申，至自喜峯口。六月庚辰，太皇太后梓宮發京師，帝戎服從。甲申，葬孝貞純皇后。乙酉，至自昌平。

秋七月己亥，錄應州功，敍廕陞賞者五萬餘人。丙午，復如宣府。八月乙酉，如大同。九月庚子，次偏頭關。癸丑，敕曰：「總督軍務威武大將軍總兵官朱壽親統六師，肅清邊境，特加封鎭國公，歲支祿米五千石。吏部如敕奉行。」甲寅，封朱彬爲平虜伯，朱泰爲安邊伯。冬十月戊辰，渡河。己卯，次楡林。十一月庚子，調西官廳及四衞營兵赴宣、大。壬子，次綏德，幸總兵官戴欽第。十二月戊寅，渡河，幸石州。戊子，次太原。

是年，琉球、天方、瓦剌入貢。

十四年春正月丙申朔，帝在太原。甲辰，改卜郊。壬子，還宣府。二月壬申，至自宣府。丁丑，大祀天地於南郊，遂獵於南海子。是日，京師地震。己丑，帝自加太師，諭禮部曰：「總督軍務威武大將軍總兵官太師鎭國公朱壽將巡兩畿、山東，祀神祈福，其具儀以聞。」三月癸丑，以諫巡幸，下兵部郎中黃鞏六人於錦衣衞獄，跪修撰舒芬百有七人於午門五日。金吾衞都指揮僉事張英自刃以諫，衞士奪刃，得不死，鞫治，杖殺之。乙卯，下寺正周敍、行人司副余廷瓚、主事林大輅三十三人於錦衣衛獄。戊午，杖舒芬等百有七人於闕下。是日，風霾晝晦。

夏四月甲子，免南畿被災稅糧。戊寅，杖黃鞏等三十九人於闕下，先後死者十一人。五月己亥，詔山東、山西、陝西、河南、湖廣流民歸業者，官給廩食、廬舍、牛種，復五年。六月丙子，寧王宸濠反，巡撫江西右副都御史孫燧、南昌兵備副使許逵死之。戊寅，陷南康。己卯，陷九江。

秋七月甲辰，帝自將討宸濠，安邊伯朱泰爲威武副將軍，帥師爲先鋒。丙午，宸濠犯安慶，都指揮楊銳、知府張文錦禦却之。辛亥，提督南贛汀漳軍務副都御史王守仁帥兵復南昌。丁巳，守仁敗宸濠於樵舍，擒之。八月癸未，車駕發京師。丁亥，次涿州，王守仁捷奏至，秘不發。

冬十一月乙巳，漁於清江浦。壬子，冬至，受賀於太監張陽第。十二月辛酉，次揚州。乙酉，渡江。丙戌，至南京。

是歲，淮、揚饑，人相食。撒馬兒罕入貢。

十五年春正月庚寅朔，帝在南京。癸巳，改卜郊。

夏四月己未，振淮、揚諸府饑。六月丁巳，次牛首山，諸軍夜驚。秋七月，小王子犯大同、宣府。八月癸未，免江西稅糧。閏月癸巳，受江西俘。丁酉，發南京。癸卯，次鎭江，幸大學士楊一清第，臨故大學士靳貴喪。九月己巳，漁於積水池，舟覆，救免，遂不豫。

冬十月庚戌，次通州。十一月庚申，治交通宸濠者罪，執吏部尚書陸完赴行在。十二月己丑，宸濠伏誅。甲午，還京師，告捷於郊廟社稷。丁酉，大祀天地於南郊，初獻疾作，不克成禮。

是年，琉球、占城、佛郎機、土魯番入貢。

十六年春正月癸亥，改卜郊。二月己亥，巡撫雲南副都御史何孟春討平彌勒州苗。三月癸丑朔，日有食之。庚申，改西官廳爲威武團營。乙丑，大漸，諭司禮監曰：「朕疾不可爲矣。其以朕意達皇太后，天下事重，與閣臣審處之。前事皆由朕誤，非汝曹所能預也。」丙寅，崩於豹房，年三十有一。遺詔召興獻王長子嗣位。罷威武團營，遣還各邊軍，革京城內外皇店，放豹房番僧及教坊司樂人。戊辰，頒遺詔於天下，釋繫囚，還四方所獻婦女，停不急工役，收宣府行宮金寶還內庫。庚午，執江彬等下獄。世宗入立。五月己未，上尊謚，廟號武宗，葬康陵。

贊曰：明自正統以來，國勢寖弱。毅皇手除逆瑾，躬禦邊寇，奮然欲以武功自雄。然耽樂嬉遊，暱近羣小，至自署官號，冠履之分蕩然矣。猶幸用人之柄躬自操持，而秉鈞諸臣補苴匡救，是以朝綱紊亂，而不底於危亡。假使承孝宗之遺澤，制節謹度，有中主之操，則國泰而名完，豈至重後人之訾議哉。

校勘記

〔一〕跪羣臣奉天門外詰之　奉天門，原作「承天門」。本書卷一八一李東陽傳、卷三〇四劉瑾傳、國榷卷四七頁二九二二都作「奉天門」。按承天門是端門外的皇城門。奉天門在午門內奉天殿前，是明朝皇帝受諸司臣工朝見的地方，作「奉天門」是，據改。

〔二〕刑部尚書洪鍾至振卹湖廣　洪鍾，原作「洪鐘」，據本書卷一一一七卿年表、又卷一八七何鑑傳和洪鍾傳、卷一九八彭澤傳，明史稿紀一三武宗紀、傳六六洪鍾傳，武宗實錄卷七九，國榷卷四八頁二九六七改。下同。

〔三〕甘州副總兵白琮敗小王子於柴溝　柴溝，武宗實錄卷八〇作「黑柴溝」。

〔四〕九月土魯番復據哈密　此繫於正德十一年，疑誤。按本書卷三二九哈密衞傳繫於正德十二年，明史稿紀一三武宗紀、武宗實錄卷一四五均繫於正德十二年正月壬寅。

明史卷十七

本紀第十七

世宗一

世宗欽天履道英毅聖神宣文廣武洪仁大孝肅皇帝，〔一〕諱厚熜，憲宗孫也。父興獻王祐杬，國安陸，正德十四年薨，帝年十有三，以世子理國事。

十六年三月辛酉，未除服，特命襲封。丙寅，武宗崩，無嗣，慈壽皇太后與大學士楊廷和定策，遣太監谷大用、韋彬、張錦，〔二〕大學士梁儲，定國公徐光祚，駙馬都尉崔元，禮部尚書毛澄，以遺詔迎王於興邸。

夏四月癸未，發安陸。癸卯，至京師，止於郊外。禮官具儀，請如皇太子卽位禮。王顧長史袁宗皐曰：「遺詔以我嗣皇帝位，非皇子也。」大學士楊廷和等請如禮臣所具儀，由東安門入居文華殿，擇日登極。不允。會皇太后趣羣臣上箋勸進，乃卽郊外受箋。是日，日中，入自大明門，遣官告宗廟社稷，謁大行皇帝几筵，朝皇太后，出御奉天殿，卽皇帝位。以明年爲嘉靖元年，大赦天下。卹錄正德中言事罪廢諸臣，賜天下明年田租之半，自正德十五年以前逋賦盡免之。丙午，遣使奉迎母妃蔣氏。召費宏復入閣。戊申，命禮臣集議興獻王封號。五月乙卯，罷大理銀礦。丙辰，梁儲致仕。壬戌，吏部侍郎袁宗皐爲禮部尚書兼文淵閣大學士，預機務。壬申，錢寧伏誅。六月戊子，江彬伏誅。〔三〕乙未，縱內苑禽獸，令天下毋得進獻。丁酉，革錦衣衞冒濫軍校三萬餘人。戊戌，振江西災。壬寅，革傳陞官。癸卯，振遼東饑。

秋七月壬子，進士張璁言，繼統不繼嗣，請尊崇所生，立興獻王廟於京師。初，禮臣議考孝宗，改稱興獻王皇叔父，援宋程頤議濮王禮以進，不允。至是，下璁奏，命廷臣集議。楊廷和等抗疏力爭，皆不聽。癸丑，命自今親喪不得奪情，著爲令。丁巳，小王子犯莊浪，指揮劉爵禦却之。丙子，革錦衣衞所及監局寺廠司庫、旗校、軍士、匠役投充新設者，凡十四萬八千餘人。丁丑，寧津盜起，德平知縣龔諒死之。九月乙卯，袁宗皐卒。庚午，葬毅皇帝於康陵。

冬十月己卯朔，追尊父興獻王爲興獻帝，祖母憲宗貴妃邵氏爲皇太后，母妃爲興獻后。壬午，興獻后至自安陸。十一月庚戌，振江西災。丁巳，錄平宸濠功，封王守仁新建伯。甲戌，乾清宮成。罷廣西貢香。諭各鎮巡守備官，凡額外之征悉罷之。

嘉靖元年春正月癸丑，享太廟。己未，大祀天地於南郊。清寧宮後殿災。命稱孝宗皇考，慈壽皇太后聖母，興獻帝后爲本生父母。己巳，甘州兵亂，殺巡撫都御史許銘。二月己卯，耕耤田。三月辛亥，弗提衞獻生豹，却之。甲寅，釋奠於先師孔子。丁巳，上慈壽皇太后尊號曰昭聖慈壽皇太后，武宗皇后曰莊肅皇后。戊午，上皇太后尊號曰壽安皇太后，興獻后曰興國太后。

夏四月壬辰，命各邊巡按御史三年一閱軍馬器械。

秋七月己酉，以南畿、浙江、江西、湖廣、四川旱，詔撫按官講求荒政。九月辛未，立皇后陳氏。

冬十月辛卯，振南畿、湖廣、江西、廣西災，免稅糧有差。壬辰，以災傷敕羣臣修省。十一月庚申，壽安皇太后崩。十二月戊寅，振陝西被寇及山東礦賊流劫者。

是年，琉球入貢。

二年春正月乙卯，大祀天地於南郊。丁卯，小王子犯沙河堡，總兵官杭雄戰却之。二月癸未，振遼東饑。壬辰，總督軍務右都御史俞諫、總兵官魯綱討平河南、山東賊。三月乙巳，俺答寇大同。甲寅，武宗神主祔太廟。戊午，賜姚淶等進士及第、出身有差。夏四月壬申，以災異敕羣臣修省。癸未，以宋朱熹裔孫墅爲五經博士。癸巳，命兩京三品以上及撫、按官舉堪任守令者。五月庚午，小王子犯密雲石塘嶺，殺指揮使殷隆。六月癸丑，以災傷免嘉靖元年天下稅糧之半。秋八月辛酉，小王子犯丁字堡，都指揮王綱戰死。冬十一月丁卯，免南畿被災稅糧。己丑，振河南饑。

是年，撒馬兒罕、土魯番、天方入貢。

三年春正月丙寅朔，兩畿、河南、山東、陝西同時地震。丁丑，大祀天地於南郊。丙戌，南京刑部主事桂萼請改稱孝宗皇伯考，下廷臣議。是月，朶顏入寇。二月丙午，楊廷和致仕。庚戌，南京地震。三月壬申，振淮、揚饑。辛巳，振河南饑。夏四月己酉，上昭聖皇太后尊號曰昭聖康惠慈壽皇太后。庚戌，上興國太后尊號曰本生聖母章聖皇太后。癸丑，追尊興獻帝爲本生皇考恭穆獻皇帝，大赦。辛酉，編修鄒守益請罷興獻帝稱考立廟，下錦衣衞獄。五月乙丑，蔣冕致仕。修撰呂柟言大禮未正，下錦衣衞獄。丁丑，遣使迎獻皇帝神主於安陸。己卯，吏部尚書石珤兼文淵閣大學士，預機務。六月，御史段續、陳相請正席書、桂萼罪，吏部員外郎薛蕙上爲人後解，鴻臚少卿胡侍言張璁等議禮之失，俱下獄。

秋七月乙亥，更定章聖皇太后尊號，去本生之稱。戊寅，廷臣伏闕固爭，下員外郎馬理等一百三十四人錦衣衞獄。癸未，杖馬理等於廷，死者十有六人。甲申，奉安獻皇帝神主於觀德殿。己丑，毛紀致仕。辛卯，杖修撰楊愼，檢討王元正，給事中劉濟、安磐、張漢卿、張原，御史王時柯於廷。原死，愼等戍謫有差。是月，免南畿、河南被災稅糧。八月癸巳，大同兵變，殺巡撫都御史張文錦。乙卯，吏部侍郎賈詠爲禮部尚書兼文淵閣大學士，預機務。九月丙寅，定稱孝宗爲皇伯考，昭聖皇太后爲皇伯母，獻皇帝爲皇考，章聖皇太后爲聖母。丙子，詔天下。丙戌，土魯番入寇，圍肅州。兵部尚書金獻民總制軍務，署都督僉事杭雄充總兵官，太監張忠提督軍務，禦之。

冬十一月己卯，戶部侍郎胡瓚提督宣、大軍務，〔四〕都督魯綱充總兵官，討大同叛卒。十二月壬子，甘、涼寇退，召金獻民還。戊午，起致仕大學士楊一淸爲兵部尙書，總制陝西三邊軍務。

是年，琉球入貢，魯迷國貢獅子、犀牛。

四年春正月丙寅，西海卜兒孩犯甘肅，總兵官姜奭擊敗之。辛未，大祀天地於南郊。二月乙卯，禁淹獄囚。三月壬午，仁壽宮災。

夏五月甲戌，賜廬州知府龍誥官秩，詔天下倣誥備荒振濟法。庚辰，作世廟祀獻皇帝。八月戊子，作仁壽宮。

冬十月丁亥，作玉德殿，景福、安喜二宮。十二月辛丑，大禮集議成，頒示天下。閏月乙卯朔，日有食之。乙亥，振遼東災。

是年，天方入貢。

五年春正月乙未，大祀天地於南郊。二月甲寅，命道士邵元節爲眞人。庚辰，免山西被災稅糧。壬午，振京師饑。三月辛丑，賜龔用卿等進士及第、出身有差。丁未，定有司久任法。

夏五月庚子，楊一清復入閣。

秋七月庚寅，免四川被災稅糧。八月丙寅，振湖廣饑。九月己亥，章聖皇太后有事於世廟。

冬十月辛亥朔，親享如太廟禮。壬子，振南畿、浙江災，免稅糧物料。庚午，頒御製敬一箴於學宮。

是年，暹羅入貢。

六年春正月癸未，命羣臣陳民間利病。己丑，大祀天地於南郊。二月辛亥，小王子犯宣府，參將王經戰死。癸亥，費宏、石珤致仕。庚午，召謝遷復入閣。三月庚辰，寇復犯宣府，參將關山戰死。甲午，禮部侍郎翟鑾爲吏部侍郎兼翰林學士，入閣預機務。

夏四月己巳，免廣西被災稅糧。五月丁丑朔，日有食之。丁亥，前南京兵部尚書王守仁兼左都御史，總制兩廣、江西、湖廣軍務，討田州叛蠻。

秋八月庚戌，以議李福達獄，下刑部尚書顏頤壽、左都御史聶賢、大理寺卿湯沐等於錦衣衞獄，〔五〕侍郎桂萼、張璁，少詹事方獻夫署三法司，雜治之。總制尚書王憲擊敗小王子於石臼墩。〔六〕癸亥，賈詠致仕。庚午，振湖廣水災。九月己卯，免江西、河南、山西被災秋糧。壬午，頒欽明大獄錄於天下。

冬十月戊申，兵部侍郎張璁爲禮部尚書兼文淵閣大學士，預機務。

是年，魯迷入貢。

七年春正月癸未，考覈天下巡撫官。丙戌，大祀天地於南郊。三月戊寅，謝遷致仕。癸巳，右都御史伍文定爲兵部尚書提督軍務，侍郎梁材督理糧儲，討雲南叛蠻。

夏四月甲寅，甘露降，告於郊廟。六月辛丑，明倫大典成，頒示天下。癸卯，定議禮諸臣罪，追削楊廷和等籍。丁卯，雲南蠻平。

秋七月己卯，追尊孝惠皇太后爲太皇太后，恭穆獻皇帝爲恭睿淵仁寬穆純聖獻皇帝。辛巳，尊章聖皇太后爲章聖慈仁皇太后。戊子，詔天下。八月壬子，免河南被災稅糧。九月甲戌，王守仁討廣西蠻，悉平之。壬午，振嘉興、湖州災。

冬十月丁未，皇后崩。十一月丙寅，立順妃張氏爲皇后。十二月丙子，小王子犯大同，指揮趙源戰死。

是年，琉球入貢。

八年春正月己亥，振山西災。庚戌，大祀天地於南郊。二月癸酉，吏部尚書桂萼兼武英殿大學士，預機務。丁丑，振襄陽饑。甲申，旱，躬禱於南郊。乙酉，禱於社稷。三月丙申，葬悼靈皇后。戊戌，振河南饑。甲寅，賜羅洪先等進士及第、出身有差。

秋七月甲午，以議獄不當，下郎中魏應召等於獄，右都御史熊浹削籍。八月丙子，張璁、桂萼罷。壬午，始親祭山川，著爲令。九月癸巳，召張璁復入閣。癸丑，楊一清罷。是月，免兩畿、河南被災稅糧，振江西、湖廣饑。

冬十月癸亥朔，日有食之。己巳，除外戚世封，著爲令。十一月庚子，召桂萼復入閣。甲辰，振浙江災。戊申，禱雪。己酉，雪。丁巳，親詣郊壇告謝。百官表賀。

是年，天方、撒馬兒罕、土魯番入貢。

九年春正月丁酉，大祀天地於南郊。丙午，作先蠶壇於北郊。丁巳，振山西饑。二月戊辰，耕耤田。乙亥，振京師饑。丁丑，禁官民服舍器用踰制。三月丁巳，皇后親蠶於北郊。

夏四月丙戌，振延綏饑。五月己亥，更建四郊。六月癸亥，立曲阜孔、顏、孟三氏學。

秋八月壬午，免江西被災稅糧。九月壬辰，罷雲南鎮守中官。乙未，免南畿被災秋糧。

冬十一月辛丑，更正孔廟祀典，定孔子諡號曰至聖先師孔子。己酉，祀昊天上帝於南郊，禮成，大赦。

是年，琉球入貢。

十年春正月辛卯，祈穀於大祀殿，奉太祖、太宗配。甲午，更定廟祀，奉德祖於祧廟。乙巳，桂萼致仕。二月甲戌，免廬、鳳、淮、揚被災秋糧。壬申，賜張璁名孚敬。三月戊申，罷四川分守中官。

夏四月丁巳，皇后親蠶於西苑。甲子，禘於太廟。五月壬子，祀皇地祇於方澤。閏六月己丑，罷浙江、湖廣、福建、兩廣及獨石、萬全、永寧鎮守中官。

秋七月癸丑，侍郎葉相振陝西饑。戊午，張孚敬罷。辛巳，鄭王厚烷獻白雀，薦之宗廟。八月辛丑，改安陸州曰承天府。九月乙丑，西苑宮殿成，設成祖位致祭，宴羣臣。丙寅，禮部尚書李時兼文淵閣大學士，預機務。壬申，幸西苑，御無逸殿，命李時、翟鑾進講，宴儒臣於豳風亭。

冬十一月甲寅，祀天於南郊。戊辰，免陝西被災秋糧。丁丑，召張孚敬復入閣。十二月戊子，御史喻希禮、石金因修醮請宥議禮諸臣罪，下錦衣衞獄。

十一年春正月辛未，祈穀於圜丘，始命武定侯郭勛攝事。二月戊戌，免湖廣被災稅糧。三月戊辰，賜林大欽等進士及第、出身有差。

夏四月辛卯，續封常遇春、李文忠、鄧愈、湯和後爲侯。五月丙子，前吏部尚書方獻夫兼武英殿大學士，預機務。六月壬午，免畿內被災秋糧。甲申，續封劉基後誠意伯。秋七月戊辰，免南畿被災夏稅。八月戊子，以星變敕羣臣修省。辛丑，張孚敬罷。九月丁巳，振陝西饑。冬十月甲申，編修楊名以災異陳言，下獄謫戍。是月，免山東被災稅糧，振山西饑。十一月甲寅，四川巡撫都御史宋滄獻白兔，羣臣表賀。庚申，祀天於南郊。十二月己亥，免畿內被災稅糧。

是年，琉球、哈密、土魯番、天方、撒馬兒罕入貢。

十二年春正月丙午，河南巡撫都御史吳山獻白鹿，羣臣表賀。自後，諸瑞異表賀以爲常。丙辰，召張孚敬復入閣。是月，免浙江、河南被災稅糧。二月乙酉，振雲南饑。三月丙辰，釋奠於先師孔子。秋八月乙未，以皇子生，詔赦天下。九月庚戌，廣東巢賊亂，提督侍郎陶諧討平之。冬十月乙亥，大同兵亂，殺總兵官李瑾，代王奔宣府。丙子，下建昌侯張延齡於獄。十一月己亥，振遼東災。癸丑，翟鑾以憂去。十二月己卯，吉囊犯寧夏，總兵官王効、副總兵梁震擊敗之。

是年，土魯番、天方入貢。

十三年春正月癸卯，廢皇后張氏。壬子，立德妃方氏爲皇后。二月己丑，總督宣大侍郎張瓚撫定大同亂卒。辛卯，代王返國。三月壬申，振大同被兵者。乙酉，吉囊犯響水堡，參將任傑擊敗之。

夏四月己酉，方獻夫致仕。六月甲子，南京太廟災。

秋八月壬子，寇犯花馬池，梁震禦却之。

冬十一月庚午，祀天於南郊。

是年，琉球入貢。

十四年春正月壬申，罷督理倉場中官。丙戌，莊肅皇后崩。二月己亥，作九廟。丁未，禁冠服非制。三月戊子，葬孝靜皇后於康陵。己丑，遼東軍亂，執都御史呂經。

夏四月甲午，張孚敬致仕，召費宏復入閣。〔七〕丙申，賜韓應龍等進士及第、出身有差。丙午，廣寧兵亂。六月，吉囊犯大同，總兵官魯綱禦却之。

秋七月甲申，廣寧亂卒平。八月乙巳，詔九卿會推巡撫官，著爲令。

冬十月戊申，費宏卒。十一月乙亥，祀天於南郊。

是年，烏斯藏入貢。

十五年春二月癸巳，振湖廣災。三月丙子，奉章聖皇太后如天壽山謁陵，免昌平今年稅糧三之二，賜高年粟帛。癸未，謁恭讓章皇后、景皇帝陵。是日還宮。

夏四月癸巳，詔建山陵。癸卯，詣七陵祭告。癸丑，還宮。是月，吉囊犯甘、涼，總兵官姜奭擊敗之。

秋九月庚午，如天壽山。丁丑，還宮。是秋，吉囊犯延綏，官軍四戰皆敗之。

冬十月己亥，更定世廟爲獻皇帝廟。戊申，如天壽山。壬子，還宮。十一月戊午，以皇長子生，詔赦天下。辛巳，祀天於南郊。十二月辛卯，九廟成。閏月癸亥，以定廟制，加上兩宮皇太后徽號，詔赦天下。乙丑，禮部尚書夏言兼武英殿大學士，預機務。丙寅，享九廟。

是年，免山西、山東被災稅糧。琉球、烏斯藏入貢。

十六年春二月壬子，安南黎寧遣使告莫登庸之難。癸酉，如天壽山。三月甲申，還宮。丙午，幸大峪山視壽陵。

夏四月癸丑，還宮。六月癸酉，吉囊寇宣府，指揮趙鏜戰死。秋八月，復寇宣府，殺參將張國輔。冬十一月，故昌國公張鶴齡下獄，瘐死。是年，土魯番、天方、撒馬兒罕入貢。

十七年春二月戊辰，如天壽山。壬申，還宮。三月壬辰，賜茅瓚等進士及第、出身有差。辛丑，咸寧侯仇鸞爲征夷副將軍，充總兵官，兵部尚書毛伯溫參贊軍務，討安南莫登庸。夏四月庚戌，如天壽山。甲寅，還宮。戊午，罷安南師。甲子，禱雨於郊壇。戊辰，雨。六月，寇犯宣府，都指揮周冕戰死。丙辰，定明堂大饗禮。下戶部侍郎唐胄於獄。秋七月辛卯，開河南、雲南銀礦。癸巳，慈寧宮成。八月甲辰，吉囊犯河西，總督都御史劉天和禦却之。丙辰，禮部尚書掌詹事府事顧鼎臣兼文淵閣大學士，預機務。九月戊寅，免畿內被災稅糧。辛巳，上太宗廟號成祖，獻皇帝廟號睿宗。遂奉睿宗神主祔太廟，躋武宗上。辛卯，大享上帝於玄極寶殿，奉睿宗配。乙未，如天壽山。丁酉，還宮。

冬十一月辛未朔，詣南郊，上皇天上帝號。還詣太廟，上太祖高皇帝、高皇后尊號。辛卯，祀天於南郊。詔赦天下。乙未，免江西被災稅糧。十二月癸卯，章聖皇太后崩。壬子，如大峪山相視山陵。甲寅，還宮。乙卯，李時卒。戊午，振寧夏災。

是年，琉球、土魯番入貢。

十八年春二月庚子朔，立皇子載壡爲皇太子，封載垕爲裕王，載圳景王。辛丑，詔赦天下。起黃綰爲禮部尚書，宣諭安南。壬寅，起翟鑾爲兵部尚書兼右都御史，充行邊使。丁未，祈穀於玄極寶殿。先賢曾子裔孫質粹爲翰林院世襲五經博士。壬子，振遼東饑。癸丑，安南莫方瀛請降。乙卯，幸承天，太子監國。辛酉，次眞定，望於北嶽。丁卯，次衞輝，行宮火。三月己巳，渡河，祭大河之神。辛未，次鈞州，望於中嶽。甲戌，免畿內被災稅糧。庚辰，至承天。辛巳，謁顯陵。甲申，享上帝於龍飛殿，奉睿宗配。秩於國社、國稷，徧羣祀。戊子，御龍飛殿受賀，詔赦天下。給復承天三年，免湖廣明年田賦五之二，畿內、河南三之一。

夏四月壬子，至自承天。壬戌，免湖廣被災稅糧。甲子，幸大峪山。丙寅，還宮。

秋閏七月庚申，葬獻皇后於顯陵。辛酉，復命仇鸞、毛伯溫征安南。九月辛酉，如天壽山。侍郎王杲振河南饑。

冬十月丙寅，還宮。十一月丙申，祀天於南郊。

是年，日本、哈密入貢。

十九年春正月丙午，召翟鑾復入閣。辛亥，吉囊寇大同，殺指揮周岐。三月戊戌，詔修仁壽宮。

夏六月辛巳，瓦剌部長欵塞。

秋七月癸卯，吉囊入萬全右衞，總兵官白爵逆戰於宣平，敗之。壬子，又敗之於桑乾河。戊午，振江西災。八月丁丑，太僕卿楊最諫服丹藥，予杖死。九月，吉囊犯固原，周尚文敗之於黑水苑。延綏總兵官任傑追擊於鐵柱泉，又敗之。己酉，召仇鸞還。

冬十月庚申，罷礦場。甲子，顧鼎臣卒。十一月丙辰，慈慶宮成。

是年，琉球、日本入貢。

二十年春正月，免南畿被災稅糧。二月乙丑，顯陵成，給復承天三年。丙寅，御史楊爵言時政，下錦衣衞獄。三月乙巳，賜沈坤等進士及第、出身有差。是春，吉囊寇蘭州，參將鄭東戰死。

夏四月己未，莫登庸納欵，改安南國爲安南都統使司，以登庸爲都統使。辛酉，九廟災，燬成祖、仁宗主。丙子，詔行寬恤之政。五月戊子，採木於湖廣、四川。甲寅，振遼東饑。六月，振畿內、山西饑。

秋七月丁酉，俺答、阿不孩遣使款塞求貢，詔却之。是月，免河南、陝西、山東被災稅糧。八月辛酉，昭聖皇太后崩。庚辰，夏言罷。是月，俺答、阿不孩、吉囊分道入寇，總兵官趙卿帥京營兵，都御史翟鵬理軍務，禦之。九月乙未，翊國公郭勛有罪，下獄死。辛亥，俺答犯山西，入石州。

冬十月癸丑，振山西被寇者，復徭役二年。丁卯，召夏言復入閣。十一月辛卯，葬敬皇后於泰陵。丙申，免四川被災稅糧。

是年，琉球入貢。

二十一年夏四月庚申，大高玄殿成。閏五月戊辰，俺答、阿不孩遣使款大同塞，巡撫都御史龍大有誘殺之。六月辛卯，俺答寇朔州。壬寅，入雁門關。丁未，犯太原。

秋七月己酉朔，日有食之。夏言罷。己未，俺答寇潞安，掠沁、汾、襄垣、長子，參將張世忠戰死。八月辛巳，募兵於直隸、山東、河南。壬午，振山西被兵州縣，免田租。癸巳，禮部尚書嚴嵩兼武英殿大學士，預機務。九月癸亥，員外郎劉魁諫營雷殿，予杖下獄。

冬十月丁酉，宮人謀逆伏誅，磔端妃曹氏、寧嬪王氏於市。

是年，免畿內、陝西、河南、福建被災稅糧。安南入貢。

校勘記

〔一〕世宗欽天履道英毅聖神宣文廣武洪仁大孝肅皇帝　聖神，原作「神聖」，據世宗實錄改。

〔二〕太監谷大用韋彬張錦　韋彬，本書卷一九一毛澄傳、明史稿紀一四世宗紀、世宗實錄卷一都作「韋霦」。

〔三〕六月戊子江彬伏誅　原脫「六月」，繫於五月下。按是年五月壬子朔，不得有戊子日；下文「乙未」、「丁酉」、「戊戌」、「壬寅」、「癸卯」等日也都不在五月，在六月。據明史稿紀一四世宗紀、世宗實錄卷三補。

〔四〕冬十一月己卯戶部侍郎胡瓚提督宣大軍務　十一月，原作「十月」。按是年十月壬辰朔，不得有己卯日，而十一月辛酉朔，己卯是本月十九日。據明史稿紀一四世宗紀、世宗實錄卷四五改。

〔五〕下刑部尚書顏頤壽至大理寺卿湯沐等於錦衣衞獄　湯沐，原作「潘沐」。明史稿紀一四世宗紀、世宗實錄卷八〇都作「湯沐」。本書卷二〇六馬錄傳附有湯沐傳，事跡與紀合，據改。

〔六〕總制尚書王憲擊敗小王子於石臼墩　石臼墩，原作「石舊墩」，世宗實錄卷七九同。據本書卷一九九、明史稿傳七九王憲傳改。按皇明九邊考卷一〇稱：「嘉靖六年六月二十六日套虜」「到花馬池西北石臼兒墩拆開邊牆口一十九處入境。」提督王憲敗之，「餘賊由原路石臼兒墩牆口遁出」。又讀史方輿紀要卷六〇，寧夏後衞楊柳堡下稱：「有石臼墩，俱寇徑也。嘉靖初，寇從此入，官軍敗之，寇退走。」所述都與紀、傳合。石臼兒墩即石臼墩。

〔七〕召費宏復入閣　此繫於四月，本書卷一一〇宰輔年表作「七月召」，世宗實錄卷一七八、國榷卷五六頁三五一九都繫於七月戊子。

明史卷十八

本紀第十八

世宗二

二十二年春正月丙午朔，日有食之。三月庚戌，復遣使採木湖廣。是春，俺答屢入塞。秋八月，犯延綏，總兵官吳瑛等擊敗之。

冬十月，朶顏入寇，殺守備陳舜。十二月乙酉，免南畿被災稅糧。

是年，占城、土魯番、撒馬兒罕、天方、烏斯藏入貢。

二十三年春正月丙寅，俺答犯黃崖口。二月戊寅，犯大水谷。三月癸丑，犯龍門所。丁巳，賜秦鳴雷等進士及第、出身有差。

秋七月，俺答犯大同，總兵官周尚文戰於黑山，敗之。八月甲午，翟鑾罷。九月癸卯，免浙江被災稅糧。丁未，吏部尚書許讚兼文淵閣大學士，禮部尚書張璧兼東閣大學士，預機務。壬子，振湖廣災。

冬十月戊辰，免河南被災稅糧。甲戌，小王子入萬全右衞。戊寅，掠蔚州，至於完縣。京師戒嚴。乙酉，逮總督宣大兵部尚書翟鵬、巡撫薊鎭僉都御史朱方下獄，鵬謫戍，方杖死。十一月庚子，京師解嚴。加方士陶仲文少師。十二月丙子，振江西災。

是年，安南入貢，日本以無表却之。

二十四年春二月戊申，詔流民復業，予牛種，開墾閒田者給復十年。三月壬午，逮總督宣大兵部侍郎張漢下獄，謫戍。

夏五月壬戌朔，日有食之。六月壬辰，太廟成。是夏，免畿輔、山西、陝西被災稅糧。

秋七月壬戌，有事於太廟，赦徒罪以下。八月丙午，瘞暴骸。己酉，張璧卒。庚戌，俺答犯松子嶺，殺守備張文瀚。是月，犯大同，參將張鳳、指揮劉欽等戰死。九月丁丑，召夏言入閣。

冬十一月辛巳，許讚罷。

是年，安南、琉球、烏斯藏入貢。

二十五年春三月戊辰，四川白草番亂。

夏五月戊辰，俺答欵大同塞，邊將殺其使。六月甲辰，犯宣府，千戶汪洪戰死。

秋七月癸酉，以醴泉出承華殿，廷臣表賀，停諸司封事二十日。嗣後，慶賀齋祀悉停封奏。是月，俺答犯延安、慶陽。八月壬子，免山東被災稅糧。九月，俺答犯寧夏。

冬十月丁亥，犯清平堡，遊擊高極戰死。癸巳，代府奉國將軍充灼謀反，伏誅。甲午，殺故建昌侯張延齡。十二月丁未，免河南被災稅糧。

是年，土魯番入貢。

二十六年春三月庚午，賜李春芳等進士及第、出身有差。

夏四月乙巳，巡撫四川都御史張時徹、副總兵何卿討平白草叛番。己酉，俺答求貢，拒之。

秋七月丙辰，河決曹縣。八月丙戌，免陝西被災稅糧。九月戊辰，戶部尚書王杲以科臣劾其通賄下獄，遣戍。閏月丙午，振成都饑。

冬十一月壬午，大內火，釋楊爵於獄。乙未，皇后崩。十二月辛酉，逮甘肅總兵官仇鸞。乙亥，海寇犯寧波、台州。

是年，琉球入貢。

二十七年春正月，把都兒寇廣寧，參將閻振戰死。癸未，以議復河套，逮總督陝西三邊侍郎曾銑，杖給事中御史於廷，罷夏言。三月癸巳，殺曾銑，逮夏言。癸卯，出仇鸞於獄。

夏五月丙戌，葬孝烈皇后。

秋七月戊寅，京師地震。庚子，西苑進嘉穀，薦於太廟。八月丁巳，俺答犯大同，指揮顧相等戰死，周尚文追敗之於次野口。九月壬午，犯宣府，深入永寧、懷來、隆慶，守備魯承恩等戰死。乙未，免陝西被災稅糧。

冬十月癸卯，殺夏言。十一月乙未，詔撫按官採生沙金。

是年，日本入貢。

二十八年春二月乙巳，振陝西饑。辛亥，南京吏部尚書張治爲禮部尚書兼文淵閣大學士，祭酒李本爲少詹事兼翰林學士，入閣預機務。壬子，俺答犯宣府，指揮董暘等敗沒，遂東犯永寧，關南大震。乙卯，周尚文敗俺答於曹家莊。丙辰，宣府總兵官趙國忠又敗之於大滹沱。三月辛未朔，日有食之。丁亥，皇太子薨。

秋七月，浙江海賊起。九月，朶顏三衞犯遼東。

冬十月辛丑，免畿內被災稅糧。

是年，日本、琉球入貢。

二十九年春三月壬午，賜唐汝楫等進士及第、出身有差。是月，瓊州黎賊平。

夏六月丁巳，俺答犯大同，總兵官張達、副總兵林椿戰死。是夏，免陝西、河南、江北被災夏稅。

秋八月丙寅，封方士陶仲文爲恭誠伯。丁丑，俺答大舉入寇，攻古北口，薊鎭兵潰。戊寅，掠通州，駐白河，分掠畿甸州縣，京師戒嚴。召大同總兵官仇鸞及河南、山東兵入援。壬午，薄都城。仇鸞爲平虜大將軍，節制諸路兵馬，巡撫保定都御史楊守謙提督軍務，左諭德趙貞吉宣諭諸軍。癸未，始御奉天殿，戒敕羣臣。甲申，寇退。逮守通州都御史王儀。丙戌，京師解嚴。杖趙貞吉，謫外任。丁亥，仇鸞敗績於白羊口。兵部尚書丁汝夔、巡撫侍郎楊守謙有罪，棄市。杖左都御史屠僑、刑部侍郎彭黯。九月辛卯，振畿內被寇者。乙未，罷團營，復三大營舊制，設戎政府，以仇鸞總督之。丁酉，罷領營中官。戊申，免畿內被災稅糧。壬子，廢鄭王厚烷爲庶人。

冬十月甲戌，張治卒。十一月癸巳，分遣御史選邊軍入衞。壬寅，祧仁宗，祔孝烈皇后於太廟。

是年，琉球入貢。

三十年春三月壬辰，開馬市於宣府、大同，兵部侍郎史道經理之。

夏四月壬午，下經略京城副都御史商大節於獄。

秋九月乙未，京師地震，詔修省。

冬十一月，俺答犯大同。

是年，免兩畿、河南、江西、遼東、貴州、山東、山西被災稅糧。

三十一年春正月壬辰，俺答犯大同。甲午，入弘賜堡。二月癸丑，振宣、大饑。辛酉，俺答犯懷仁川，指揮僉事王恭戰死。己巳，建內府營，操練內侍。三月戊子，大將軍仇鸞帥師赴大同。辛卯，禮部尚書徐階兼東閣大學士，預機務。

夏四月丙寅，把都兒、辛愛犯新興堡，指揮王相等戰死。丙子，倭寇浙江。五月甲申，召仇鸞還。戊申，倭陷黃巖。

秋七月丙申，免陝西被災夏稅。壬寅，以倭警命山東巡撫都御史王忬巡視浙江。八月己未，收仇鸞大將軍印，尋病死。乙亥，戮仇鸞屍，傳首九邊。己卯，俺答犯大同，分掠朔、應、山陰、馬邑。九月乙酉，犯山西三關。壬辰，犯寧夏。丁酉，河決徐州。庚子，兵部侍郎蔣應奎、左通政唐國卿以冒邊功杖於廷。癸卯，罷各邊馬市。

冬十月己未，兵部尚書趙錦坐仇鸞黨戍邊。壬戌，免江西被災稅糧。十二月丁巳，光祿少卿馬從謙坐誹謗杖死。

三十二年春正月戊寅朔，日食，陰雲不見。己卯，侍郎吳鵬振淮、徐水災。二月甲子，倭犯溫州。壬申，俺答犯宣府，參將史略戰死。三月丁丑，振陝西饑。辛巳，吉能犯延綏，殺副總兵李梅。壬午，兵部侍郎楊博巡邊。甲申，振山東饑。甲午，賜陳謹等進士及第、出身有差。甲辰，俺答犯宣府，副總兵郭都戰死。閏三月，海賊汪直糾倭寇瀕海諸郡，至六月始去。

秋七月戊午，俺答大舉入寇，犯靈丘、廣昌。乙丑，河套諸部犯延綏。己巳，俺答犯浮圖峪，遊擊陳鳳、朱玉禦之。庚午，河南賊師尚詔陷歸德及柘城、鹿邑。八月丙子，小王子犯赤城。丙申，師尚詔攻太康，官軍與戰於鄢陵，敗績。戊戌，振山東災，免稅糧。九月丙午，俺答犯廣武，巡撫都御史趙時春敗績，總兵官李淶、參將馮恩等力戰死。辛酉，以敵退告謝郊廟。

冬十月甲戌，振河南、山東饑。庚子，師尚詔伏誅，賊平。辛丑，京師外城成。

是年，琉球入貢。

三十三年春正月壬寅朔，以賀疏違制，杖六科給事中於廷。戊辰，官軍圍倭於南沙，五閱月不克，倭潰圍出，轉掠蘇、松。二月庚辰，官軍敗績於松江。三月乙丑，倭犯通、泰，餘衆入青、徐界。〔一〕

夏四月甲戌，振畿內饑。乙亥，倭犯嘉興，都司周應楨等戰死。乙酉，陷崇明，知縣唐一岑死之。五月壬寅，倭掠蘇州。丁巳，南京兵部尚書張經總督軍務，討倭。六月癸酉，俺答犯大同，總兵官岳懋戰死。己丑，侍郎陳儒振大同軍士。

秋八月癸未，倭犯嘉定，官軍敗之。庚寅，復戰，敗績。九月丁卯，俺答犯古北口，總督楊博禦却之。

是年，暹羅、土魯番、天方、撒馬兒罕、烏斯藏入貢。

三十四年春正月丁酉朔，倭陷崇德，攻德淸。二月丙戌，工部侍郞趙文華祭海，兼區處防倭。是月，俺答犯薊鎭，參將趙傾葵等戰死。三月甲寅，蘇松兵備副使任環敗倭於南沙。夏四月戊子，俺答犯宣府，參將李光啓被執，不屈死。五月甲午，總督侍郞張經、副總兵俞大猷擊倭於王江涇，大破之。乙巳，倭分道掠蘇州屬縣。己酉，逮張經下獄。六月壬午，兵部侍郞楊宜總督軍務，討倭。

秋七月乙巳，倭陷南陵，流劫蕪湖、太平。丙辰，犯南京。八月壬辰，蘇松巡撫都御史曹邦輔敗倭於滸墅。九月乙未，趙文華及巡按御史胡宗憲擊倭於陶宅，敗績。丙午，俺答犯大同、宣府。戊午，犯懷來，京師戒嚴。辛酉，參將馬芳敗寇於保安。是秋，免江北、山東被災秋糧。

冬十月庚寅，殺張經及巡撫浙江副都御史李天寵、兵部員外郞楊繼盛。辛卯，倭掠寧波、台州，犯會稽。十一月壬辰朔，日有食之。庚申，倭犯興化、泉州。閏月丁丑，免畿內水災稅糧。十二月甲午，開山東、四川銀礦。壬寅，山西、陝西、河南地大震，河、渭溢，死者八十三萬有奇。

是年，琉球入貢。

三十五年春正月壬午，官軍擊倭於松江，敗績。二月甲午，振平陽、延安災。己亥，楊宜罷。戊午，吏部尚書李默坐誹謗下錦衣衞獄，論死。巡撫侍郎胡宗憲總督軍務，討倭。三月丁丑，賜諸大綬等進士及第、出身有差。

夏四月丙申，振陝西災。甲辰，倭寇無爲州，同知齊恩戰死。辛亥，遊擊宗禮擊倭於崇德，敗沒。五月乙丑，趙文華提督江南、浙江軍務。丁亥，左通政王槐採礦銀於玉旺峪。六月丙申，總兵官俞大猷敗倭於黃浦。辛丑，俺答犯宣府，殺遊擊張紘。

秋七月辛巳，胡宗憲破倭於乍浦。八月壬寅，詔採芝。辛亥，胡宗憲襲破海賊徐海於梁莊。九月乙丑，徽王載埨有罪，廢爲庶人。免南畿被災稅糧。壬午，以平浙江倭，祭告郊廟社稷。

冬十月丙戌朔，日有食之。十一月戊午，打來孫犯廣寧，總兵官殷尚質等戰死。十二月丁未，犯環慶。

三十六年春二月，俺答犯大同。三月壬午，把都兒寇遷安，〔三〕副總兵蔣承勛力戰死。是月，吉能寇延綏，殺副總兵陳鳳。

夏四月丙申，奉天、華蓋、謹身三殿災。壬寅，下詔引咎修齋五日，止諸司封事，停刑。五月癸丑，倭犯揚、徐，入山東界。癸亥，採木於四川、湖廣。辛未，倭犯天長、盱眙，遂攻泗州。丙子，犯淮安。六月乙酉，兵備副使于德昌、參將劉顯敗倭於安東。甲午，罷陝西礦。秋七月庚午，詔廣東採珠。九月，俺答子辛愛寇應、朔，毀七十餘堡。冬十一月丁丑，辛愛圍右衞城。是冬，免山東、浙江被災稅糧。

是年，琉球入貢。

三十七年春正月癸亥，罷河南礦。三月辛未，始免三大營聽征官軍營造工役。夏四月癸未，振遼東饑。辛巳，倭分犯浙江、福建。〔三〕秋八月己未，吉能犯永昌、涼州，圍甘州。冬十月癸丑，禮部進瑞芝一千八百六十本，詔廣求徑尺以上者。十一月丁亥，諭法司恤刑。〔四〕

是年，琉球、暹羅入貢。

三十八年春二月庚午，把都兒犯潘家口，渡灤河，逼三屯營。三月己卯，掠遷安、薊州、玉田。庚寅，賜丁士美等進士及第、出身有差。癸巳，倭犯浙東，海道副使譚綸敗之。甲午，逮浙江總兵官俞大猷。

夏四月丁未，倭犯通州。甲寅，倭攻福州。庚申，倭攻淮安，巡撫鳳陽都御史李遂敗之於姚家蕩，倭退據廟灣。丙寅，副使劉景韶大破倭於印莊。五月辛巳，逮總督薊遼右都御史王忬下獄。甲午，劉景韶破倭於廟灣，江北倭平。六月乙巳，辛愛犯大同。

秋八月己未，李遂、胡宗憲破倭於劉家莊。甲子，振遼東饑，給牛種。是月，俺答犯土木，遊擊董國忠等戰死。〔五〕九月，犯宣府。

是年，土魯番、天方、撒馬兒罕、魯迷、哈密、暹羅入貢。

三十九年春正月丙戌，俺答犯宣府。二月丁巳，南京振武營兵變，殺總督糧儲侍郎黃懋官。戊午，振順天、永平饑。倭犯潮州。三月癸未，大同總兵官劉漢襲敗兀慎於灰河。丁亥，打來孫犯廣寧，陷中前所，殺守備武守爵、黃廷勛。

夏五月壬午，振山西三關饑。壬辰，盜入廣東博羅縣，殺知縣舒顗。

秋七月乙丑朔，把都兒犯薊西，遊擊胡鎮禦却之。庚午，劉漢襲俺答於豐州，破之。九月己巳，俺答犯朔州、廣武。

冬十二月，土蠻犯海州東勝堡。是月，閩、廣賊犯江西。是年，免畿內、山西、山東、湖廣、陝西被災稅糧。暹羅入貢。

四十年春二月辛卯朔，日當食，不見。振山東饑。丁未，景王之國。三月壬戌，振京師饑。

夏四月丁未，振山西饑。五月乙亥，李本以憂去。閏月丙辰，賊犯泰和，殺副使汪一中、指揮王應鵬。

秋七月己丑朔，日有食之。庚戌，俺答犯宣府，副總兵馬芳禦却之。九月庚子，犯居庸關，參將胡鎭禦却之。辛丑，振南畿災。

冬十一月甲午，禮部尚書袁煒爲戶部尚書兼武英殿大學士，預機務。庚戌，吉能犯寧夏，進逼固原。辛亥，萬壽宮災。〔六〕十二月丙寅，把都兒犯遼東蓋州。

是年，烏斯藏入貢。

四十一年春三月辛卯，白兔生子，禮部請告廟，許之，羣臣表賀。壬寅，賜申時行等進士及第、出身有差。己酉，重作萬壽宮成。

夏五月壬寅，嚴嵩罷。壬子，土蠻攻湯站堡，副總兵黑春力戰死。

秋九月壬午，三殿成，改奉天曰皇極，華蓋曰中極，謹身曰建極。

冬十月，免南畿、江西被災稅糧。十一月乙酉，分遣御史訪求方士、法書。丁亥，逮胡宗憲，尋釋之。辛丑，吉能犯寧夏，副總兵王勳戰死。己酉，倭陷興化。是月，延綏總兵官趙岢分部出塞襲寇，敗之。免陝西、湖廣被災及福建被寇者稅糧。

是年，琉球入貢。

四十二年春正月戊申，俺答犯宣府，南掠隆慶。

夏四月庚申，倭犯福清，總兵官劉顯、俞大猷合兵殲之。丁卯，副總兵戚繼光破倭於平海衞。

秋八月乙亥，總兵官楊照襲寇於廣寧塞外，力戰死。

冬十月丁卯，辛愛、把都兒破牆子嶺入寇，京師戒嚴，詔諸鎭兵入援。戊辰，掠順義、三河，總兵官孫臏敗死。乙亥，大同總兵官姜應熊禦寇密雲，敗之。十一月丁丑，京師解嚴。

是年，琉球入貢。

四十三年春正月壬辰，土蠻黑石炭寇薊鎮，總兵官胡鎮、參將白文智禦却之。二月己酉，伊王典楧有罪，廢爲庶人。戊午，倭犯仙遊，總兵官戚繼光大敗之，福建倭平。閏月丙申，盜據漳平，知縣魏文瑞死之。三月己未，官軍擊潮州倭，破之。

夏四月乙亥，免畿內被災稅糧。五月壬寅朔，日有食之。乙卯，獲桃於御幄，羣臣表賀。六月辛卯，倭犯海豐，俞大猷破之。

冬十二月，南韶賊起，守備賀鐸、指揮蔡胤元被執死之。俺答犯山西，遊擊梁平、守備祁謀戰死。

是年，西番、哈密、安南入貢，魯迷國貢獅子。

四十四年春三月丁巳，賜范應期等進士及第、出身有差。己未，袁煒致仕。辛酉，嚴世蕃伏誅。是月，土蠻犯遼東，都指揮線補袞、楊維藩戰死。

夏四月庚辰，吏部尚書嚴訥、禮部尚書李春芳並兼武英殿大學士，預機務。壬午，俺答犯肅州，總兵官劉承業禦却之。六月甲戌，芝生睿宗原廟柱，告廟受賀，遂建玉芝宮。

秋八月壬午，獲仙藥於御座，告廟。

冬十一月癸卯，嚴訥致仕。戊申，奉安獻皇帝、后神主於玉芝宮。

是年，琉球入貢。

四十五年春二月癸亥，戶部主事海瑞上疏，下錦衣衞獄。是月，俞大猷討廣東山賊，大破之。浙江、江西礦賊陷婺源。三月己未，吏部尚書郭朴兼武英殿大學士，禮部尚書高拱兼文淵閣大學士，預機務。

夏四月壬戌朔，日有食之。丙戌，俺答犯遼東。六月丙子，旱，親禱雨於凝道雷軒，越三日雨，羣臣表賀。

秋七月乙未，俺答犯萬全右衞。

冬十月丁卯，犯固原，總兵官郭江敗死。癸酉，犯偏頭關。閏月甲辰，犯大同，參將崔世榮力戰死。十一月己未，帝不豫。十二月庚子，大漸，自西苑還乾清宮。是日崩，年六十，遺詔裕王嗣位。隆慶元年正月，上尊謚，廟號世宗，葬永陵。

贊曰：世宗御極之初，力除一切弊政，天下翕然稱治。顧迭議大禮，輿論沸騰，倖臣假托，尋興大獄。夫天性至情，君親大義，追尊立廟，禮亦宜之；然升祔太廟，而躋於武宗之上，不已過乎。若其時紛紜多故，將疲於邊，賊訌於內，而崇尚道教，享祀弗經，營建繁興，府藏告匱，百餘年富庶治平之業，因以漸替。雖剪剔權奸，威柄在御，要亦中材之主也矣。

校勘記

〔一〕三月乙丑倭犯通泰餘衆入青徐界　原脫「三月」，繫乙丑于二月下。按是年二月壬申朔，不得有乙丑日。三月辛丑朔，乙丑爲二十五日。據世宗實錄卷四〇八補。

〔二〕三月壬午把都兒寇遷安　壬午，原作「癸丑」。按是年三月甲寅朔，不得有癸丑日。世宗實錄卷四四六作「三月二十九日」，二十九日爲壬午，據改。

〔三〕夏四月癸未振遼東饑辛巳倭分犯浙江福建　按是年夏四月戊寅朔，癸未是初六日，辛巳是初四日，辛巳應在癸未前。世宗實錄卷四五八、國榷卷六二頁三九〇七正如此。

〔四〕十一月丁亥諭法司恤刑　丁亥，原作「辛亥」。按是年十一月甲戌朔，不得有辛亥日。據世宗實錄卷四六六改。

〔五〕遊擊董國忠等戰死　董國忠，世宗實錄卷四七七作「陳國忠」。

〔六〕辛亥萬壽宮災　本書卷二一三徐階傳作「永壽宮災」。按其時尚無萬壽宮，永壽宮焚毀後重建，世宗始命名萬壽宮。事見徐階傳。永壽宮，永樂十五年建，見本書卷六八輿服志。此時應作「永壽宮」。

明史卷十九

本紀第十九

穆宗

穆宗契天隆道淵懿寬仁顯文光武純德弘孝莊皇帝，諱載坖，世宗第三子也。母杜康妃。

嘉靖十八年二月封裕王，與莊敬太子、景恭王同日受册。已而莊敬薨，世宗以王長且賢，繼序已定，而中外危疑，屢有言者，乃令景王之國。

四十五年十二月庚子，世宗崩。壬子，卽皇帝位。以明年爲隆慶元年，大赦天下。先朝政令不便者，皆以遺詔改之。召用建言得罪諸臣，死者卹錄。方士悉付法司治罪，罷一切齋醮工作及例外採買。免明年天下田賦之半，及嘉靖四十三年以前逋賦。釋戶部主事海瑞於獄。是年，土魯番入貢。

隆慶元年春正月丙寅，罷睿宗明堂配享。戊辰，復鄭王厚烷爵。丁丑，追尊母康妃爲孝恪皇太后。二月戊子，祭大社大稷。乙未，册妃陳氏爲皇后。吏部侍郎陳以勤爲禮部尚書兼文淵閣大學士，禮部侍郎張居正爲吏部左侍郎兼東閣大學士，預機務。三月壬申，葬肅皇帝於永陵。乙酉，土蠻犯遼陽，指揮王承德戰歿。

夏四月丙戌朔，享太廟。丙午，禁屬國毋獻珍禽異獸。丁未，御經筵。五月己未，黃河決口工成。辛酉，祀地於北郊。丁丑，高拱罷。六月戊戌，以霪雨修省，素服避殿，御皇極門視事。是月，新河復決。

秋七月辛巳，招撫山東、河南被災流民，復五年。八月癸未朔，釋奠於先師孔子。九月乙卯，俺答寇大同，詔嚴戰守。癸亥，俺答陷石州，殺知州王亮采，掠交城、文水。壬申，土蠻犯薊鎮，掠昌黎、盧龍，至於灤河。詔宣大總督侍郎王之誥還駐懷來，巡撫都御史曹亨駐兵通州。甲戌，郭朴致仕。免襄陽、鄖陽被災秋糧。乙亥，總兵官李世忠援永平，與敵戰於撫寧，京師戒嚴。

冬十月丙戌，寇退，京師解嚴。甲辰，諭羣臣議邊防事宜。寧夏總兵官雷龍出塞邀擊河套部，敗之。十一月癸亥，祀天於南郊。

是年，廣東賊大起。琉球入貢。

二年春正月己卯，給事中石星疏陳六事，杖闕下，斥爲民。二月丁酉，寇犯柴溝堡，守備韓尙忠戰死。己亥，耕耤田。丁未，如天壽山，謁長陵、永陵。庚戌，還宮，免所過田租有差。三月辛酉，立皇子翊鈞爲皇太子，詔赦天下。乙丑，廣西總兵官俞大猷討廣東賊。戊辰，賜羅萬化等進士及第、出身有差。丙子，幸南海子。戊寅，京師地震，命百官修省。

夏六月庚辰，遣使兩畿錄囚。己丑，廣東賊曾一本寇廣州，殺知縣劉師顏。

秋七月己酉，賊入廉州。丙寅，徐階致仕。

冬十月戊寅，免南畿被災秋糧，振淮、徐饑。己亥，廢遼王憲㸅爲庶人。甲辰，免畿內、河南被災秋糧。十一月壬子，宣府總兵官馬芳襲俺答於長水海子，又敗之鞍子山。辛酉，免江西被災稅糧。戊辰，祀天於南郊。己巳，命廣東、福建督撫將領會剿曾一本。十二月庚寅，世宗神主祔太廟。丁酉，限勳戚莊田。

是年，琉球入貢。

三年春正月壬子，大同總兵官趙岢敗俺答於弘賜堡。二月庚辰，免陝西被災秋糧。三月戊辰，曾一本陷碣石衞，裨將周雲翔殺參將耿宗元叛，〔一〕附於賊。夏四月己丑，總兵官雷龍出塞襲河套部，敗之。五月庚戌，總兵官郭成等破賊於平山，周雲翔伏誅。甲寅，御史詹仰庇請罷靡費，斥爲民。秋七月壬午，河決沛縣。乙酉，詔天下有司實修積穀備荒之政。壬辰，遣使振沿河被災州縣。八月癸丑，廣東賊平，曾一本伏誅。壬戌，禮部尚書趙貞吉兼文淵閣大學士，預機務。丁卯，振南畿、浙江、山東水災。九月丙子，俺答犯大同，掠山陰、應州、懷仁、渾源。辛卯，大閱。

冬十一月甲戌，祀天於南郊。庚辰，京師地震有聲，敕修省。十二月己亥，命廠衞密訪部院政事。庚申，召高拱復入閣。乙丑，尙寶寺丞鄭履淳以言事廷杖下獄。是冬，免兩畿、山東、浙江、河南、湖廣稅糧。

是年，陝西賊起。琉球、土魯番入貢。

四年春正月己巳朔，日有食之，〔二〕免朝賀。辛未，避殿修省。是月，倭入廣海衞城。二月乙丑，分設三大營文武提督六人。

夏四月戊戌，京師地震。丙午，俺答寇大同、宣府，官兵拒却之。是月，陝西賊寇四川。

五月癸酉，給事中李已諫買金寶，廷杖下獄。

秋七月己巳，禁章奏浮冗。命撫、按官嚴禁有司酷刑。戊子，陳以勤致仕。乙未，免四川被災稅糧。八月庚戌，宣、大告警，敕邊備。九月癸酉，陝西水災，蠲振有差。甲戌，河決邳州。壬午，免北畿、湖廣被災稅糧。癸未，寇犯大同，副總兵錢棟戰死。戊子，犯錦州，總兵官王治道等戰死。甲午，罷京營文武提督，置總督協理大臣。

冬十月癸卯，俺答孫把漢那吉來降。丁未，以把漢那吉爲指揮使。壬戌，考察給事中、御史。十一月丁丑，俺答乞封。己卯，祀天於南郊。乙酉，趙貞吉罷。己丑，禮部尚書殷士儋兼文淵閣大學士，預機務。十二月丁酉，俺答執叛人趙全等九人來獻，詔遣把漢那吉歸，厚賜之。乙卯，受俘，磔趙全等於市。

五年春二月甲午，廷臣及朝覲官謁皇太子於文華左門。己未，封皇子翊鏐爲潞王。三月己卯，賜張元忭等進士及第、出身有差。己丑，封俺答爲順義王。

夏四月甲午，河復決邳州。五月壬戌，古田僮賊平。戊寅，李春芳致仕。六月辛卯，京師地震者三，敕修省。甲辰，授河套部長吉能爲都督同知。甲寅，順義王俺答貢馬，告廟受賀。丙辰，俺答執趙全餘黨十三人來獻。

秋八月癸卯，許河套部互市。九月癸未，三鎭貢市成。冬十月己亥，河南、山東大水，申飭河防。十一月己巳，殷士儋致仕。是年，琉球、土魯番入貢。

六年春正月辛未，築徐州至宿遷隄三百七十里。二月丙申，倭寇廣東，陷神電衞，大掠。山寇復起。閏月丁卯，御皇極殿門，疾作，遽還宮。乙亥，倭寇高、雷，官軍擊敗之。夏四月戊辰，禮部尚書高儀兼文淵閣大學士，預機務。五月壬辰，免廣東用兵諸郡逋賦。己酉，大漸，召大學士高拱、張居正、高儀受顧命。庚戌，崩於乾淸宮，年三十有六。七月丙戌，上尊謚，廟號穆宗，葬昭陵。

贊曰：穆宗在位六載，端拱寡營，躬行儉約，尙食歲省巨萬。許俺答封貢，減賦息民，邊陲寧謐。繼體守文，可稱令主矣。第柄臣相軋，門戶漸開，而帝未能振肅乾綱，矯除積習。蓋亦寬恕有餘，而剛明不足者歟。

校勘記

〔一〕裨將周雲翔殺參將耿宗元叛　耿宗元，原作「耿宗先」，據本書卷二一二劉顯傳、穆宗實錄卷三〇、國榷卷六六頁四一〇六改。

〔二〕四年春正月己巳朔日有食之　己巳，原作「乙巳」。按上文三年十二月已有乙丑日，乙丑去乙巳爲四十天，不應至此始見朔。據明史稿紀一五穆宗紀、穆宗實錄卷四一改。

明史卷二十

本紀第二十

神宗一

神宗範天合道哲肅敦簡光文章武安仁止孝顯皇帝，諱翊鈞，穆宗第三子也。母貴妃李氏。

隆慶二年，立爲皇太子，時方六歲。性岐嶷，穆宗嘗馳馬宮中，諫曰：「陛下天下主，獨騎而騁，寧無銜橛憂。」穆宗喜，下馬勞之。陳皇后病居別宮，每晨隨貴妃候起居。后聞履聲輒喜，爲强起。取經書問之，無不響答，貴妃亦喜。由是兩宮益和。

六年五月，穆宗崩。六月乙卯朔，日有食之。甲子，卽皇帝位。以明年爲萬曆元年，詔赦天下。祀建文朝盡節諸臣於鄉，有苗裔者卹錄。庚午，罷高拱。丁丑，高儀卒。壬午，禮部尚書呂調陽兼文淵閣大學士，預機務。

秋七月丁亥，初通漕運於密雲。庚寅，察京官。己亥，戒諭廷臣，詔曰：「近歲以來，士習澆漓，官方刓缺，詆老成爲無用，矜便佞爲有才。遂使朝廷威福之柄，徒爲人臣報復之資。用是薄示懲戒，餘皆曲貸。諸臣宜祓除前愆，共維新政。若溺於故習，背公徇私，獲罪祖宗，朕不敢赦。」庚子，尊皇后曰仁聖皇太后，貴妃曰慈聖皇太后。八月戊午，祀大社大稷。九月甲午，葬莊皇帝於昭陵。

冬十月己未，侍郎王遴、吳百朋、汪道昆分閱邊防。辛酉，停刑。十一月乙未，河工成。十二月辛酉，振榆林、延綏饑。甲戌，以大行未期，罷明年元夕燈火及宮中宴。

萬曆元年春二月癸丑，御經筵。三月丙申，詔內外官舉將材。

夏四月乙丑，潮、惠賊平。庚午，旱，諭百官修省。五月甲申，詔內外官愼刑獄。六月壬申，振淮安水災。

秋七月，河決徐州。九月癸未，振荆州、承天及濟南災。丙戌，四川都掌蠻平。癸卯，停刑。

冬十一月庚辰，命諸司立程限文簿，以防稽緩。十二月己未，振遼東饑。是年，暹羅、琉球入貢。

二年春正月甲午，召見朝覲廉能官於皇極門。二月甲寅，振四川被寇諸縣。三月癸巳，賜孫繼皐等進士及第、出身有差。

夏四月丙寅，詔內外官行久任之法。五月辛丑，穆宗神主祔太廟。八月己巳，振山西災。庚午，振淮、揚、徐水災。

冬十月甲寅，決囚。丁卯，視朝閱銓選。閏十二月庚寅，詔罷明年元夕燈火。

是年，琉球入貢。

三年春正月丁未，享太廟。二月戊寅，祀大社大稷。辛巳，詔南京職務清簡，官不必備。丙申，始命日講官分直記注起居，纂緝章奏，臨朝侍班。

夏四月己巳朔，日有食之，旣。壬申，書謹天戒、任賢能、親賢臣、遠嬖佞、明賞罰、謹出入、愼起居、節飲食、收放心、存敬畏、納忠言、節財用十二事於座右，以自警。五月庚子，淮、揚大水，詔察二府有司，貪酷老疾者罷之。六月戊辰，浙江海溢。戊寅，命撫、按官，有司賢否一體薦劾，不得偏重甲科。是夏，蘇、松、常、鎭大水。

秋八月丙子，禮部侍郎張四維爲禮部尙書兼東閣大學士，預機務。丁丑，河決高郵、碭山。戊子，免淮、揚、鳳、徐被水田租。九月戊午，京師地震。

冬十月丁卯，地再震，敕羣臣修省。戊辰，停刑。十一月乙巳，祀天於南郊。十二月辛未，詔罷明年元夕燈火。

是年，安南、琉球、暹羅、土魯番入貢。

四年春正月丁巳，遼東巡按御史劉臺以論張居正逮下獄，削籍。

夏五月戊申，祀地於北郊。六月庚辰，復遣內臣督蘇、杭織造。

秋七月丁酉，諭吏、戶二部清吏治，蠲逋賦有差，明年漕糧折收十之三。壬寅，遣御史督修江、浙水利。甲辰，修泗州祖陵。辛亥，草灣河工成。八月壬戌，釋奠於先師孔子。是秋，河決崔鎮。

冬十月乙亥，振徐州及豐、沛、睢寧、金鄉、魚臺、單、曹七縣水災，蠲租有差。

是年，安南、琉球、烏斯藏、土魯番、天方、撒馬兒罕、魯迷、哈密入貢。

五年春正月己酉，詔鳳陽、淮安力舉營田。二月乙丑，振廣西饑。三月乙巳，賜沈懋學等進士及第、出身有差。

夏五月癸巳，廣東羅旁瑤平。

秋八月癸亥，河復決崔鎮。閏月乙酉朔，日食，陰雲不見。九月己卯，起復張居正。

冬十月乙巳，以論張居正奪情，杖編修吳中行、檢討趙用賢、員外郎艾穆、主事沈思孝，罷黜謫戍有差。丁未，杖進士鄒元標，戍邊。十一月癸丑，以星變考察百官。

是年，琉球入貢。

六年春正月，築決河堤。二月戊戌，免兗、青、登、萊所屬逋賦。庚子，立皇后王氏。三月甲寅，禮部尚書馬自强兼文淵閣大學士，吏部侍郎申時行兼東閣大學士，預機務。甲子，張居正葬父歸。

夏四月乙未，免湖廣、四川逋賦。丙午，詔戶部歲增金花銀二十萬兩。六月乙未，張居正還京師。

秋七月乙卯，呂調陽致仕。丙子，詔江北諸府民，年十五以上無田者，官給牛一頭、田五十畝開墾，三年後起科。九月庚午，詔蘇州諸府開墾荒田，六年後起科。辛未，停刑。

冬十月辛卯，馬自强卒。十一月辛酉，祀天於南郊。

是年，烏斯藏入貢。

七年春正月戊辰，詔毀天下書院。二月己丑，遣使分閱邊防。三月甲子，免淮、揚逋賦。

夏五月癸亥，祀地於北郊。六月辛卯，蠲兩畿、山東、陝西勳戚田賦。

秋七月壬子，振蘇、松水災，蠲稅糧。戊午，京師地震。

是年，烏斯藏入貢。

八年春二月辛未朔，日有食之。戊子，耕耤田。戊戌，河工成。三月辛亥，奉兩宮皇太后如天壽山謁陵，免所過田租。甲寅，還宮。丁卯，賜張懋修等進士及第、出身有差。

夏閏四月庚申，廣西八寨賊平。

冬十月辛丑，汰內外冗官。乙巳，振蘇、松、常、鎮饑。十一月丙子，詔度民田。

是年，琉球入貢。

九年春正月庚午，敕邊臣備警。辛未，裁諸司冗官。癸酉，土蠻犯錦州，遊擊周之望敗沒。己卯，命翰林官日四人入直。辛巳，裁南京冗官。甲申，遼東總兵官李成梁襲敗土蠻於襖郎兎。三月丙寅，大閱。是月，土蠻犯遼陽，〔一〕副總兵曹簠禦之，敗績。

夏四月丁酉，振山西被災州縣。乙卯，振蘇、松、淮、鳳、徐、宿災。戶部進萬曆會計錄。秋八月丁未，揚州大水。九月丁亥，停刑。

冬十月己亥，土蠻犯廣寧、義州，李成梁禦却之。十一月丙戌，振眞定、順德、廣平災，免稅糧。

是年，裁各省冗官，覈徭賦，汰諸司冒濫冗費。琉球、安南、土魯番、天方、撒馬兒罕、魯迷、哈密、烏斯藏入貢。

十年春二月癸巳，順義王俺答卒。丁酉，免天下積年逋賦。三月庚申，杭州兵變，執巡撫吳善言。丁卯，兵部侍郎張佳胤巡撫浙江討定之。丙子，泰寧衞部長速把亥犯義州，李成梁擊斬之。己卯，倭寇溫州。

夏四月戊子朔，諭禮部，令民及時農桑，勿事游惰。甲午，寧夏土軍馬景殺參將許汝繼，巡撫都御史晉應槐討誅之。庚子，以久旱敕修省。五月庚申，免先師孔子及宋儒朱熹、李侗、羅從彥、蔡沈、胡安國、游酢、眞德秀、劉子翬，故大學士楊榮後裔賦役有差。庚辰，振畿內饑。六月丁亥朔，日有食之。壬寅，振太原、平陽、潞安饑。乙巳，前禮部尚書潘晟兼武英殿大學士，吏部侍郎余有丁爲禮部尙書兼文淵閣大學士，預機務。晟尋罷。丙午，張居正卒。

秋七月庚午，振平、慶、延、臨、鞏饑。九月丙辰，以皇長子生，詔赦天下。甲子，上兩宮皇太后徽號。

冬十月丙申，蘇、松大水，蠲振有差。十二月壬辰，太監馮保謫奉御，籍其家。壬寅，復建言諸臣職。

是年，免畿內、山西被災稅糧。哈密、烏斯藏入貢。

十一年春正月壬戌，敕嚴邊備。閏二月甲子，俺答子乞慶哈襲封順義王。緬甸寇永昌。乙丑，如天壽山謁九陵，免所過田租。庚午，如西山謁恭讓章皇后、景皇帝陵。辛未，還宮。乙酉，振臨、鞏、平、延、慶五府旱災，免田租。三月甲申，追奪張居正官階。庚子，賜朱國祚等進士及第、出身有差。

夏四月丁巳，張四維以憂去。己未，吏部侍郎許國爲禮部尙書兼東閣大學士，預機務。甲戌，承天大雨，江溢。是月，廣東羅定兵變。五月，我大淸太祖高皇帝起兵征尼堪外蘭，克圖倫城。六月乙丑，振承天、漢陽、鄖陽、襄陽災。

秋八月丙辰，免山西被災稅糧。九月甲申，如天壽山謁陵。己丑，還宮。

冬十月癸亥，停刑。辛未，河南水災，蠲振有差。十一月己卯朔，日有食之。十二月庚午，慈寧宮災，敕修省。

是年，琉球入貢。

十二年春二月丁卯，京師地震。己巳，釋建文諸臣外親謫戍者後裔。三月己亥，減江西燒造瓷器。

夏四月乙卯，籍張居正家。丁巳，遊擊將軍劉綎討平隴川賊。五月甲午，京師地震。六月辛亥，以雲南用兵，免稅糧及逋賦。

秋八月丙辰，榜張居正罪於天下，家屬戍邊。九月丙戌，奉兩宮皇太后如天壽山謁陵。己丑，作壽宮。辛卯，還宮。

冬十月丁巳，停刑。丙寅，免湖廣、山東被災稅糧。十一月己丑，余有丁卒。十二月甲辰，前禮部侍郎王錫爵爲禮部尙書兼文淵閣大學士，吏部侍郎王家屛兼東閣大學士，預機務。癸亥，罷開銀礦。

是年，安南、烏斯藏入貢。

十三年春正月辛卯，四川建武所兵變，擊傷總兵沈思學。二月丁未，南京地震。京師自去年八月不雨，至於是月。庚午，大雩。三月甲申，大雩。己丑，李成梁出塞襲把兎兒炒花，大破之。壬辰，減杭州織造及尙衣監料銀。尙寶司少卿徐貞明督治京畿水田。

夏四月丙午，大雩。戊申，以旱詔中外理冤抑，釋鳳陽輕犯及禁錮年久罪宗。戊午，步禱於南郊，面諭大學士等曰：「天旱，雖由朕不德，亦天下有司貪婪，剝害小民，以致上干天和，今後宜愼選有司。」蠲天下被災田租一年。五月丙戌，雨。六月辛丑，慈寧宮成。壬寅，建武所亂卒伏誅。是月，四川松、茂番作亂。

秋八月己酉，京師地震。閏九月戊戌，振淮、鳳災。癸卯，如天壽山閱壽宮。戊申，還宮。庚申，停刑。

冬十二月丁卯，汰惜薪司內官冗員。是月，順義王乞慶哈卒。

是年，土魯番、烏斯藏入貢。

十四年春二月癸未，嚴外官餽遺。三月戊戌，以旱霾，諭廷臣陳時政。癸卯，禁部曹言事，罷治京畿水田。癸丑，賜唐文獻等進士及第、出身有差。戊午，久旱，敕修省。

夏四月癸酉，京師地震。六月癸未，松茂番平。是夏，振直隸、河南、陝西及廣西潯、柳、平樂，廣東瓊山等十二縣饑。山西盜起。

秋七月癸卯，振江西災。戊申，敕戶、兵二部撫安災民，嚴保甲。是月，淇縣賊王安聚衆流劫，尋剿平之。九月壬辰，王家屏以憂去。乙卯，停刑。己未，發帑遣使振河南、山東、直隸、陝西、遼東、淮、鳳災。

冬十月丙寅，禮部主事盧洪春以疏請謹疾，杖闕下，〔三〕削籍。十一月癸卯，祀天於南郊。

是年，土魯番入貢。

十五年春正月壬辰，發帑振山西、陝西、河南、山東諸宗室。三月乙卯，乞慶哈子撦力克襲封順義王。

夏四月，京師旱，大疫。六月戊辰，禁廷臣奢僭。是月，京師大雨。振卹貧民。

秋七月，江北蝗，江南大水，山西、陝西、河南、山東旱，河決開封，蠲振有差。八月庚申，以災沴頻仍，敕撫、按官懲貪吏，理冤獄，蠲租、振卹。九月丁亥朔，日當食，陰雲不見。己丑，停刑。

冬十月庚申，大學士申時行請發留中章奏。十一月戊子，鄖陽兵譟，巡撫都御史李材罷。

是年，哈密、琉球、烏斯藏入貢。

十六年春三月壬辰，詔改景皇帝實錄，去郕戾王號，不果行。山西、陝西、河南及南畿、浙江並大饑疫。

夏四月，振江北、大名、開封諸府饑。五月，四川建昌番作亂，討平之。乙巳，以軍儲倉火及各省災傷，敕內外官修省。六月庚申，京師地震。甲子，以災傷停減蘇、杭織造。

秋七月乙卯，免山東被災夏稅。庚午，定邊臣考績法。八月乙未，詔取太倉銀二十萬充閱陵賞費。九月己未，停刑。庚申，如天壽山閱壽宮。甲子，次石景山觀渾河。乙丑，還宮。庚午，甘肅兵變，巡撫都御史曹子登罷。是月，青海部長他不囊犯西寧，殺副將李魁。〔三〕

冬十一月辛酉，禁章奏浮冗。

是年，烏斯藏入貢。

十七年春正月己酉朔，日有食之。丁巳，太湖、宿、松賊劉汝國等作亂，安慶指揮陳越討之，敗死。二月丙申，吳淞指揮陳懋功討平之。三月丙辰，免陞授官面謝。自是臨御遂簡。癸亥，雲南永昌兵變。乙丑，賜焦竑等進士及第、出身有差。

夏四月己亥，王家屏復入閣。始興妖僧李圓朗作亂，犯南雄，有司討誅之。六月甲申，浙江大風，海溢。己丑，永昌亂卒平。乙巳，南畿、浙江大旱，太湖水涸，發帑金四十萬振之。〔四〕

秋八月壬寅，嚴匿名揭之禁。

冬十月癸未，停刑。癸卯，黃河決口工成。十二月己丑，諭諸臣遇事勿得忿爭求勝。是年，安南、烏斯藏入貢。

十八年春正月甲辰朔，召見大學士申時行等於毓德宮，出皇長子見之。

夏四月甲申，振湖廣饑。六月己卯，免畿內被災夏稅。甲申，青海部長火落赤犯舊洮州，副總兵李聯芳敗沒。乙酉，更定宗藩事例，始聽無爵者得自便。

秋七月庚子朔，日有食之。乙丑，召見閣臣議邊事，命廷臣舉將材。己巳，兵部尚書鄭雒經略陝西四鎮及山西、宣、大邊務。是月，火落赤再犯河州、臨洮，總兵官劉承嗣敗績。八月癸酉，停搉力克市賞。

冬十月戊寅，振臨洮被兵軍民。十二月甲申，遣廷臣九人閱邊。

是年，安南入貢。

十九年春正月，緬甸寇永昌、騰越。二月乙酉，總兵官尤繼先敗火落赤餘衆於莽剌川。閏三月丁丑，以彗星見，敕修省。己卯，責給事中、御史風聞訕上，各奪俸一年。夏四月丙申，享太廟。是後廟祀皆遣代。五月壬午，四川四哨番作亂，巡撫都御史李尙思討平之。六月壬子，王錫爵歸省。

秋七月癸未，諭廷臣，國是紛紜，致大臣爭欲乞身，此後有肆行誣衊者重治。八月丁酉，免河南被災田賦。九月壬申，許國致仕。甲戌，申時行致仕。丁丑，吏部侍郎趙志皐爲禮部尙書，前禮部侍郎張位爲吏部侍郎，並兼東閣大學士，預機務。

冬十月癸巳，京營軍官譁於長安門。十二月甲午，詔定戚臣莊田。癸丑，河套部敵犯榆林、延綏，總兵官杜桐敗之。

是年，畿內蝗，南畿、浙江大水，蠲振有差。琉球入貢。

二十年春正月丙戌，給事中孟養浩以言建儲杖闕下，削籍。三月戊辰，寧夏致仕副總兵哱拜殺巡撫都御史黨馨、副使石繼芳，據城反。辛未，王家屏致仕。壬申，總督軍務兵部尚書魏學曾討寧夏賊。戊寅，賜翁正春等進士及第、出身有差。

夏四月甲辰，總兵官李如松提督陝西討賊軍務。甲寅，甘肅巡撫都御史葉夢熊帥師會魏學曾討賊。擒力克擒賊，叩關獻俘，復還二年市賞。五月，倭犯朝鮮，陷王京，朝鮮王李昖奔義州求救。六月丁未，諸軍進次寧夏，賊誘河套部入犯，官軍擊却之。

秋七月癸酉，免陝西逋賦。甲戌，副總兵祖承訓帥師援朝鮮，與倭戰於平壤，敗績。甲申，罷三邊總督魏學曾，以葉夢熊代之，尋逮學曾下獄。八月乙巳，兵部右侍郎宋應昌經略備倭軍務。己酉，詔天下督撫舉將材。九月壬申，寧夏賊平。

冬十月壬寅，李如松提督薊、遼、保定、山東軍務，充防海禦倭總兵官，救朝鮮。是月，振畿內、浙江、河南被災諸府，蠲租有差。十一月戊辰，御午門，受寧夏俘。十二月甲午，以寧夏賊平，告天下。

是年，暹羅、土魯番入貢。

二十一年春正月甲戌，李如松攻倭於平壤，克之。辛未，王錫爵還朝。辛巳，詔並封三皇子爲王，廷臣力爭，尋報罷。壬午，李如松進攻王京，遇倭於碧蹄館，敗績。二月甲寅，敕勞東征將士。

夏四月癸卯，倭棄王京遁。六月丁酉，詔天下每歲夏月錄囚，減釋輕繫，如兩京例。癸卯，倭使小西飛請款。

秋七月癸丑，召援朝鮮諸邊鎮兵還。乙卯，彗星見，敕修省。八月丙戌，以災異敕戒內外諸臣修舉實政。

冬十月丙申，停刑。十二月丙辰，薊遼總督顧養謙兼理朝鮮事，召宋應昌、李如松還。是年，振江北、湖廣、河南、浙江、山東饑。河南礦賊大起。烏斯藏入貢。

二十二年春正月己亥，詔以各省災傷，山東、河南、徐、淮尤甚，盜賊四起，有司玩愒，朝廷詔令不行。自今以安民弭盜爲撫按有司黜陟。二月癸丑，皇長子常洛出閣講學。甲子，遣使振河南，免田租。三月癸卯，詔修國史。

夏四月己酉朔，日有食之。五月辛卯，禮部尚書陳于陛、南京禮部尚書沈一貫並兼東閣大學士，預機務。庚子，王錫爵致仕。六月己酉，雷雨，西華門災，敕修省。

秋七月丙申，河套部長卜失兔犯延綏。是月，延綏總兵官麻貴敗河套部敵於下馬關。

冬十月己未，南京兵部右侍郎邢玠總督川、貴軍務，討播州宣慰使楊應龍。丁卯，詔倭使入朝。是月，炒花犯遼東，總兵官董一元敗之。

是年，琉球、烏斯藏入貢。

二十三年春正月癸卯，遣都督僉事李宗城、指揮楊方亨封平秀吉爲日本國王。三月乙未，賜朱之蕃等進士及第、出身有差。

夏五月丁酉，京師地震，敕修省。

秋九月戊寅，青海部長永邵卜犯甘肅，參將達雲敗之。乙酉，詔復建文年號。

冬十一月辛未，湖廣災，蠲振有差。十二月辛丑，大學士趙志皐等請發留中章奏，不報。

是年，江北大水，淮溢，浸泗州祖陵。

二十四年春二月戊申，廝貴襲河套部，敗之。三月乙亥，乾清、坤寧兩宮災，敕修省。壬辰，下詔自責。是月，火落赤犯洮河，總兵官劉綎破走之。

夏四月己亥，李宗城自倭營奔還王京。五月戊辰，河套部敵犯甘肅，總兵官楊濬擊破之。庚午，復議封倭，命都督僉事楊方亨、遊擊沈惟敬往。六月，振福建饑。

秋七月丁卯，吏部尙書孫丕揚請發推補官員章疏，不報。戊寅，仁聖皇太后崩。乙酉，始遣中官開礦於畿內。未幾，河南、山東、山西、浙江、陝西悉令開採，以中官領之。羣臣屢諫不聽。閏八月乙丑朔，日有食之。丁卯，大學士趙志皐請視朝，發章奏，罷採礦，不報。九月乙未，楊方亨至日本，平秀吉不受封，復侵朝鮮。乙卯，葬孝安莊皇后。是月，河套部犯寧夏。總兵官李如柏擊敗之。是秋，河決黃堌口。

冬十月丙子，停刑。乙酉，始命中官榷稅通州。是後，各省皆設稅使。羣臣屢諫不聽。十二月乙亥，陳于陛卒。

校勘記

〔一〕是月土蠻犯遼陽　是月，指三月。按此卽神宗實錄卷一一一所載克石炭、以兒鄧、小歹青（均土蠻部落）等入遼陽事。實錄繫於四月乙巳，與此互異。

〔二〕禮部主事盧洪春以疏請謹疾杖闕下　盧洪春，原作「盧弘春」，據本書卷二三四盧洪春傳、明史稿紀一六神宗紀、神宗實錄卷一七九改。

〔三〕殺副將李魁　李魁，本書卷三三〇西番諸衞傳、明史稿紀一六神宗紀都作「李奎」。

〔四〕發帑金四十萬振之　四十萬，原作「八十萬」，據明史稿紀一六神宗紀改。神宗實錄卷二一二說發「太僕寺銀二十萬、南京戶部銀二十萬」，共四十萬。作「四十萬」是。

明史卷二十一

本紀第二十一

神宗二

二十五年春正月丙辰，朝鮮使來請援。二月丙寅，復議征倭。丙子，前都督同知麻貴爲備倭總兵官，統南北諸軍。三月乙巳，山東右參政楊鎬爲僉都御史，經略朝鮮軍務。己未，兵部侍郎邢玠爲尙書，總督薊、遼、保定軍務，經略禦倭。

夏六月戊寅，皇極、中極、建極三殿災。癸未，罷修國史。

秋七月癸巳，誡諭羣臣。丁酉，詔赦天下。是月，楊應龍叛，掠合江、綦江。八月丁丑，倭破朝鮮閑山，遂薄南原，副總兵楊元棄城走，倭逼王京。甲申，京師地震。九月壬辰，逮前兵部尙書石星下獄，論死。

冬十月甲戌，安南黎惟潭纂立，欵關請罪，詔授安南都統使。

是年，琉球入貢。

二十六年春正月，官軍攻倭於蔚山，不克，楊鎬、麻貴奔王京。三月癸卯，賜趙秉忠等進士及第、出身有差。壬子，羣臣詣文華門疏請皇長子冠婚，不允。夏四月丁卯，遼東總兵官李如松出塞，遇伏戰死。壬申，京師旱，敕修省。六月丁巳，楊鎬罷。戊午，中官李敬採珠廣東。丙寅，張位罷。丙子，巡撫天津僉都御史萬世德經略朝鮮。

秋七月丙戌，中官魯保鬻兩淮餘鹽。八月丁丑，京師地震。九月壬辰，免浙江被災田租。

冬十月乙卯，總兵官劉綎、麻貴分道擊倭，敗之。董一元攻倭新寨，敗績。十一月戊戌，倭棄蔚山遁，官軍分道進擊。十二月，總兵官陳璘破倭於乙山，朝鮮平。

是年，烏斯藏入貢。

二十七年春二月壬子，分遣中官領浙江、福建、廣東市舶司。是月，貴州巡撫江東之遣兵討楊應龍，敗績。三月己亥，前兵部侍郎李化龍總督川、湖、貴州軍務，討楊應龍。

夏四月甲戌，御午門，受倭俘。是月，臨清民變，焚稅使馬堂署，殺其參隨三十四人。閏月丙戌，以倭平，詔天下，除東征加派田賦。己丑，久旱，敕修省。丙申，以諸皇子婚，詔取太倉銀二千四百萬兩。戶部告匱，命嚴覈天下積儲。六月己亥，楊應龍陷綦江，參將房嘉寵、遊擊張良賢戰死。

秋八月甲午，陝西狄道縣山崩。九月，土蠻犯錦州。

冬十月壬午，振京城饑民。丙戌，以播州用兵，加四川、湖廣田賦。戊子，貴州宣慰使安疆臣有罪，詔討賊自贖。十一月己酉，免河南被災田租。癸酉，振畿輔及鳳陽等處饑。十二月丁丑，武昌、漢陽民變，擊傷稅使陳奉。〔二〕戊子，振京師就食流民。

是年，琉球入貢。

二十八年春二月戊寅，京師地震。丙戌，李化龍帥師分八路進討播州。

夏六月丁丑，克海龍囤，楊應龍自縊死，播州平。

秋七月辛亥，旱，敕修省。八月辛未，慈慶宮成。丙子，罷朝鮮戍兵。九月甲寅，停刑。是秋，炒花犯遼東，副總兵解生等敗沒。

冬十月辛未，貴州皮林苗叛，總兵官陳璘討之。丙子，雲南稅監楊榮開採阿瓦、孟密寶井。十二月乙未，御午門，受播州俘。

是年，兩畿各省災傷，民饑盜起，內外羣臣交章請罷礦稅諸監，皆不聽。大西洋利瑪竇進方物。

二十九年春正月壬子，以播州平，詔天下，蠲四川、貴州、湖廣、雲南加派田租逋賦，除

官民詿誤罪。是月，皮林苗賊平。二月甲戌，振大同、宣府饑。三月乙卯，賜張以誠等進士

及第、出身有差。是月，武昌民變，殺稅監陳奉參隨六人，焚巡撫公署。

夏四月乙酉，徵陳奉還，以守備承天中官杜茂代之。五月，蘇州民變，〔二〕殺織造中官

孫隆參隨數人。六月，京師自去年六月不雨，至是月乙亥始雨。山東、山西、河南皆大旱。

丁亥，法司請熱審，不報。是夏，振畿內饑。

秋九月壬寅，河決開封、歸德。丁未，趙志皋卒。癸丑，振貴州饑。戊午，前禮部尙書

沈鯉、朱賡並兼東閣大學士，預機務。

冬十月己卯，立皇長子常洛爲皇太子，封諸子常洵福王，常浩瑞王，常潤惠王，常瀛桂

王。詔赦天下。壬辰，加上慈聖皇太后尊號。十二月辛未，詔復朶顏馬市。

是年，琉球入貢。

三十年春正月己未，以四方災異，敕修省。二月己卯，不豫，召大學士沈一貫於啓祥宮，命罷礦稅，停織造，釋逮繫，復建言諸臣職。翼日，疾瘳，寢前詔。甲申，重建乾清、坤寧宮。閏月丙申，復河套諸部貢市。戊午，河州黃河竭。三月甲申，騰越民變，殺稅監委官。

夏四月辛丑，振順天、永平饑。五月乙亥，法司請熱審，不報。

秋七月辛巳，邊餉缺，命嚴催積逋。是月，緬賊陷蠻莫宣撫司，宣撫思正奔騰越，賊追至，有司殺正以謝賊，始解。

冬十月戊戌，振江北災。丙辰，停刑。

是年，琉球、哈密入貢。

三十一年春三月戊午，吏部奏天下郡守闕員，不報。是月，播州餘賊吳洪等作亂，有司討平之。

夏四月丁亥朔，日有食之。五月丙辰，閣臣請熱審，不報。戊寅，京師地震。鳳陽大雨雹，毁皇陵殿脊。是夏，河決蘇家莊，北浸豐、沛、魚臺、單縣。

秋九月甲子，江北盜起。

冬十月甲申，停刑。丙申，睢州賊楊思敬作亂，有司討擒之。十一月甲子，獲妖書，言帝欲易太子，詔五城大索。十二月丙戌，召見皇太子於啓祥宮，賜手敕慰諭。

三十二年春二月壬寅，閣臣請補司道郡守及遣巡方御史，不報。三月甲子，乾清宮成。乙丑，賜楊守勤等進士及第、出身有差。

夏四月辛巳朔，日有食之。是月，濬泇河工成。五月癸酉，雷火焚長陵明樓。六月丙戌，以陵災，命補闕官恤刑獄。丁酉，昌平大水，壞長、泰、康、昭四陵石梁。

秋七月庚戌，京師大雨，壞城垣。辛酉，振被水居民。八月辛丑，羣臣伏文華門，疏請修舉實政，降旨切責。丙午，分水河工成。九月戊申，振畿南六府饑。閏月辛丑，武昌宗人蘊鈐等作亂，殺巡撫都御史趙可懷。

冬十月甲寅，始敍平播州功。

是年，琉球、烏斯藏入貢。

三十三年春正月，重修京師外城。庚辰，銀定、歹成犯鎭番，總兵官達雲擊敗之。

夏四月辛亥，蘊鈐等伏誅。五月丙申，鳳陽大風雨，毀陵殿神座。庚子，雷擊圜丘望燈高枅。六月乙巳，以雷警，敕修省。
秋八月己巳，停刑。九月甲午，昭和殿災。丙申，京師地震。
冬十一月辛巳，免淮陽被災田租。十二月壬寅，詔罷天下開礦。以稅務歸有司，歲輸所入之半於內府，半戶、工二部。丙午，免河南被災田租。乙卯，以皇長孫生，詔赦天下。開宗室科舉入仕例。罷採廣東珠池、雲南寶井。
三十四年春二月庚戌，加上皇太后徽號。辛亥，大學士沈鯉、朱賡請補六部大僚，不報。三月己卯，雲南人殺稅監楊榮，焚其屍。丁酉，眞定、順德、廣平、大名災，蠲振有差。
夏四月癸亥，濬朱旺口河工成。五月癸酉，河套部犯延綏，官軍擊走之。六月癸卯，緬甸陷木邦。是月，畿內大蝗。
秋七月癸未，沈一貫、沈鯉致仕。九月甲午，詔陝西嚴敕邊備。
冬十月丙申，停刑。十一月己巳，朶顏入犯，總兵官姜顯謨禦却之。十二月壬子，南京妖賊劉天緒謀反，事覺伏誅。
是年，安南、琉球入貢。蒙古喀爾喀諸部悉歸我大淸。

三十五年春正月辛未，給事中翁憲祥言，撫、按官解任宜候命，不宜聽其自去，不報。二月戊戌，安南賊武德成犯雲南，總兵官沐叡禦却之。三月辛巳，賜黃士俊等進士及第、出身有差。

夏四月戊戌，銀定、歹成犯涼州，副總兵柴國柱擊走之。壬子，順義王撦力克卒。五月戊子，前禮部尚書于慎行及禮部侍郎李廷機、南京吏部侍郎葉向高並禮部尚書兼東閣大學士，預機務。六月，湖廣及徽、寧、太平、嚴州大水。閏月辛巳，復河套諸部貢市。

秋七月庚子，京師久雨。刑部請發熱審疏，不報。八月丙寅，振畿內饑。九月甲午，停刑。

冬十月癸酉，山東旱饑，蠲振有差。十一月壬子，于慎行卒。十二月，金沙江蠻阿克叛，陷武定，攻圍雲南，別陷嵩明、祿豐。安南賊犯欽州。

是年，琉球入貢。

三十六年春正月，河南、江北饑。二月戊辰，京師地震。

夏六月己卯，南畿大水。〔三〕

秋七月丁酉，京師地震。郴州礦賊起。八月癸亥，治雲南失事諸臣罪，巡撫都御史陳用賓、總兵官沐叡下獄，論死。庚辰，振南畿及嘉興、湖州饑。九月甲午，四川巡撫都御史喬璧星奏擒阿克於東川，賊平。

冬十一月壬子，朱賡卒。十二月戊午，再振南畿，免稅糧。

是年，琉球入貢。

三十七年春三月辛卯，拱兔陷大勝堡，遊擊于守志戰於小凌河，敗績。己酉，大學士葉向高請發羣臣相攻諸疏，公論是非，以肅人心，不報。

夏四月，倭寇溫州。

秋九月癸卯，左都御史詹沂封印自去。丁未，停刑。是秋，福建、浙江、江西大水。湖廣、四川、河南、陝西、山西旱。畿內、山東、徐州蝗。

冬十二月己巳，留畿內、山東諸省稅銀三分之一振饑民。徐州賊殺如皋知縣張藩。

是年，日本入琉球，執其國王尙寧。哈密入貢。

三十八年春三月癸巳，賜韓敬等進士及第、出身有差。

夏四月丁丑，正陽門樓災。辛卯，以旱災異常，諭羣臣各修職業，勿彼此攻訐。辛丑，振畿內、山東、山西、河南、陝西、福建、四川饑。五月，河南賊陳自管等作亂，有司討擒之。冬十月辛丑，停刑。十一月壬寅朔，日有食之。丁卯，以軍乏餉，諭廷臣陳足國長策，不得請發內帑。

是年，烏斯藏入貢。

三十九年春二月庚子，河套部敵犯甘州之紅崖、青湖，官軍禦却之。夏四月，京師旱。戊子，怡神殿災。丙申，設邊鎮常平倉。五月壬寅，御史徐兆魁疏劾東林講學諸人陰持計典，自是諸臣益相攻擊。廣西、廣東大水。六月，自徐州北至京師大水。是夏，停熱審。冬十月丁卯，戶部尚書趙世卿拜疏自去。甲申，停刑。閣臣請釋輕犯，不報。

是年，暹羅入貢。

四十年春二月癸未，吏部尚書孫丕揚拜疏自去。三月丙午，振京師流民。夏四月丙寅，南京各道御史言：「臺省空虛，諸務廢墮，上深居二十餘年，未嘗一接見大臣，天下將有陸沈之憂。」不報。五月甲午朔，日有食之。

秋八月，河決徐州。九月庚戌，李廷機拜疏自去。

冬十月甲申，停刑。

是年，琉球中山王尚寧遣使報歸國。

四十一年春正月庚申，諭朝鮮練兵防倭。三月癸酉，賜周延儒等進士及第、出身有差。

夏五月己巳，諭吏部都察院：「年來議論混淆，朝廷優容不問，遂益妄言排陷，致大臣疑畏，皆欲求去，甚傷國體。自今仍有結黨亂政者，罪不宥。」六月乙未，卜失兔襲封順義王。

秋七月甲子，兵部尚書掌都察院事孫瑋拜疏自去。九月壬申，吏部左侍郎方從哲、前吏部左侍郎吳道南並禮部尚書兼東閣大學士，預機務。庚辰，吏部尚書趙煥拜疏自去。

是年，兩畿、山東、江西、河南、廣西、湖廣、遼東大水。烏斯藏入貢。

四十二年春正月乙丑，總兵官劉綎討建昌叛蠻，平之。二月辛卯，慈聖皇太后崩。己酉，振畿內饑。三月丙子，福王之國。

夏四月丙戌，以皇太后遺命赦天下。六月甲午，葬孝定皇后。

秋八月甲午，禮部右侍郎孫愼行拜疏自去。癸卯，葉向高致仕。

是年，安南、土魯番入貢。

四十三年春正月乙丑，徐州決河工成。三月丁未朔，日有食之。夏五月己酉，薊州男子張差持梃入慈慶宮，擊傷守門內侍，下獄。丁巳，刑部提牢主事王之宷揭言張差獄情，梃擊之案自是起。己巳，嚴皇城門禁。癸酉，召見廷臣於慈寧宮。御史劉光復下獄。甲戌，張差伏誅。六月戊寅，久旱，敕修省。秋七月己酉，振畿內饑。甲戌，停刑。閏八月庚戌，重建三殿。丁巳，山東大旱，詔留稅銀振之。丁卯，河套諸部犯延綏，官軍禦之，敗績，副將孫弘謨被執。冬十月辛酉，京師地震。十一月戊寅，振京師饑民。

四十四年春三月辛未朔，日有食之。乙酉，賜錢士升等進士及第、出身有差。是春，畿內、山東、河南、淮、徐大饑，蠲振有差。夏四月戊午，河南盜起，諭有司撫勦。六月壬寅，河套諸部犯延綏，總兵官杜文煥禦却之。丁卯，河決祥符朱家口，浸陳、杞、睢、柘諸州縣。秋七月乙未，河套部長吉能犯高家堡，參將王國興敗沒。是月，陝西旱，江西、廣東水，河南、淮、揚、常、鎭蝗，山東盜賊大起。

冬十月丁未，停刑。十一月己巳，隆德殿災。

四十五年春二月戊午，以去冬無雪，入春不雨，敕修省。三月辛未，鎭撫司缺官，獄囚久繫多死，大學士方從哲等以請，不報。乙亥，振江西饑。〔四〕

夏五月丙子，久旱，再諭修省。六月丙申，畿南大饑，有司請振，不報。是月，閣臣法司請熱審，不報。

秋七月癸亥朔，日有食之。丁卯，吳道南以憂去。

是年，兩畿、河南、山東、山西、陝西、江西、湖廣、福建、廣東災。暹羅、烏斯藏入貢。

四十六年春二月乙巳，振廣東饑。

夏四月甲辰，大清兵克撫順城，千總王命印死之。庚戌，總兵官張承胤帥師援撫順，敗沒。閏月庚申，楊鎬爲兵部左侍郎兼右僉都御史，經略遼東。六月壬午，京師地震。是夏，有司請熱審，不報。

秋七月丙午，大清兵克淸河堡，守將鄒儲賢、張旆死之。八月壬申，海運餉遼東。庚辰，乃蠻等七部欵塞。辛巳，停刑。九月壬辰，遼師乏餉，有司請發各省稅銀，不報。辛亥，加天下田賦。〔五〕乙卯，京師地震。

冬十一月甲午，以災異敕修省。十二月丁巳，河套部長猛克什力來降。

是年，土魯番、天方、撒馬兒罕、魯迷、哈密、烏斯藏入貢。

四十七年春二月乙丑，經略楊鎬誓師於遼陽，總兵官李如柏、杜松、劉綎、馬林分道出塞。三月甲申，杜松遇大清兵於吉林崖，戰死。乙酉，馬林兵敗於飛芬山，〔六〕兵備僉事潘宗顏戰死。庚寅，劉綎兵深入阿布達里岡，戰死。辛丑，賜莊際昌等進士及第、出身有差。

夏四月癸酉，盔甲廠災。六月丁卯，大清兵克開原，馬林敗沒。癸酉，大理寺丞熊廷弼爲兵部右侍郎兼右僉都御史，經略遼東。甲戌，廷臣伏文華門，請發章奏及增兵發餉，不報。

秋八月乙卯，山東蝗。癸亥，逮楊鎬。九月庚辰，停刑。戊子，百官伏闕，請視朝行政，不報。

冬十月丁巳，振京師饑民。十二月，再加天下田賦。辛未，鎭江、寬奠、靉陽新募援兵潰。

是年，暹羅入貢。

四十八年春正月庚子，朝鮮乞援。三月庚寅，復加天下田賦。夏四月癸丑，皇后王氏崩。戊午，帝不豫，召見方從哲於弘德殿。秋七月壬辰，大漸，召英國公張惟賢，大學士方從哲，尙書周嘉謨、李汝華、黃嘉善、張問達、黃克纘，侍郎孫如游於弘德殿，勉諸臣勤職。丙申，崩，年五十有八。遺詔罷一切榷稅倂新增織造諸項。九月甲申，上尊謚，廟號神宗，葬定陵。

光宗

光宗崇天契道英睿恭純憲文景武淵仁懿孝貞皇帝，諱常洛，神宗長子也。母恭妃王氏。萬曆十年八月生。神宗御殿受賀，告祭郊廟社稷，頒詔天下，上兩宮徽號。未幾，鄭貴妃生子常洵，有寵。儲位久不定，廷臣交章固請，皆不聽。二十九年十月，乃立爲皇太子。

三十一年，獲妖書，言神宗欲易太子，指斥鄭貴妃。神宗怒。捕逮株連者甚衆，最後得皦生光者，磔之，獄乃解。四十一年六月，姦人王曰乾上變，〔七〕告孔學等爲巫蠱，將謀不利於東宮，語連鄭貴妃、福王，事具葉向高傳。四十三年夏五月己酉，薊州男子張差持梃入慈慶宮，事復連貴妃內璫。太子請以屬吏。獄具，戮差於市，斃內璫二人於禁中。自是遂有「梃擊」之案。

四十八年七月，神宗崩。丁酉，太子遵遺詔發帑金百萬犒邊，盡罷天下礦稅，起建言得罪諸臣。己亥，再發帑金百萬充邊賞。八月丙午朔，卽皇帝位。大赦天下，以明年爲泰昌元年。蠲直省被災租賦。己酉，吏部侍郎史繼偕、南京禮部侍郎沈㴶爲禮部尚書兼東閣大學士，預機務。遼東大旱。庚申，蘭州黃河淸，凡三日。甲子，禮部侍郎何宗彥、劉一燝、韓爌爲禮部尚書兼東閣大學士，預機務。乙丑，南京禮部尚書朱國祚爲禮部尚書兼東閣大學士，預機務。召葉向高。遣使恤刑。丙寅，帝不豫。戊辰，召對英國公張惟賢、大學士方從哲等十有三人於乾淸宮，命皇長子出見。甲戌，大漸，復召從哲等受顧命。是日，鴻臚寺官李可灼進紅丸。

九月乙亥朔，崩於乾淸宮，在位一月，年三十有九。熹宗卽位，從廷臣議，改萬曆四十八年八月後爲泰昌元年。冬十月，上尊謚，廟號光宗，葬慶陵。

贊曰：神宗冲齡踐阼，江陵秉政，綜核名實，國勢幾於富彊。繼乃因循牽制，晏處深宮，綱紀廢弛，君臣否隔。於是小人好權趨利者馳騖追逐，與名節之士爲仇讎，門戶紛然角立。馴至悊、愍，邪黨滋蔓。在廷正類無深識遠慮以折其機牙，而不勝忿激，交相攻訐。以致人主蓄疑，賢姦雜用，潰敗決裂，不可振救。故論者謂明之亡，實亡於神宗，豈不諒歟。光宗潛德久彰，海內屬望，而嗣服一月，天不假年，措施未展，三案搆爭，黨禍益熾，可哀也夫。

校勘記

〔一〕十二月丁丑武昌漢陽民變擊傷稅使陳奉　十二月，指二十七年十二月。本書卷三〇五陳增傳附陳奉傳、又卷二三七馮應京傳都繫此事於二十八年，國榷卷七八頁四八六六繫於萬曆二十八年十二月辛卯。

〔二〕五月蘇州民變　明史稿紀一六神宗紀、神宗實錄卷三六〇都繫此事於六月壬申。

〔三〕夏六月己卯南畿大水　己卯，原作「乙卯」。按是年六月丙辰朔，不得有乙卯日，據神宗實錄卷四四四七改。

〔四〕三月辛未鎮撫司缺官獄囚久繫多死大學士方從哲等以請不報乙亥振江西饑　辛未，原繫於二月下，而置「三月」于「乙亥」之上。按是年二月丙申朔，不得有辛未日。神宗實錄卷五五五繫方從哲之請於三月辛未，繫振江西饑于三月乙亥，據改。

〔五〕九月壬辰遼師乏餉至辛亥加天下田賦　壬辰，原繫於八月，而置「九月」于「辛亥」之上。按是年八月丁巳朔，不得有壬辰日。神宗實錄卷五七四繫有司請發各省稅銀事於九月壬辰，繫加田賦事於九月辛亥，據改。

〔六〕乙酉馬林兵敗於飛芬山　飛芬山，明史稿紀一六神宗紀及神宗實錄卷五八〇都作「稗子谷」。本書有關明、清戰爭等記事，都根據清代實錄。而明、清兩代實錄所本不同，故所記月日、地名、人名及情節往往互異。以後此類不再出校記。

〔七〕姦人王曰乾上變　王曰乾，原作「王日乾」，據本書卷二三五何士晉傳、又卷二四〇葉向高傳，明史稿紀一六神宗紀，神宗實錄卷五〇九改。

明史卷二十二

本紀第二十二

熹宗

熹宗達天闡道敦孝篤友章文襄武靖穆莊勤悊皇帝，諱由校，光宗長子也。母選侍王氏。萬曆三十三年十一月，神宗以元孫生，詔告天下。

四十八年，神宗遺詔皇長孫及時册立，未及行。九月乙亥，光宗崩，遺詔皇長子嗣皇帝位。羣臣哭臨畢，請見皇長子於寢門，奉至文華殿行禮，還居慈慶宮。丙子，頒遺詔。時選侍李氏居乾淸宮，吏部尚書周嘉謨等及御史左光斗疏請選侍移宮，御史王安舜疏論李可灼進藥之誤，「紅丸」、「移宮」二案自是起。己卯，選侍移仁壽殿。庚辰，卽皇帝位。詔赦天下，以明年爲天啓元年。己丑，以是年八月以後稱泰昌元年。辛卯，逮遼東總兵官李如柏。甲午，廕太監魏進忠兄錦衣衞千戶。封乳保客氏爲奉聖夫人，官其子。

冬十月丙午，葬顯皇帝、孝端顯皇后於定陵。戊申，遼東巡撫都御史袁應泰爲兵部侍郎，經略遼東，代熊廷弼。辛酉，御經筵。壬戌，禮部尚書孫如游兼東閣大學士，預機務。丁卯，噦鸞宮災。十一月丙子，追謚皇妣孝元貞皇后，生母孝和皇太后。十二月辛酉，方從哲致仕。

天啓元年春正月庚辰，享太廟。壬辰，追謚伍文定等七十三人。壬寅，御史王心一請罷客氏香火土田，魏進忠陵工敍錄，不報。二月甲辰，言官請復當朝口奏及召對之典，從之。己未，御經筵。閏月乙酉，以風霾諭羣臣修省。丁亥，孫如游致仕。丙申，除齊泰、黃子澄戚屬戍籍。戊戌，昭和殿災。三月乙卯，大清兵取瀋陽，總兵官尤世功、賀世賢戰死。總兵官陳策、童仲揆、戚金、張名世帥諸將援遼，戰於渾河，皆敗沒。壬戌，大清兵取遼陽，經略袁應泰等死之。巡按御史張銓被執，不屈死。丙寅，諭兵部：「國家文武並用，頃承平日久，視武弁不啻奴隸，致令豪傑解體。今邊疆多故，大風猛士深軫朕懷，其令有司於山林草澤間愼選將材。」丁卯，京師戒嚴。

夏四月壬申朔，日有食之。甲戌，禁抄發軍機。丙子，遼東巡撫僉都御史薛國用爲兵部侍郎，經略遼東。參議王化貞爲右僉都御史，巡撫廣寧。戊寅，募兵於通州、天津、宣府、大同。甲午，募兵於陝西、河南、山西、浙江。戊戌，册皇后張氏。五月丁未，貴州紅苗平。甲寅，禁訛言。辛酉，陝西都指揮陳愚直以固原兵入援，潰於臨洺。未幾，寧夏援遼兵潰於三河。六月癸酉，何宗彥入閣。丙子，朱國祚入閣。熊廷弼爲兵部尚書兼右副都御史，經略遼東。辛巳，兵部尚書王象乾總督薊、遼軍務。

秋七月乙巳，沈㴶入閣。八月丙子，擢參將毛文龍爲副總兵，駐師鎭江城。戊子，杭州大火，詔停織造。癸巳，停刑。九月壬寅，葬貞皇帝於慶陵。乙卯，永寧宣撫使奢崇明反，殺巡撫徐可求，據重慶，分兵陷合江、納溪、瀘州。丁卯，陷興文，知縣張振德死之。

冬十月戊辰，御史周宗建請出客氏於外，不聽。給事中倪思輝、朱欽相等相繼言，皆謫外任。丙子，史繼偕入閣。乙酉，奢崇明圍成都，布政使朱燮元固守。尋擢燮元僉都御史，巡撫四川。石砫宣撫使女土官秦良玉起兵討賊。壬辰，葉向高入閣。十二月丁丑，巡撫河南都御史張我續爲兵部侍郎，提督川、貴軍務。陝西巡撫移駐漢中，鄖陽巡撫移駐夷陵。湖廣官軍由巫峽趨忠、涪討賊。庚辰，援遼浙兵譁於玉田。辛卯，以熊廷弼、王化貞屢議戰守不合，遣使宣諭。

是年，安南、土魯番、烏斯藏入貢。

二年春正月丁未，延綏總兵官杜文煥、四川總兵官楊愈懋討永寧賊。丁巳，大清兵取西平堡，副將羅一貴死之。〔一〕鎮武營總兵官劉渠、祁秉忠逆戰於平陽橋，敗沒。王化貞走閭陽，與熊廷弼等俱入關。參政高邦佐留松山，死之。壬戌，振山東流徙遼民。癸亥，兵部尚書張鶴鳴視師遼東。乙丑，京師戒嚴。河套部犯延綏。永寧賊將羅乾象約降，與官軍共擊賊，成都圍解。二月癸酉，水西土同知安邦彥反，陷畢節、安順、平壩、霑益、龍里，遂圍貴陽，巡撫都御史李橒、巡按御史史永安固守。戊寅，免天下帶徵錢糧二年及北畿加派。禮部右侍郎孫承宗爲兵部尚書兼東閣大學士，預機務。己丑，孫承宗兼理兵部事。三月丁酉朔，劉一燝致仕。甲辰，陽武侯薛濂管理募兵。兵部侍郎王在晉爲尚書兼右副都御史，經略遼、薊、天津、登、萊軍務。甲寅，賜文震孟等進士及第、出身有差。丁巳，敕湖廣、雲南、廣西官軍援貴州。是春，舉內操。

夏四月甲申，京師旱。五月戊戌，復張居正原官。己亥，錄方孝孺遺嗣，尋予祭葬及謚。丙午，山東白蓮賊徐鴻儒反，陷鄆城。癸亥，秦良玉、杜文煥破賊於佛圖關，官軍合圍重慶，復之。六月戊辰，徐鴻儒陷鄒縣、滕縣，滕縣知縣姬文胤死之。加毛文龍爲總兵官。貴州總兵官張彥芳爲平蠻總兵官，從巡撫都御史王三善討水西賊。己巳，前總兵官楊肇基、遊擊陳九德帥兵討山東賊。

秋七月甲辰，松潘副使李忠臣約總兵官楊愈懋謀復永寧，不克，皆死之。賊攻大壩，遊擊龔萬祿戰死，遂陷遵義。癸丑，沈㴶致仕。乙卯，神宗神主祔太廟。庚申，援黔兵潰於新添。癸亥，武邑賊于弘志作亂，尋伏誅。八月庚辰，孫承宗以原官督理山海關及薊、遼、天津、登、萊軍務。九月甲午朔，光宗神主祔太廟。壬寅，御史馮英請設州縣兵，按畝供餉，從之。乙卯，封皇弟由檢爲信王。停刑。

冬十月辛未，水西賊犯雲南，官軍擊敗之。辛巳，官軍復鄒縣，擒徐鴻儒等，山東賊平。壬午，總兵官魯欽代杜文煥爲總理，援貴州。十一月癸丑，朱燮元總督四川軍務。十二月己巳，王三善、副總兵劉超敗賊於龍里，貴陽圍解。

是年，暹羅入貢。

三年春正月己酉，禮部侍郎朱國禎，尚書顧秉謙，侍郎朱延禧、魏廣微，俱禮部尚書東閣大學士，預機務。乙卯，紅夷據澎湖。貴州官軍三路進討水西，副總兵劉超敗績於陸廣河。二月乙酉，贈卹鄒縣死難博士孟承光及母孔氏，子弘略。是月，停南京進鮮。三月癸卯，朝鮮廢其主李琿。是春，振山東被兵州縣。

夏四月庚申朔，京師地震。己巳，朱國祚致仕。五月辛丑，四川官軍敗賊於永寧，奢崇明走紅崖。

秋七月辛卯，南京大內災。壬辰，奢崇明走龍場，與安邦彥合。丁酉，安南寇廣西，巡撫都御史何士晉禦却之。己亥，史繼偕致仕。九月癸巳，給事中陳良訓疏陳防微四事，下鎮撫司獄。

冬十月乙亥，京師地震。丁丑，停刑。閏月壬寅，以皇子生，詔赦天下。是月，王三善剿水西，屢破賊，至大方。十一月丁巳朔，祀天於南郊。十二月癸巳，封李倧爲朝鮮國王。戊戌，京師地震。庚戌，魏忠賢總督東廠。

是年，暹羅、琉球入貢。

四年春正月丙辰朔，長興民吳野樵殺知縣石有恆、主簿徐可行，尋伏誅。乙丑，王三善自大方旋師遇伏，被執死之，諸官將皆死。庚午，何宗彥卒。二月丁酉，薊州、永平、山海關地震，壞城郭廬舍。甲寅，京師地震，宮殿動搖有聲。帝不豫。三月丁巳，疾愈。庚申，杭州兵變。是月，京師屢地震。

夏五月甲寅朔，福寧兵變，有司撫定之。六月癸未，左副都御史楊漣劾魏忠賢二十四大罪，南北諸臣論忠賢者相繼，皆不納。丙申，大雨雹。杖殺工部郎中萬燝，逮杖御史林汝翥。

秋七月辛酉，葉向高致仕。癸亥，河決徐州。振山東饑。

冬十月，削吏部侍郎陳于廷、副都御史楊漣、僉都御史左光斗籍。十一月己巳，韓爌致仕。是月，貴州官兵敗賊於普定，進至織金，破之。十二月辛巳，逮內閣中書汪文言下鎭撫司獄。丙申，朱國禎致仕。癸卯，南京地震如雷。是月，兩當民變，殺知縣牛得用。

五年春正月癸亥，大淸兵取旅順。戊寅，以慶陵工成，予魏忠賢等廕賚。是月，總理魯欽、劉超等自織金旋師，爲賊所襲，諸營兵潰。三月甲寅，釋奠於先師孔子。丙寅，賜余煌等進士及第、出身有差。甲戌，朱燮元總督雲、貴、川、湖、廣西軍務，討安邦彥。丁丑，讞汪文言獄，逮楊漣、左光斗、袁化中、魏大中、周朝瑞、顧大章，削尙書趙南星等籍。未幾，漣等逮至，下鎭撫司獄，相繼死獄中。

夏四月己亥，削大學士劉一燝籍。五月癸亥，給事中楊所修請以「梃擊」、「紅丸」、「移宮」三案編次成書，從之。乙丑，祀地於北郊。庚午，行宗室限祿法。六月丙戌，朱延禧致仕。

秋七月壬戌，毀首善書院。壬申，韓爌削籍。甲戌，追論萬曆辛亥、丁巳、癸亥三京察，尚書李三才、顧憲成等削籍。八月壬午，毀天下東林講學書院。削尚書孫愼行等籍。戊子，禮部尚書周如磐兼東閣大學士，侍郎丁紹軾、黃立極爲禮部尚書，少詹事馮銓爲禮部右侍郎，並兼東閣大學士，預機務。己亥，魏廣微罷。壬寅，熊廷弼棄市，傳首九邊。九月壬子，遼東副總兵魯之甲敗沒於柳河。

冬十月己卯，兵部尚書高第經略遼、薊、登、萊、天津軍務。丙戌，停刑。庚寅，孫承宗致仕。丙申，逮中書舍人吳懷賢下鎭撫司獄，杖殺之。庚子，以皇子生，詔赦天下。十一月壬子，周如磐致仕。十二月乙酉，榜東林黨人姓名，頒示天下。戊子，戍前尚書趙南星。

是年，琉球、烏斯藏入貢。

六年春正月戊午，修三朝要典。丁卯，大淸兵圍寧遠，總兵官滿桂、寧前道參政袁崇煥固守。己巳，圍解。二月乙亥，袁崇煥爲僉都御史，專理軍務，仍駐寧遠。戊戌，以蘇杭織造太監李實奏，逮前應天巡撫周起元，吏部主事周順昌，左都御史高攀龍，諭德繆昌期，御史李應昇、周宗建、黃尊素。攀龍赴水死，起元等下鎭撫司獄，相繼死獄中。己亥，祭日於東郊。三月丁未，設各邊鎭監軍內臣。太監劉應坤鎭守山海關，大學士丁紹軾、兵部尚書王永光等屢諫不聽。論寧遠解圍功，封魏忠賢從子良卿肅寧伯。庚戌，安邦彥犯貴州，官軍敗績，總理魯欽死之。壬子，袁崇煥巡撫遼東、山海。

夏四月丁丑，命南京守備內臣搜括應天各府貯庫銀，充殿工、兵餉。戊戌，丁紹軾卒。五月戊申，王恭廠災，死者甚衆。己酉，以旱災敕羣臣修省。癸亥，朝天宮災。六月丙子，京師地震，靈丘地震經月。壬午，河決廣武。辛卯，三朝要典成，刊布中外。閏月辛丑，巡撫浙江僉都御史潘汝楨請建魏忠賢生祠，許之。嗣是建祠幾遍天下。壬寅，馮銓罷。壬子，朱燮元以憂去，偏沅巡撫都御史閔夢得代之。〔三〕是夏，京師大水，江北、山東旱蝗。

秋七月辛未朔，日當食，陰雲不見。辛巳，下前揚州知府劉鐸詔獄，殺之。丙戌，禮部侍郎施鳳來、張瑞圖，詹事李國楷，俱禮部尚書東閣大學士，預機務。八月，陝西流賊起，由保寧犯廣元。九月庚寅，顧秉謙致仕。壬辰，皇極殿成，停刑。己亥，魏良卿進封肅寧侯。是月，參將楊明輝齎敕招諭水西賊，被殺。是秋，江北大水，河南蝗。

冬十月戊申，進魏忠賢爵上公，魏良卿寧國公，予誥券，加賜莊田一千頃。己酉，以皇極殿成詔天下，官匠雜流陞授者九百六十五人。癸丑，改修光宗實錄。十一月庚寅，予魏良卿鐵券。十二月戊申，南京地震。甲子，潯州賊殺守備蔡人龍。

是年，安南、烏斯藏、琉球入貢。

七年春正月辛未，振鳳陽饑。乙亥，太監涂文輔總督太倉銀庫、節愼庫。崔文昇、李明道提督漕運河道，覈京師、通州諸倉。辛卯，免榷潼關、咸陽商稅。二月壬戌，修隆德殿。三月癸酉，豐城侯李承祚請開採珠池、銅礦，不許。戊子，澄城民變，殺知縣張斗耀。是春，大清兵征朝鮮。

夏四月丁酉，下前侍郎王之宷鎭撫司獄，死獄中。五月己巳，監生陸萬齡請建魏忠賢生祠於太學旁，歲祀如孔子，許之。丙子，大清兵圍錦州。癸巳，攻寧遠。六月庚子，錦州圍解。

秋七月乙丑朔，帝不豫。丙寅，罷袁崇煥。己卯，封魏忠賢孫鵬翼爲安平伯。壬午，戌孫愼行。丁亥，海賊寇廣東。是月，浙江大水。八月丙申，加魏良卿太師，魏鵬翼少師。戊戌，中極、建極二殿成。乙巳，召見閣部、科道諸臣於乾清宮，諭以魏忠賢、王體乾忠貞可計大事。封忠賢姪良棟爲東安侯。甲寅，大漸。乙卯，崩於乾清宮，年二十三。遺詔以皇第五弟信王由檢嗣皇帝位。

冬十月庚子，上尊謚，廟號熹宗，葬德陵。

贊曰：明自世宗而後，綱紀日以陵夷，神宗末年，廢壞極矣。雖有剛明英武之君，已難復振。而重以帝之庸懦，婦寺竊柄，濫賞淫刑，忠良慘禍，億兆離心，雖欲不亡，何可得哉。

校勘記

〔一〕副將羅一貴死之　羅一貴，熹宗實錄卷一三、國榷卷八五頁五二〇〇同。本書卷二七一、明史稿傳一二九都有羅一貫傳，疑作「羅一貫」是。

〔二〕偏沅巡撫都御史閔夢得代之　閔夢得，原作「葉夢得」。本書卷二四九朱燮元傳及熹宗實錄卷六八都作「閔夢得」。按本書卷一八三閔珪傳載閔珪曾孫閔學文「從弟夢得，兵部戎政尚書」，即其人，據改。

明史卷二十三

本紀第二十三

莊烈帝一

莊烈愍皇帝，諱由檢，光宗第五子也，萬曆三十八年十二月生。母賢妃劉氏，早薨。天啓二年，封信王。六年十一月，出居信邸。

明年八月，熹宗疾大漸，召王入，受遺命。丁巳，卽皇帝位。大赦天下，以明年爲崇禎元年。九月甲申，追謚生母賢妃曰孝純皇后。丁亥，停刑。庚寅，册妃周氏爲皇后。

冬十月甲午朔，享太廟。癸丑，南京地震。十一月甲子，安置魏忠賢於鳳陽。戊辰，撤各邊鎭守內臣。己巳，魏忠賢縊死。癸酉，免天啓時逮死諸臣贓，釋其家屬。癸巳，黃立極致仕。十二月，前南京吏部侍郎錢龍錫、禮部侍郎李標、禮部尚書來宗道、吏部侍郎楊景辰、禮部侍郎周道登、少詹事劉鴻訓俱禮部尚書兼東閣大學士，預機務。〔一〕魏良卿、客氏子侯國興俱伏誅。

崇禎元年春正月辛巳，詔內臣非奉命不得出禁門。壬午，尊熹宗后爲懿安皇后。丙戌，戮魏忠賢及其黨崔呈秀尸。二月乙未，禁章奏冗蔓。癸丑，御經筵。丁巳，戒廷臣交結內侍。三月己巳，葬悊皇帝於德陵。癸未，施鳳來、張瑞圖致仕。乙酉，贈卹冤陷諸臣。

夏四月癸巳，賜劉若宰等進士及第、出身有差。甲午，袁崇煥爲兵部尚書，督師薊、遼。庚戌，指揮卓銘請開礦，不許。五月己巳，李國𣚴致仕。庚午，燬三朝要典。甲戌，裁各部添注官。辛巳，禱雨。乙酉，復外吏久任及舉保連坐之法，禁有司私派。六月，削魏忠賢黨馮銓、魏廣微籍。壬寅，許顯純伏誅。壬子，來宗道、楊景辰致仕。

秋七月癸酉，召對廷臣及袁崇煥於平臺。壬午，浙江風雨，海溢，漂沒數萬人。癸未，海寇鄭芝龍降。甲申，寧遠兵變，巡撫都御史畢自肅自殺。八月乙未，詔非盛暑祁寒，日御文華殿與輔臣議政。九月丁卯，京師地震。

冬十月戊戌，劉鴻訓罷，尋遣戍。十一月癸未，祀天於南郊。十二月丙申，韓爌復入閣。是年，革廣寧及薊鎭塞外諸部賞。諸部饑，告糴，不許。陝西饑民苦加派，流賊大起，分掠鄜州、延安。

二年春正月丙子，釋奠於先師孔子。丁丑，定逆案，自崔呈秀以下凡六等。二月戊子，祀社稷。庚寅，皇長子慈烺生，赦天下。三月戊寅，薊州兵變，有司撫定之。夏四月甲午，裁驛站。〔二〕閏月癸亥，流賊犯三水，遊擊高從龍戰歿。〔三〕癸未，祀地於北郊。五月乙酉朔，日有食之。庚子，議改曆法。六月戊午，袁崇煥殺毛文龍於雙島。癸亥，以久旱，齋居文華殿，敕羣臣修省。

秋八月甲子，總兵官侯良柱、兵備副使劉可訓擊斬奢崇明、安邦彥於紅土川，水西賊平。甲戌，熹宗神主祔太廟。九月丁未，楊鎬棄市。

冬十月戊寅，大清兵入大安口。十一月壬午朔，京師戒嚴。乙酉，山海關總兵官趙率教戰沒於遵化。甲申，大清兵入遵化，巡撫都御史王元雅、推官何天球等死之。丁亥，總兵官滿桂入援。己丑，吏部侍郎成基命爲禮部尚書兼東閣大學士，預機務。召前大學士孫承宗爲兵部尚書中極殿大學士，視師通州。辛卯，袁崇煥入援，次薊州。戊子，宣、大、保定兵相繼入援。徵天下鎮巡官勤王。辛丑，大清兵薄德勝門。甲辰，召袁崇煥等於平臺，崇煥請入城休兵，不許。下兵部尚書王洽於獄。十二月辛亥朔，再召袁崇煥於平臺，下錦衣衛獄。甲寅，總兵官祖大壽兵潰，東出關。乙卯，孫承宗移駐山海關。庚申，諭廷臣進馬。丁卯，遣中官趙滿桂出戰，桂及前總兵官孫祖壽俱戰歿。總兵官馬世龍總理援軍。壬申，錢龍錫罷。癸酉，山西援兵潰於良鄉。丁丑，禮部侍郎周延儒、尙書何如寵、侍郎錢象坤俱禮部尙書兼東閣大學士，預機務。

三年春正月甲申，大清兵克永平，副使鄭國昌、知府張鳳奇等死之。丙戌，瘞城外戰士骸。戊子，大清兵克灤州。庚寅，逮總督薊遼都御史劉策下獄，論死。乙未，禁抄傳邊報。韓爌致仕。壬寅，兵部右侍郎劉之綸敗沒於遵化。是月，陝西諸路總兵官吳自勉等帥師入衞，延綏、甘肅兵潰西去，與羣寇合。二月庚申，立皇長子慈烺爲皇太子，大赦。三月壬午，李標致仕。戊申，流賊犯山西。

夏四月乙卯，以久旱，齋居文華殿，諭百官修省。丁丑，流賊陷蒲縣。五月辛卯，馬世龍、祖大壽諸軍入灤州。壬辰，大清兵東歸，永平、遷安、遵化相繼復。六月癸丑，流賊王嘉胤陷府谷，米脂賊張獻忠聚衆應之。己未，授宋儒邵雍後裔五經博士。辛酉，禮部尙書溫體仁、吳宗達並兼東閣大學士，預機務。

秋八月癸亥，殺袁崇煥。九月己卯，逮錢龍錫下獄。

冬十月癸亥，停刑。丙寅，巡撫延綏副都御史洪承疇、總兵官杜文煥敗賊張獻忠於清澗。十一月壬辰，破賊於懷寧。甲午，山西總兵官王國樑追賊於河曲，敗績。十二月乙巳朔，增田賦充餉。戊午，流賊陷寧塞。

是年，烏斯藏入貢。

四年春正月己卯，流賊陷保安。丁酉，御史吳甡振延綏饑民。己亥，召對內閣、九卿、科道及入覲兩司官於文華殿。命都察院嚴覈巡按御史。二月壬子，流賊圍慶陽，分兵陷合水。三月丁丑，副將張應昌等擊敗之，慶陽圍解。癸未，總督陝西三邊軍務侍郎楊鶴招撫流賊於寧州，羣賊僞降，尋復叛。己丑，賜陳于泰等進士及第、出身有差。

夏四月庚戌，禱雨。辛酉，詔廷臣條時政。是月，延綏副將曹文詔擊賊於河曲，王嘉胤敗死。〔四〕五月甲戌朔，步禱於南郊。庚辰，戍錢龍錫。六月丁未，錢象坤致仕。

秋七月甲戌，總兵官王承恩敗賊於鄜州，降賊首上天龍。八月癸卯，總兵官賀虎臣擊斬賊劉六於慶陽。丁未，大清兵圍祖大壽於大凌城。丙辰，何如寵致仕。九月庚辰，內臣王應朝、鄧希詔等監視關、寧、薊鎭兵糧及各邊撫賞。〔五〕甲午，逮楊鶴下獄，論戍。〔六〕洪承疇總督三邊軍務。丁酉，太監張彝憲總理戶、工二部錢糧，給事中宋可久等相繼諫，不聽。戊戌，山海總兵官宋偉等援大凌，敗於長山，監軍太僕少卿張春被執。

冬十月辛丑朔，日有食之。戊辰，祖大壽殺副將何可綱。己巳，大壽自大淩脫歸，入錦州。十一月丙戌，太監李奇茂監視陝西茶馬，吳直監視登島兵糧、海禁。〔七〕羣臣合疏諫，不聽。壬辰，孫承宗致仕。癸巳，召對廷臣於文華殿，歷詢軍國諸務，語及內臣，帝曰：「諸臣若實心任事，朕亦何需此輩。」己亥，流賊羅汝才犯山西。閏月乙丑，陝西降賊復叛，陷甘泉，殺參政張允登。丁卯，登州遊擊孔有德率師援遼，次吳橋反，陷陵縣，連陷臨邑、商河、齊東，屠新城。十二月丙子，濟南官軍禦賊於阮城店，敗績。丁丑，以大淩築城招釁，奪孫承宗官。是冬，延安、慶陽大雪，民饑，盜賊益熾。

五年春正月辛丑，孔有德陷登州，遊擊陳良謨戰死，總兵官張可大死之。巡撫都御史孫元化、副使宋光蘭等被執，尋縱還。辛亥，孔有德陷黃縣。丙寅，總兵官楊御蕃、王洪率師討孔有德，敗績於新城鎭。二月己巳朔，孔有德圍萊州，巡撫都御史徐從治固守。辛巳，孔有德陷平度。三月壬寅，兵部侍郎劉宇烈督理山東軍務，討孔有德。

夏四月甲戌，劉宇烈敗績於沙河。癸未，徐從治中傷卒。是月，總兵官曹文詔、楊嘉謨連破賊於隴安、靜寧，賊奔水落城，平涼、莊浪饑民附之，勢復熾。五月丙午，參政朱大典爲僉都御史，巡撫山東。辛亥，禮部尙書鄭以偉、徐光啓並兼東閣大學士，預機務。六月，京師大雨水。壬申，河決孟津。

秋七月辛丑，太監曹化淳提督京營戎政。癸卯，孔有德僞降，誘執登萊巡撫都御史謝璉，萊州知府朱萬年死之。己未，孫元化棄市。逮劉宇烈下獄，論戍。〔八〕八月甲戌，洪承疇敗賊於甘泉，賊首白廣恩降。甲申，朱大典督軍救萊州，前鋒參將祖寬敗賊於沙河。乙酉，萊州圍解。癸巳，官軍大敗孔有德於黃縣，進圍登州。九月丁酉，海賊劉香寇福建。是秋，陝西賊入山西，連陷大寧、澤州、壽陽，分部走河北，犯懷慶，陷修武。

冬十一月戊戌，劉香寇浙江。

六年春正月癸卯，曹文詔節制山、陝諸將討賊。丁未，副將左良玉破賊於涉縣，賊走林縣山中，饑民爭附之。庚申，遣使分督直省逋賦。是月，曹文詔擊山西賊，屢敗之。二月壬申，削左副都御史王志道籍。癸酉，流賊犯畿南。戊子，總兵官陳洪範等克登州水城。辛卯，孔有德遁入海，山東平。三月癸巳，敕曹文詔諸將限三月平賊。

夏四月己巳，免延安、慶陽、平涼新舊遼餉。壬申，總兵官鄧玘、左良玉剿河南賊。五月乙巳，太監陳大金等分監曹文詔、張應昌、左良玉、鄧玘軍。壬子，孔有德及其黨耿仲明等航海降於我大淸。癸丑，河套部犯寧夏，總兵官賀虎臣戰沒。六月辛酉朔，太監高起潛監視寧、錦兵餉。乙丑，鄭以偉卒。庚辰，周延儒致仕。甲申，延綏副將李卑援剿河南。庚寅，太監張彝憲請催逋賦一千七百餘萬，給事中范淑泰諫，不聽。

秋七月甲辰，大清兵取旅順，總兵官黃龍死之。癸丑，改曹文詔鎮大同，山西巡撫都御史許鼎臣請留文詔剿賊，不許。八月己巳，曹文詔敗賊於濟源，又敗之於懷慶。九月庚戌，南京禮部侍郎錢士升爲禮部尚書兼東閣大學士，預機務。

冬十月戊辰，徐光啓卒。十一月癸巳，禮部侍郎王應熊、何吾騶俱禮部尚書兼東閣大學士，預機務。辛亥，詔保定、河南、山西會兵剿賊。壬子，賊渡河。乙卯，陷澠池。十二月，連陷伊陽、盧氏，分犯南陽、汝寧，遂逼湖廣。

是年，安南入貢。

七年春正月己丑，廣鹿島副將尚可喜降於我大清。設河南、山、陝、川、湖五省總督，以延綏巡撫陳奇瑜兼兵部侍郎爲之。庚寅，總兵官張應昌渡河，敗賊於靈寶。壬辰，賊自鄖陽渡漢。癸巳，犯襄陽，連陷紫陽、平利、白河，南入四川。二月戊寅，陷夔州，大寧諸縣皆失守。甲申，耕耤田。乙酉，張獻忠突商、雒，凡十三營流入漢南。是月，振登、萊饑，蠲逋賦。三月丁亥朔，日有食之。甲辰，賜劉理順等進士及第、出身有差。乙巳，張應昌擊賊於五嶺山，〔九〕敗績。庚戌，賊自四川走湖廣，副將楊世恩追敗之於石河口。山西自去年不雨至於是月，民大饑。

夏四月，賊自湖廣走盧氏、靈寶。癸酉，發帑振陝西、山西饑。五月丙申，副將賀人龍等敗賊於藍田。六月辛未，總督侍郎陳奇瑜、鄖陽撫治都御史盧象昇會師於上津，剿湖廣賊。甲戌，河決沛縣。是夏，官軍圍高迎祥、李自成諸賊於興安之車箱峽兩月。賊食盡，僞降。陳奇瑜受之，縱出險。復叛，陷所過州縣。張應昌自清水追賊，敗績。

秋七月壬辰，大清兵入上方堡，至宣府。乙未，詔總兵官陳洪範守居庸，巡撫保定都御史丁魁楚等守紫荊、雁門。辛丑，京師戒嚴。庚戌，大清兵克保安，沿邊諸城堡多不守。八月，分遣總兵官尤世威等援邊。戊辰，宣大總督侍郎張宗衡節制各鎮援兵。閏月甲申，賊陷隆德、固原，參議陸夢龍赴援，敗沒。丁亥，大清兵克萬全左衞。庚寅，旋師出塞。壬寅，李自成圍賀人龍於隴州。九月庚申，盔甲廠災。〔一〇〕庚辰，洪承疇解隴州圍。甲戌，以賊聚陝西，詔河南兵入潼、華，湖廣兵入商、雒，四川兵由興、漢，山西兵出蒲州、韓城，合剿。

冬十月庚戌，湖廣兵援漢中，副將楊正芳戰死。十一月庚辰，逮陳奇瑜下獄，論戍。乙酉，洪承疇兼攝五省軍務。是冬，陝西賊分犯湖廣、河南，李自成陷陳州。

是年，暹羅入貢。

八年春正月乙卯，賊陷上蔡，連陷汜水、滎陽、固始。己未，洪承疇出關討賊。辛酉，張獻忠陷潁州。丙寅，陷鳳陽，焚皇陵樓殿，留守朱國相等戰死。壬申，徐州援兵至鳳陽。張獻忠犯廬州，尋陷廬江、無爲。李自成走歸德，與羅汝才復入陝西。二月，張獻忠陷潛山、羅田、太湖、新蔡，應天巡撫都御史張國維禦却之。甲午，以皇陵失守，逮總督漕運尚書楊一鵬下獄，尋棄市。丁酉，總兵官鄧玘敗賊於羅山。是月，曹文詔敗賊於隨州。〔一一〕

夏四月，張獻忠復走漢中，犯平涼、鳳翔。丁亥，鄭芝龍擊敗海賊劉香，香自殺，衆悉降。辛卯，洪承疇會師於汝州，分部諸將防豫、楚要害。乙巳，川兵變於樊城，〔一二〕鄧玘自殺。丙午，洪承疇西還，駐師靈寶。五月乙亥，吳宗達致仕。六月己丑，官軍遇賊於亂馬川，敗績。壬辰，副將艾萬年、柳國鎭擊李自成於寧州之襄樂，〔一三〕戰沒。丙午，曹文詔追賊至眞寧之湫頭鎭，遇伏，力戰死之。

秋七月甲戌，少詹事文震孟、刑部侍郎張至發俱禮部侍郎兼東閣大學士，預機務。是月，張獻忠突朱陽關，總兵官尤世威敗績，賊復走河南。八月，李自成陷咸陽，賊將高傑降。壬辰，詔撤監視總理內臣，〔一四〕惟京營及關、寧如故。辛丑，盧象昇總理直隸、河南、山東、湖廣、四川軍務。九月辛亥，洪承疇督副將曹變蛟等敗賊於關山鎭。李自成東走，與張獻忠合。壬戌，官軍敗績於沈丘之瓦店，總兵官張全昌被執。壬申，王應熊致仕。

冬十月庚辰，下詔罪己，辟居武英殿，減膳撤樂，示與將士同甘苦。丙戌，戶部尙書侯恂請嚴徵新舊逋賦，從之。辛卯，李自成陷陝州。十一月庚戌，何吾騶、文震孟罷。庚申，祀天於南郊。總兵官祖寬破賊於汝州。十二月戊寅，城鳳陽。乙酉，盧象昇、祖寬敗李自成於確山。戊子，左良玉敗賊於閿鄉。癸巳，賊犯江北，圍滁州。乙巳，老回回諸賊自河南犯陝西，洪承疇敗之於臨潼。

是年，安南、暹羅、琉球入貢。

九年春正月甲寅，總理侍郎盧象昇、祖寬援滁，大敗賊於朱龍橋。丁卯，前禮部侍郎林釬以原官兼東閣大學士，預機務。二月，前副將湯九州及賊戰嵩縣，敗沒。〔一五〕山西大饑，人相食。乙酉，寧夏饑，兵變，殺巡撫都御史王楫，兵備副使丁啓睿撫定之。辛卯，以武舉陳起新爲給事中。〔一六〕三月，盧象昇、祖大樂剿河南賊。高迎祥、李自成分部入陝西，餘賊自光化走湖廣。振南陽饑，蠲山西被災州縣新舊二餉。

夏四月戊子，錢士升致仕。五月壬子，詔赦脅從諸賊。願歸者，護還鄉，有司安置；願隨軍自効者，有功一體敍錄。丙辰，延綏總兵官俞冲霄擊李自成於安定，敗績，死之。李自成犯榆林，賀人龍擊敗之。癸酉，免畿內五年以前逋賦。六月乙亥，林釬卒。甲申，吏部侍郎孔貞運，禮部尚書賀逢聖、黃士俊，俱禮部尚書兼東閣大學士，預機務。己亥，總兵官解進忠撫賊於淅川，被殺。

秋七月甲辰，內臣李國輔等分守紫荆、倒馬諸關。庚戌，成國公朱純臣巡視邊關。癸丑，詔諸鎮星馳入援。己未，大清兵入昌平，巡關御史王肇坤等死之。壬戌，巡撫陝西都御史孫傳庭擊擒賊首高迎祥於盩厔，送京師伏誅。癸亥，諭廷臣助餉。甲子，兵部尚書張鳳翼督援軍，高起潛爲總監。是月，大清兵入寶坻，連下近畿州縣。八月癸酉，括勳戚文武諸臣馬。乙未，盧象昇入援，次眞定。丙申，唐王聿鍵起兵勤王，勒還國，尋廢爲庶人。是月，大清兵出塞。九月辛酉，改盧象昇總督宣大、山西軍務。

冬十月乙亥，工部侍郎劉宗周以論內臣及大學士溫體仁削籍。甲申，張獻忠犯襄陽。丙申，命開銀鐵銅鉛諸礦。十一月丁未，蠲山東五年以前逋賦。十二月，大清兵征朝鮮。

是年，洪承疇敗賊於隴州，賊走慶陽、鳳翔。暹羅入貢。

十年春正月辛丑朔，日有食之。丙午，老回回諸賊趨江北，張獻忠、羅汝才自襄陽犯安慶，南京大震。二月甲戌，遣使督直省逋賦。丁酉，賊犯潛山，總兵官左良玉、副使史可法敗之於楓香驛。是月，朝鮮降於我大清。三月辛亥，振陝西災。丁巳，賜劉同升等進士及第、出身有差。甲子，官軍援安慶，敗績於酆家店。

夏四月戊寅，大清兵克皮島，副總兵金日觀力戰死之，總兵官沈冬魁走石城島。癸巳，旱，清刑獄。是月，洪承疇剿賊於漢南。閏月壬寅，敕羣臣潔己愛民，以回天意。江北賊分犯河南，總督兩廣都御史熊文燦爲兵部尙書，總理南京、河南、山、陝、川、湖軍務，駐鄖陽討賊。五月戊寅，李自成自秦州犯四川。六月戊申，溫體仁致仕。是夏，兩畿、山西大旱。

秋七月，山東、河南蝗，民大饑。八月己酉，吏部侍郎劉宇亮、禮部侍郎傅冠俱禮部尙書，僉都御史薛國觀爲禮部侍郎，並兼東閣大學士，預機務。庚申，闖城。九月丙子，左良玉敗賊於虹縣。辛卯，洪承疇敗賊於漢中。癸巳，李自成陷寧羌。

冬十月丙申，自成自七盤關入西川。壬寅，陷昭化、劍州、梓潼，分兵趨潼川、江油、綿州，總兵官侯良柱戰死，遂陷彰明、鹽亭諸縣。庚戌，逼成都。十一月庚辰，以星變修省，求直言。十二月癸卯，黃士俊致仕。〔一七〕癸亥，洪承疇、曹變蛟援四川，次廣元。

是年，安南、琉球入貢。

校勘記

〔一〕禮部侍郎周道登少詹事劉鴻訓俱禮部尚書兼東閣大學士預機務　周道登，原作「黄道登」，據本書卷一一〇宰輔年表、又卷二五一錢龍錫傳、同卷李標傳附周道登傳，明史稿紀一八莊烈帝紀，熹宗實録天啓七年十一月甲戌條改。

〔二〕夏四月甲午裁驛站　明史稿紀一八莊烈帝紀、懷宗實録卷二、國榷卷九〇頁五四六九都繫此事於二月。

〔三〕閏月癸亥流賊犯三水遊擊高從龍戰歿　閏月，指閏四月。明史稿紀一八莊烈帝紀、懷宗實録卷二、國榷卷九〇頁五四七八都繫此事於四月丙戌。

〔四〕是月延綏副將曹文詔擊賊於河曲王嘉胤敗死　是月，指四月。明史稿紀一八莊烈帝紀、懷宗實録卷四都繫此事於六月癸卯。按懷宗實録卷四崇禎四年四月辛酉，「曹文詔、馬科、曹變蛟、王世虎等克河曲」，不言王嘉胤敗死。同卷六月癸卯朔，「曹文詔擊斬王嘉胤於陽城」。是「是月」當作「六月」，「河曲」當作「陽城」。

〔五〕九月庚辰内臣王應朝至及各邊撫賞　明史稿紀一八莊烈帝紀、國榷卷九一頁五五七三都繫此事於十月丁未，懷宗實録卷四繫於十月辛丑朔。

〔六〕甲午逮楊鶴下獄論戍　甲午，指九月甲午。明史稿紀一八莊烈帝紀繫此事於七月癸未。懷宗實錄卷四、國榷卷九一頁五五六八都言七月癸未楊鶴被逮，「明年戍袁州衞」。

〔七〕吳直監視登島兵糧海禁　吳直，原作「呂直」，據本書卷二五八魏呈潤傳附李曰輔傳、明史稿紀一八莊烈帝紀、懷宗實錄卷四改。

〔八〕己未至逮劉宇烈下獄論戍　己未，指七月己未。按明史稿紀一八莊烈帝紀、懷宗實錄卷五、國榷卷九二頁五五九六都繫此事於八月庚辰。

〔九〕乙巳張應昌擊賊於五嶺山　乙巳，指三月乙巳。按明史稿紀一八莊烈帝紀、懷宗實錄卷七都繫此事於四月甲戌。

〔一〇〕盔甲廠災　盔甲廠，明史稿紀一八莊烈帝紀、懷宗實錄卷七都作「王恭廠」。

〔一一〕是月曹文詔敗賊於隨州　是月，卽二月，本書卷二六八曹文詔傳、懷宗實錄卷八、懷陵流寇始終錄卷八都繫於三月。

〔一二〕乙巳川兵變於樊城　乙巳，指四月乙巳。明史稿紀一八莊烈帝紀繫此事於三月丙子，懷宗實錄卷八繫於三月乙亥。

〔一三〕柳國鎭擊李自成於寧州之襄樂　柳國鎭，原作「柳鎭國」，據本書卷二六八曹文詔傳、明史稿紀一八莊烈帝紀改。

〔一四〕壬辰詔撤監視總理內臣　壬辰，指八月壬辰。明史稿紀一八莊烈帝紀繫此事於八年七月乙亥，懷宗實錄卷七、國榷卷九三頁五六五五至五六五六都繫於七年八月辛未。

〔一五〕二月前副將湯九州及賊戰嵩縣敗沒　明史稿紀一八莊烈帝紀、崇禎實錄卷九都繫此事於五月，「副將」作「副總兵」。

〔一六〕以武舉陳起新爲給事中　陳起新，懷宗實錄卷九、國榷卷九五頁五七二七都作「陳啓新」。

〔一七〕十二月癸卯黃士俊致仕　本書卷一一〇宰輔年表繫此事於十一年正月，明史稿紀一九莊烈帝紀、懷宗實錄卷一一都繫於十一年正月丙寅。

明史卷二十四

本紀第二十四

莊烈帝二

十一年春正月丁丑，洪承疇敗賊於梓潼，〔一〕賊還走陝西。丁亥，裁南京冗官。二月甲辰，改河南巡按御史張任學爲總兵官。三月戊寅，賀逢聖致仕。是月，李自成自洮州出番地，總兵官曹變蛟追破之，復入塞，走西和、禮縣。

夏四月辛丑，張獻忠僞降於穀城，熊文燦受之。戊申，張至發致仕。己酉，熒惑逆行，諭廷臣修省。五月癸亥朔，策試考選官於中左門。六月癸巳，安民廠災，壞城垣，傷萬餘人。壬寅，孔貞運致仕。乙卯，兵部尚書楊嗣昌、戶部尚書程國祥、禮部侍郎方逢年、工部侍郎蔡國用俱禮部尚書，大理少卿范復粹爲禮部侍郎，並兼東閣大學士，預機務。嗣昌仍掌兵部。是月，兩畿、山東、河南大旱蝗。

秋七月乙丑，少詹事黄道周以論楊嗣昌奪情，謫按察司照磨。八月戊戌，以災異屢見，齋居永壽宮，諭廷臣修省。癸丑，傅冠致仕。戊午，停刑。流賊羅汝才等自陝州犯襄陽。九月，陝西、山西旱饑。辛巳，大清兵入牆子嶺，總督薊遼兵部侍郎吳阿衡死之。癸未，京師戒嚴。

冬十月癸巳，盧象昇入援，召對於武英殿。甲午，括馬。盧象昇、高起潛分督援軍。是月，洪承疇、曹變蛟大破賊於潼關南原，李自成以數騎遁。十一月戊辰，大清兵克高陽，致仕大學士孫承宗死之。戊子，罷盧象昇，戴罪立功。〔三〕劉宇亮自請視師，許之。是月，羅汝才降。十二月庚子，方逢年罷。盧象昇兵敗於鉅鹿，死之。戊申，孫傳庭爲兵部侍郎督援軍，徵洪承疇入衛。

是年，土魯番、琉球入貢。

十二年春正月己未朔，以時事多艱，却廷臣賀。庚申，大清兵入濟南，德王由樞被執，布政使張秉文等死之。戊辰，劉宇亮、孫傳庭會師十八萬於晉州，不敢進。丁丑，改洪承疇總督薊、遼，孫傳庭總督保定、山東、河北。二月乙未，劉宇亮罷。大清兵北歸。三月丙寅，出靑山口。凡深入二千里，閱五月，下畿內、山東七十餘城。丙子，加上孝純皇太后諡，詔天下。

夏四月戊申，程國祥致仕。是月，左良玉擊降賊首李萬慶。五月甲子，禮部侍郎姚明恭、張四知，兵部侍郎魏照乘，俱禮部尚書兼東閣大學士，預機務。乙丑，張獻忠叛於穀城，羅汝才等起應之，陷房縣。乙亥，削孫傳庭籍，尋逮下獄。六月，畿內、山東、河南、山西旱蝗。己酉，抽練各鎮精兵，復加徵練餉。

秋七月壬申，左良玉討張獻忠，敗績於羅猴山，〔三〕總兵官羅岱被執死之。熊文燦削籍，尋逮下獄。八月癸巳，詔誅封疆失事巡撫都御史顏繼祖，總兵官倪寵、祖寬，內臣鄧希詔、孫茂霖等三十三人，俱棄市。己亥，免唐縣等四十州縣去年田租之半。壬子，大學士楊嗣昌督師討賊，〔四〕總督以下並聽節制。

冬十月甲申朔，楊嗣昌誓師襄陽。甲午，左良玉爲平賊將軍。〔五〕丙申，欽定保民四事全書成，頒布天下。十一月辛巳，祀天於南郊。十二月，羅汝才犯四川。丙午，下兵部尚書傅宗龍於獄。

是年，琉球入貢。

十三年春閏正月乙酉，振眞定饑。戊子，振京師饑民。癸卯，振山東饑。二月壬子朔，祀日於東郊。戊午，總督陝西三邊侍郎鄭崇儉，大破張獻忠於太平縣之瑪瑙山，〔六〕獻忠走歸州。戊寅，以久旱求直言。三月甲申，禱雨。丙戌，大風霾，詔清刑獄。戊子，罷各鎮內臣。丙申，賜魏藻德等進士及第、出身有差。戊戌，振畿內饑。丁未，免河北三府逋賦。

夏四月戊午，逮江西巡撫僉都御史解學龍及所舉黃道周。己卯，吏部尚書謝陞爲禮部尚書，禮部侍郎陳演以原官，並兼東閣大學士，預機務。五月，羅汝才犯夔州，石砫女官秦良玉連戰卻之。甲申，祀地於北郊。庚戌，姚明恭致仕。六月辛亥朔，總兵官賀人龍等分道逐賊，敗之，羅汝才走大寧。庚午，蔡國用卒。辛未，薛國觀罷。

秋七月庚辰朔，畿內捕蝗。己丑，發帑振被蝗州縣。辛卯，左良玉及京營總兵官孫應元等大破羅汝才於興山。〔七〕汝才走巫山，與張獻忠合。八月甲戌，振江北饑。九月，陝西官軍圍李自成於巴西魚腹山中，自成走免。癸巳，張獻忠陷大昌，總兵官張令戰死。尋陷劍州、綿州。

冬十月癸丑，熊文燦棄市。十一月，楊嗣昌進軍重慶。丁亥，祀天於南郊。戊子，南京地震。十二月丁未朔，嚴軍機抄傳之禁。辛亥，張獻忠陷瀘州。乙卯，逮薛國觀。是月，李自成自湖廣走河南，饑民附之，連陷宜陽、永寧，殺萬安王采𨰠，陷偃師，勢大熾。

是年，兩畿、山東、河南、山、陝旱蝗，人相食。

十四年春正月辛巳，祈穀於南郊。己丑，總兵官猛如虎追張獻忠及於開縣之黃陵城，敗績，參將劉士傑等戰死，賊遂東下。丙申，李自成陷河南，福王常洵遇害，前兵部尚書呂維祺等死之。二月己酉，詔以時事多艱，災異疊見，痛自刻責，停今歲行刑，諸犯俱減等論。庚戌，張獻忠陷襄陽，襄王翊銘、貴陽王常法並遇害，副使張克儉等死之。戊午，李自成攻開封，周王恭枵、巡按御史高名衡拒却之。乙丑，張獻忠陷光州。己巳，召閣臣、九卿、科道於乾清宮左室。命駙馬都尉冉興讓等齎帑金振恤河南被難宗室。三月丙子朔，楊嗣昌自四川還，至荆州卒。乙酉，禱雨。丙申，洪承疇會八鎭兵於寧遠。丁酉，逮鄭崇儉下獄，尋棄市。

夏四月壬子，大清兵攻錦州，祖大壽拒守。己未，總督三邊侍郎丁啓睿爲兵部尚書，督師討賊。五月庚辰，范復粹致仕。釋傅宗龍於獄，命爲兵部侍郎，總督陝西三邊軍務，討李自成。戊子，祀地於北郊。六月，兩畿、山東、河南、浙江、湖廣旱蝗，山東寇起。

秋七月己卯，李自成攻鄧州，楊文岳、總兵官虎大威擊敗之。壬寅，洪承疇援錦州，駐師松山。是月，臨淸運河涸。京師大疫。八月乙巳，援兵戰於松山，陽和總兵官楊國柱敗沒。辛亥，賜薛國觀死。辛酉，重建太學成，釋奠於先師孔子。甲子，總兵官吳三桂、王樸自松山遁，諸軍夜潰。是月，左良玉大敗張獻忠於信陽。九月丁丑，傅宗龍帥師次新蔡，與總督保定侍郎楊文岳軍會。己卯，遇賊，賀人龍師潰，宗龍被圍，文岳走陳州。甲申，周延儒、賀逢聖復入閣。辛卯，封皇子慈炯爲定王。壬辰，傅宗龍潰圍出，趨項城，被執死之。賊屠項城及商水、扶溝。戊戌，李自成、羅汝才陷葉縣，守將劉國能死之。是月，官軍破張獻忠於英山之望雲寨。

冬十月癸卯朔，日有食之。十一月丙子，李自成陷南陽，唐王聿鏌遇害，總兵官猛如虎等死之。十二月，李自成連陷洧川、許州、長葛、鄢陵。甲子，戍解學龍、黃道周。李自成、羅汝才合攻開封，周王恭枵、巡撫都御史高名衡拒守。

十五年春正月癸未，孫傳庭爲兵部侍郎，督京軍救開封。乙酉，楊文岳援開封，賊解去，南陷西華。戊子，免天下十二年以前逋賦。是月，山東賊陷張秋、東平，劫漕艘。太監王裕民、劉元斌帥禁兵會兗東官軍討平之。二月戊申，振山東就撫亂民。癸丑，總督陝西都御史汪喬年次襄城，遇賊，賀人龍等奔入關，喬年被圍。丁巳，城陷，被執死之。戊午，大清兵克松山，洪承疇降，巡撫都御史丘民仰，總兵官曹變蛟、王廷臣，副總兵江翥、饒勳等死之。是月，孫傳庭總督三邊軍務。三月，李自成陷陳州。丁丑，魏照乘致仕。己卯，祖大壽以錦州降於大清。辛卯，李自成陷睢州、太康、寧陵、考城。壬辰，封皇子慈炤爲永王。丙申，李自成陷歸德。是春，江北賊陷含山、和州，南京戒嚴。

夏四月癸亥，李自成復圍開封。乙丑，削謝陞籍。五月己巳，孫傳庭入關，誅賀人龍。甲戌，張獻忠陷廬州。丁亥，王樸棄市。六月戊申，賀逢聖致仕。癸丑，張四知致仕。甲寅，詔天下停刑三年。己未，詹事蔣德璟、黃景昉，戎政侍郎吳甡，俱禮部尚書兼東閣大學士，預機務。庚申，詔孫傳庭出關。兵部侍郎侯恂督左良玉軍援開封。壬戌，以會推閣臣下吏部尚書李日宣六人於獄，謫戍有差。甲子，祀地於北郊。是月，築壇親祭死事文武大臣。山西總兵官許定國援開封，潰於沁水，寧武兵潰於覃懷。

秋七月己巳，左良玉、虎大威、楊德政、方國安四鎭兵潰於朱仙鎭。八月庚戌，安慶兵變，殺都指揮徐良憲，官軍討定之。乙丑，釋黃道周於戍所，復其官。丁卯，兵部尚書陳新甲下獄，尋棄市。九月壬午，賊決河灌開封。癸未，城圮，士民溺死者數十萬人。己丑，孫傳庭帥師赴河南。辛卯，鳳陽總兵官黃得功、劉良佐大敗張獻忠於潛山。

冬十月辛酉，孫傳庭敗績於郟縣，走入關。十一月丁卯，援汴總兵官劉超據永城反。庚午，發帑振開封被難宗室兵民。壬申，大清兵分道入塞，京師戒嚴。命勳臣分守九門，太監王承恩督察城守。詔舉堪督師大將者。戊寅，徵諸鎭入援。庚辰，大清兵克薊州。丁亥，薊鎮總督趙光抃提調援兵。戊子，張獻忠陷無爲。己丑，遼東督師侍郎范志完入援。閏月癸卯，下詔罪己，求直言。壬寅，大清兵南下，畿南郡邑多不守。丁巳，起廢將。是月，李自成陷汝寧，前總督侍郎楊文岳、僉事王世琮不屈死。十二月，大清兵趨曹、濮，山東州縣相繼下，魯王以派自殺。己巳，李自成陷襄陽，據之。左良玉奔承天，尋走武昌。賊分兵下德安、彝陵，荆門，遂陷荆州。癸巳，焚獻陵。

十六年春正月丁酉，李自成陷承天，巡撫都御史宋一鶴、留守沈壽崇等死之。庚申，張獻忠陷蘄州。二月乙丑朔，日有食之。己巳，范志完、趙光抃會師於平原。三月庚子，李自成殺羅汝才，併其衆。壬寅，命大學士吳甡督師討賊。丁未，賊陷武岡，殺岷王企鏜。張獻忠陷黃州。

夏四月丁卯，周延儒自請督師，許之。辛卯，大清兵北歸，戰於螺山，總兵官張登科、和應薦敗沒，八鎮兵皆潰。是月，劉超平。五月癸巳朔，張獻忠陷漢陽。壬寅，周延儒還京師。丙午，修撰魏藻德爲少詹事兼東閣大學士，預機務。戊申，吳甡罷。丁巳，周延儒罷。壬戌，張獻忠陷武昌，沈楚王華奎於江，在籍大學士賀逢聖等死之。六月癸亥，詔免直省殘破州縣三餉及一切常賦二年。己卯，逮范志完下獄。丙戌，雷震奉先殿獸吻，敕修省。

秋七月丁酉，親鞫范志完於中左門。乙卯，親鞫前文選郎中吳昌時於中左門，徵周延儒聽勘。己未，戒廷臣私謁閣臣。京師自二月至於是月大疫，詔釋輕犯，發帑療治，瘞五城暴骸。八月壬戌朔，左良玉復武昌、漢陽。丙寅，張獻忠陷岳州。丙戌，陷長沙。庚寅，陷衡州。九月丙申，張獻忠陷寶慶。己亥，黃景昉致仕。辛丑，孫傳庭復寶豐，進次郟縣，李自成迎戰，擊敗之。庚戌，張獻忠陷永州，巡按御史劉熙祚死之。辛亥，賜楊廷鑑等進士及第、出身有差。壬子，孫傳庭兵以乏食引退，賊追及之，還戰大敗，傳庭以餘衆退保潼關。是月，鳳陽地屢震。

冬十月辛酉朔，享太廟。丙寅，李自成陷潼關，督師尚書孫傳庭死之。賊連陷華州、渭南、臨潼。命有司以贖鍰充餉。戊辰，李自成屠商州。庚午，張獻忠陷常德。壬申，李自成陷西安，秦王存樞降，巡撫都御史馮師孔、按察使黃絅等死之。〔八〕丁丑，張獻忠陷吉安。十一月甲午，李自成陷延安，尋屠鳳翔。壬寅，祀天於南郊。辛亥，吏部侍郎李建泰、副都御史方岳貢並兼東閣大學士，預機務。癸丑，范志完、趙光抃棄市，戍吳甡於金齒。丁巳，李自成陷榆林，兵備副使都任、在籍總兵官尤世威等死之。寧夏、慶陽相繼陷，韓王亶㙺被執。十二月壬戌，張獻忠陷建昌。乙丑，周延儒有罪賜死。丁卯，張獻忠陷撫州。辛巳，賊渡河，陷平陽，山西州縣相繼潰降。甲申，賊陷甘州，巡撫都御史林日瑞、總兵官馬爌等死之。

丙戌，左良玉復長沙。

是年，暹羅、琉球、哈密入貢。

十七年春正月庚寅朔，大風霾，鳳陽地震。庚子，李建泰自請措餉治兵討賊，許之。乙卯，幸正陽門樓，餞李建泰出師。南京地震。丙辰，工部尚書范景文、禮部侍郎丘瑜並兼東閣大學士，預機務。是月，張獻忠入四川。二月辛酉，李自成陷汾州，別賊陷懷慶。丙寅，陷太原，執晉王求桂，巡撫都御史蔡懋德等死之。壬申，下詔罪己。癸酉，潞安陷。乙亥，議京師城守。李自成攻代州，總兵官周遇吉力戰，食盡，退守寧武關。丁丑，賊別將陷固關，犯畿南。己卯，遣內臣高起潛、杜勳等十人監視諸邊及近畿要害。壬午，眞定知府丘茂華殺總督侍郎徐標，檄所屬降賊。甲申，賊至彰德，趙王常㴠降。〔九〕丁亥，詔天下勤王。命廷臣上戰守事宜。左都御史李邦華、右庶子李明睿請南遷及太子撫軍江南，皆不許。戊子，陳演致仕。李自成陷寧武，周遇吉力戰死之。三月庚寅，〔一〇〕賊至大同，總兵官姜瓖降賊，代王傳𤅢遇害，巡撫都御史衞景瑗被執，自縊死。辛卯，李建泰疏請南遷。壬辰，召廷臣於平臺，示建泰疏，曰：「國君死社稷，朕將焉往？」李邦華等復請太子撫軍南京，不聽。蔣德璟致仕。癸巳，封總兵官吳三桂、左良玉、唐通、黃得功俱爲伯。甲午，徵諸鎭兵入援。乙未，總兵官唐通入衞，命偕內臣杜之秩守居庸關。戊戌，太監王承恩提督城守。己亥，李自成至宣府，監視太監杜勳降，巡撫都御史朱之馮等死之。癸卯，唐通、杜之秩降於自成，賊遂入關。甲辰，陷昌平。乙巳，賊犯京師，京營兵潰。丙午，日晡，外城陷。是夕，皇后周氏崩。丁未，昧爽，內城陷。帝崩於萬歲山，王承恩從死。御書衣襟曰：「朕涼德藐躬，上干天咎，然皆諸臣誤朕。朕死無面目見祖宗，自去冠冕，以髮覆面。任賊分裂，無傷百姓一人。」自大學士范景文而下死者數十人。丙辰，賊遷帝、后梓宮於昌平。昌平人啓田貴妃墓以葬。明亡。

是年夏四月，我大清兵破賊於山海關。五月，入京師，以帝禮改葬，令臣民爲服喪三日，謚曰莊烈愍皇帝，陵曰思陵。

贊曰：帝承神、熹之後，慨然有爲。卽位之初，沈機獨斷，刈除奸逆，天下想望治平。惜乎大勢已傾，積習難挽。在廷則門戶糾紛，疆埸則將驕卒惰。兵荒四告，流寇蔓延。遂至潰爛而莫可救，可謂不幸也已。然在位十有七年，不邇聲色，憂勤惕勵，殫心治理。臨朝浩歎，慨然思得非常之材，而用匪其人，益以僨事。乃復信任宦官，布列要地，舉措失當，制置乖方。祚訖運移，身罹禍變，豈非氣數使然哉。迨至大命有歸，妖氛盡掃，而帝得加謚建陵，典禮優厚。是則聖朝盛德度越千古，亦可以知帝之蒙難而不辱其身，爲亡國之義烈矣。

校勘記

〔一〕十一年春正月丁丑洪承疇敗賊於梓潼　明史稿紀一九莊烈帝紀、國榷卷九六頁五七九九都繫此事於「二月乙未」。

〔二〕戊子罷盧象昇戴罪立功　戊子，指十一月戊子。明史稿紀一九莊烈帝紀、懷宗實錄卷一一、國榷卷九六頁五八二五都繫此事於十二月辛卯。

〔三〕敗績於羅猴山　羅猴山，本書卷二五二楊嗣昌傳、卷二六〇熊文燦傳、卷三〇九張獻忠傳都作「羅猴山」。懷陵流寇始終錄卷一二、綏寇紀略卷六同。明史紀事本末卷七七作「羅睺山」。

〔四〕壬子大學士楊嗣昌督師討賊　壬子，指八月壬子。本書卷一一〇宰輔年表、卷一一二七卿年表均繫此事於九月，懷宗實錄卷一二繫於九月壬戌，明史稿紀一九莊烈帝紀繫於七月壬子。

〔五〕甲午左良玉爲平賊將軍　甲午，指十月甲午。本書卷二五二楊嗣昌傳繫此事於十二月十一日，卷二七二左良玉傳繫於十三年春，明史稿紀一九莊烈帝紀繫於十二年十二月丙午。

〔六〕戊午總督陜西三邊侍郎鄭崇儉大破張獻忠於太平縣之瑪瑙山　戊午，原作「丙辰」，在二月。本書卷二五二楊嗣昌傳及綏寇紀畧卷七作二月七日。明史稿紀一九莊烈帝紀、國榷卷九七頁五八五六及懷陵流寇始終錄作二月戊午。按二月壬子朔，七日卽戊午日。除紀文外，各書所記瑪瑙山戰役的日子都一致。明通鑑卷八六莊烈皇帝紀也繫於戊午，其考異云：「明史本紀繫之丙辰，蓋會秦師也。」「會秦師」卽指左良玉軍與鄭崇儉軍會合之事。其說是，據改。

〔七〕左良玉及京營總兵官孫應元等大破羅汝才於興山　孫應元，原作「柳應元」，據本書卷二六八周遇吉傳、又卷二六九孫應元傳及懷陵流寇始終錄卷一三改。

〔八〕按察使黃絅等死之　黃絅，原作「黃炯」，據本書卷二六三馮師孔傳附黃絅傳、明史稿紀一九莊烈帝紀、懷宗實錄卷一六改。

〔九〕趙王常澳降　常澳，原作「常溲」，據本書卷一〇三諸王世表、又卷一一八諸王傳，明史稿紀一九莊烈帝紀，神宗實錄卷一八五萬曆十五年四月辛巳條改。

〔一〇〕三月庚寅　原作「三月庚寅朔」。懷宗實錄卷一七、國榷卷一〇〇頁六〇三三都作「三月己丑朔」，二十史朔閏表同。按本書卷二七天文志星流星隕崇禎十五年條稱「後二年三月己丑朔」。「後二年三月」卽崇禎十七年三月。紀文衍「朔」字，今删。

明史卷二十五

志第一

天文一

自司馬遷述天官，而歷代作史者皆志天文。惟遼史獨否，謂天象昭垂，千古如一，日食、天變既著本紀，則天文志近於衍。其說頗當。夫周髀、宣夜之書，安天、窮天、昕天之論，以及星官占驗之說，晉史已詳，又見隋志，謂非衍可乎。論者謂天文志首推晉、隋，尚有此病，其他可知矣。然因此遂廢天文不志，亦非也。天象雖無古今之異，而談天之家，測天之器，往往後勝於前。無以志之，使一代制作之義泯焉無傳，是亦史法之缺漏也。至於彗孛飛流，暈適背抱，天之所以示儆戒者，本紀中不可盡載，安得不別志之。明神宗時，西洋人利瑪竇等入中國，精於天文、曆算之學，發微闡奧，運算制器，前此未嘗有也。茲掇其要，論著於篇。而實錄所載天象星變殆不勝書，擇其尤異者存之。日食備載本紀，故不復書。

兩儀　七政　恒星　黃赤宿度　黃赤宮界　儀象　極度晷影　東西偏度　中星　分野

兩儀

楚詞言「圜則九重，孰營度之」，渾天家言「天包地如卵裏黃」，則天有九重，地爲渾圓，古人已言之矣。西洋之說，既不背於古，而有驗於天，故表出之。

其言九重天也，曰最上爲宗動天，無星辰，每日帶各重天，自東而西左旋一周，次曰列宿天，次曰塡星天，次曰歲星天，次曰熒惑天，次曰太陽天，次曰金星天，次曰水星天，最下曰太陰天。自恒星天以下八重天，皆隨宗動天左旋。然各天皆有右旋之度，自西而東，與蟻行磨上之喩相符。其右旋之度，雖與古有增減，然無大異。惟恒星之行，卽古歲差之度。古謂恒星千古不移，而黃道之節氣每歲西退。彼則謂黃道終古不動，而恒星每歲東行。由今考之，恒星實有動移，其說不謬。至於分周天爲三百六十度，命日爲九十六刻，使每時得八刻無奇零，以之布算製器，甚便也。

其言地圓也，曰地居天中，其體渾圓，與天度相應。中國當赤道之北，故北極常現，南極常隱。南行二百五十里則北極低一度，北行二百五十里則北極高一度。東西亦然。亦二百五十里差一度也。以周天度計之，知地之全周爲九萬里也。以周徑密率求之，得地之全徑爲二萬八千六百四十七里又九分里之八也。又以南北緯度定天下之縱。凡北極出地之度同，則四時寒暑靡不同。若南極出地之度與北極出地之度同，則其晝夜永短靡不同。惟時令相反，此之春、彼爲秋，此之夏、彼爲冬耳。以東西經度定天下之衡，兩地經度相去三十度，則時刻差一辰。若相距一百八十度，則晝夜相反焉。其說與元史札馬魯丁地圓之旨略同。

七政

日月五星各有一重天，其天皆不與地同心，故其距地有高卑之不同。其最高最卑之數，皆以地半徑準之。太陽最高距地爲地半徑者一千一百八十二，最卑一千一百零二。太陰最高五十八，最卑五十二。塡星最高一萬二千九百三十二，最卑九千一百七十五。歲星最高六千一百九十，最卑五千九百一十九。熒惑最高二千九百九十八，最卑二百二十二。太白最高一千九百八十五，最卑三百。辰星最高一千六百五十九，最卑六百二十五。若欲得七政去地之里數，則以地半徑一萬二千三百二十四里通之。

又謂塡星形如瓜，兩側有兩小星如耳。歲星四周有四小星，遶行甚疾。太白光有盈缺，如月之弦望。用窺遠鏡視之，皆可悉睹也。餘詳曆志。

恒星

崇禎初，禮部尚書徐光啓督修曆法，上見界總星圖。以爲回回立成所載，有黃道經緯度者止二百七十八星，其繪圖者止十七座九十四星，並無赤道經緯。今皆崇禎元年所測，黃赤二道經緯度畢具。後又上赤道兩總星圖。其說謂常現常隱之界，隨北極高下而殊，圖不能限。且天度近極則漸狹，而見界圖從赤道以南，其度反寬，所繪星座不合仰觀。因從赤道中剖渾天爲二，一以北極爲心，一以南極爲心。從心至周，皆九十度，合之得一百八十度者，赤道緯度也。周分三百六十度者，赤道經度也。乃依各星之經緯點之，遠近位置形勢皆合天象。

至於恒星循黃道右旋，惟黃道緯度無古今之異，而赤道經緯則歲歲不同。然亦有黃赤俱差，甚至前後易次者。如觜宿距星，唐測在參前三度，元測在參前五分，今測已侵入參宿。故舊法先觜後參，今不得不先參後觜，不可强也。

又有古多今少，古有今無者。如紫微垣中六甲六星今止有一，華蓋十六星今止有四，傳舍九星今五，天廚六星今五，天牢六星今二。又如天理、四勢、五帝內座、天柱、天牀、大贊府、大理、女御、內廚，皆全無也。天市垣之市樓六星今二。太微垣之常陳七星今三，郎位十五星今十。長垣四星今二。五諸侯五星全無也。角宿中之庫樓十星今八。亢宿中之折威七星今無。氐宿中之亢池六星今四，帝席三星今無。尾宿中天龜五星今四。斗宿中之鼈十四星今十三，天籥、農丈人俱無。牛宿中之羅堰三星今二，天田九星俱無。女宿中之趙、周、秦、代各二星今各一，扶匡七星今四，離珠五星今無。虛宿中之司危、司祿各二星今各一，敗臼四星今二，離瑜三星今二，天壘城十三星今五。危宿中之人五星今三，杵三星今一，臼四星今三，車府七星今五，天鉤九星今六，天鈔十星今四，蓋屋二星今一。室宿中之羽林軍四十五星今二十六，螣蛇二十二星今十五，八魁九星今無。壁宿中之天廐十星今三。奎宿中之天溷七星今四。畢宿中之天節八星今七，咸池三星今無。觜宿中之座旗九星今五。井宿中之軍井十三星今五。鬼宿中之外廚六星今五。張宿中之天廟十四星今無。翼宿中之東甌五星今無。軫宿中之靑丘七星今三，其軍門、土司空、器府俱無也。

又有古無今有者。策星旁有客星，萬曆元年新出，先大今小。南極諸星，古所未有，近年浮海之人至赤道以南，往往見之，因測其經緯度。其餘增入之星甚多，並詳恒星表。

其論雲漢，起尾宿，分兩派。一經天江、南海、市樓，過宗人、宗星，涉天津至螣蛇。一由箕、斗、天弁、河鼓、左右旗，涉天津至車府而會於螣蛇，過造父，直趨附路、閣道、大陵、天船，漸下而南行，歷五車、天關、司怪、水府，傍東井，入四瀆，過闕丘、弧矢、天狗之墟，抵天社、海石之南，踰南船，帶海山，貫十字架、蜜蜂，傍馬腹，經南門，絡三角、龜、杵，而屬於尾宿，是爲帶天一周。以理推之，隱界自應有雲漢，其所見當不誣。又謂雲漢爲無數小星，大陵鬼宿中積尸亦然。考天官書言星漢皆金之散氣，則星漢本同類，得此可以相證。又言昴宿有三十六星，皆得之於窺遠鏡者。

凡測而入表之星共一千三百四十七，微細無名者不與。其大小分爲六等：內一等十六星，二等六十七星，三等二百零七星，四等五百零三星，五等三百三十八星，六等二百一十六星。悉具黃赤二道經緯度。列表二卷，入光啓所修崇禎曆書中。

茲取二十八宿距星及一二等大星存之，其小而有名者，間取一二，備列左方。

十二宮星名		黃道經度	黃道緯度	赤道經度從春分起算	赤道緯度
降婁	壁宿一	四度強	北一十二度半強	三百五十八度半強	北一十二度太強
	壁宿二	九度少弱	北二十五度太弱	三百六十五度少強	北二十六度太
	奎宿一	一十七度少強	北一十五度少強	九度強	北二十五度少弱

	奎宿二	一十五度半强	北一十七度太强	七度弱	北二十二度少弱
	奎宿九	二十五度少弱	北二十六度弱	一十二度少弱	北三十三度太弱
	婁宿一	二十八度太强	北八度半弱	二十三度半强	北一十八度太强
大梁	天大將軍一	九度强	北二十七度太强	二十五度半	北四十三度少
	天囷一	九度少弱	南一十二度半强	四十一度弱	北二度少强
	胃宿一	一十一度太强	北一十一度少	三十五度半强	北二十六度强
	昴宿一	二十四度太强	北四度	五十一度少强	北二十三度弱
	天船三	二十六度太弱	北三十度强	四十四度半弱	北四十八度半弱
	卷舌五	二十八度弱	北一十二度弱	五十二度半强	北三十一度半弱
實沈	畢宿一	三度少	南三度	六十一度太	北一十八度少强
	畢宿五	四度半强	南五度太强	六十三度太弱	北一十五度太弱
	參宿一	一十七度少	南二十三度太弱	七十八度少强	南初度太弱

參宿二	一十八度少强	南二十四度半强	七十九度少强	南一度半
參宿三	一十九度半	南二十五度少强	八十度半	南二度少弱
參宿四	二十三度半强	南一十六度太强	八十三度太强	北七度少强
參宿五	一十五度太	南一十七度弱	七十六度少强	北六度弱
參宿七	一十一度太弱	南三十一度太弱	七十三度少弱	南八度太
觜宿一	一十八度半强	南一十三度半弱	七十八度太	北九度太弱
天皇大帝	一十五度半	北六十八度弱	三百三十七度半强	北八十四度少弱
五車二	一十六度太弱	北二十二度太强	七十二度少弱	北四十五度少强
丈人一	一十七度少强	南五十七度太弱	八十一度太强	南三十四度半
五車五	一十七度半弱	北五度少强	七十五度太弱	北二十八度少
子二	二十度少强	南五十九度太弱	八十四度弱	南三十六度少强
勾陳大星	二十三度半弱	北六十六度	六度半	北八十七度少弱

	五車三	二十六度少	北二十一度半弱	八十三度少弱	北四十四度太强
鶉首	井宿一	初度少弱	南一度弱	九十度强	北二十二度太弱
	井宿三	四度弱	南六度太强	九十四度强	北一十六度太弱
	軍市一	二度强	南四十一度少强	九十一度太强	南一十七度太强
	天樞即北極星	八度弱	北六十七度少强	一百九十九度少强	北八十六度太弱
	老人	八度半	南七十五度	九十四度半弱	南五十一度半强
	狼星	九度	南三十九度少强	九十七度少强	南一十六度少弱
	北河二	一十五度强	北一十度强	一百零七度少	北三十二度太弱
	北河三	一十八度强	北六度太弱	一百一十度太弱	北二十九度弱
	南河三	二十度太弱	南一十六度弱	一百一十度弱	北六度强
	上台一	二十六度少强	北二十九度少	一百二十五度强	北四十九度太弱
	上台二	二十七度半强	北二十八度太弱	一百二十七度半弱	北四十八度太弱

鶉火	文昌一	二十八度半弱	北四十六度少强	一百四十度少弱	北六十五度强
	鬼宿一	初度半强	南初度太强	一百二十三度弱	北一十九度少强
	柳宿一	五度少弱	南一十二度半弱	一百二十四度半强	北七度弱
	弧矢一	六度半	南五十四度半	一百一十五度弱	南三十四度少弱
	帝星	七度太弱	北七十二度太强	二百二十三度	北七十五度太强
	弧矢南一	八度太强	南五十一度少	一百一十七度半	南三十一度半弱
	天樞	一十度弱	北四十九度太弱	一百六十度强	北六十三度太
	弧矢南五	一十二度半	南五十八度少强	一百一十七度强	南三十八度太
	天璇	一十四度强	北四十五度强	一百五十九度太弱	北五十八度半弱
	中台一	一十四度少强	北二十九度太强	一百四十八度强	北四十五度弱
	太子	一十五度强	北七十五度半弱	二百三十一度半强	北七十三度太弱
	中台二	一十五度半弱	北二十八度太	一百四十八度太	北四十三度半

	天社一	二十一度少强	南六十四度弱	一百二十度弱	南四十五度半强
	星宿一	二十二度少弱	南二十二度半弱	一百三十七度少强	南七度弱
	軒轅十二	二十四度少强	北八度太强	一百四十九度太强	北二十一度太弱
	軒轅十四	二十四度太弱	北初度半弱	一百四十七度少弱	北一十三度太强
	天璣	二十五度少弱	北四十七度强	一百七十三度半弱	北五十五度太强
	天權	二十五度太强	北五十一度半强	一百七十九度少弱	北五十九度强
鶉尾	張宿一	初度半强	南二十六度少弱	一百四十三度少弱	南一十二度半
	下台一	一度少强	北二十六度少	一百六十四度半强	北三十五度少弱
	下台二	二度	北二十五度弱	一百六十四度少	北三十三度太强
	右樞	二度半强	北六十六度半强	二百零九度少弱	北六十六度少强
	玉衡	三度半强	北五十四度少强	一百八十九度强	北五十八度少弱
	西上相	六度强	北一十四度少强	一百六十三度半强	北二十二度半强

	天記	六度半弱	南五十五度半	一百三十九度半强	南三十三度半
	開陽	一十度少强	北五十六度少强	一百九十七度少弱	北五十七度少弱
	五帝座	一十六度半弱	北一十二度少强	一百七十二度半	北二十六度太弱
	常陳一	一十八度强	北四十度强	一百八十八度半	北四十度太强
	翼宿一	一十八度半强	南二十二度太弱	一百六十度半弱	南一十六度少强
	搖光	二十一度半强	北五十四度半弱	二百零三度少弱	北五十一度半
壽星	軫宿一	五度半强	南一十四度半弱	一百八十一度弱	南十五度半弱
	長沙	八度半强	南一十八度少	一百八十度少强	南二十度强
	角宿一	一十八度太弱	南二度	一百九十六度半弱	南九度少弱
	大角	一十九度强	北三十一度强	二百零九度半强	北二十一度少弱
	馬尾一	二十四度	南四十六度少弱	一百七十七度太强	南五十度强
	亢宿一	二十九度少	北三度弱	二百零八度少弱	南八度半弱

大火	十字二	一度少强	南五十一度强	一百七十九度半弱	南五十七度半弱
	貫索一	七度强	北四十四度半弱	二百二十九度太	北二十八度
	馬復一	七度太弱	南四十三度	一百九十三度半弱	南五十三度半
	氐宿一	一十度弱	北半度弱	二百一十七度半	南一十四度半弱
	氐宿四	一十四度少弱	北八度半强	二百二十四度少强	南八度弱
	蜀	一十七度弱	北二十五度半强	二百三十一度半强	北七度太弱
	騎官七	二十二度少弱	南二十九度	二百一十九度少强	南四十六度强
	房宿一	二十七度太强	南五度半弱	二百三十四度少弱	南二十五度弱
	房宿三	二十八度	北一度强	二百三十六度	南一十八度太弱
	南門二	二十九度太弱	南四十一度少弱	二百二十一度少	南五十九度太弱
析木	心宿一	二度半强	南四度弱	二百三十九度太弱	南二十四度半强
	心宿二	四度半强	南四度半弱	二百四十一度太弱	南二十五度半

	三角形一	六度少强	南四十七度太强	二百二十四度半强	南六十七度太强
	尾宿一	一十度强	南一十五度	二百四十五度太强	南三十六度太强
	帝座	一十二度弱	北三十七度半弱	二百五十四度半弱	北一十五度弱
	箕宿一	二十五度太弱	南六度半	二百六十五度强	南三十度弱
星紀	斗宿一	五度强	南三度太强	二百七十五度太弱	南二十七度少
	天淵二	八度少强	南一十八度	二百八十度强	南四十一度少
	天淵一	九度	南二十三度	二百八十一度太	南四十六度少弱
	織女一	九度太弱	北六十一度太强	二百七十四度半强	北三十八度半弱
	河鼓二	二十六度半强	北二十九度少强	二百九十三度少弱	北八度弱
	牛宿一	二十九度弱	北四度太弱	三百度强	南十六度弱
玄枵	烏喙一	四度太强	南四十五度	三百一十七度半强	南六十一度太强
	女宿一	六度半强	北八度少弱	三百零七度弱	南一十度太强

	鶴一	一十一度弱	南三十二度半	三百二十五度太强	南四十八度半弱
	虛宿一	一十八度少	北八度太弱	三百一十八度	南七度少弱
	危宿一	二十八度少弱	北一十度太弱	三百二十六度太弱	南二度强
	北落師門	二十八度半强	南二十一度	三百三十九度强	南三十一度半强
娵訾	天津四	初度少强	北六十度弱	三百零七少	北四十四度
	蛇首一	六度半弱	南六十四度半弱	二十六度太	南六十三度太强
	水委一	八度少弱	南五十九度	一十九度强	南五十九度太弱
	室宿一	一十八度少强	北一十九度半弱	三百四十一度半强	北一十三度少
	室宿二	二十四度少弱	北三十一度少弱	三百四十一度半	北二十六度强
	土司空七	二十七度少强	南二十度太强	六度少弱	南二十度强

黃赤宿度

崇禎元年所測二十八宿黃赤度分，皆不合於古。夫星既依黃道行，而赤道與黃道斜交，其度不能無增減者，勢也。而黃道度亦有增減者，或推測有得失，抑恒星之行亦或各有遲速歟。謹列其數，以備參考。

赤道宿度周天三百六十度，每度六十分。黃道同。	黃道宿度
角，一十一度四十四分。	一十度三十五分。
亢，九度一十九分。	一十度四十分。
氐，一十六度四十一分。	一十七度五十四分。
房，五度二十八分。	四度四十六分。
心，六度零九分。	七度三十三分。
尾，二十一度零六分。	一十五度三十六分。
箕，八度四十六分。	九度二十分。
斗，二十四度二十四分。	二十三度五十一分。
牛，六度五十分。	七度四十一分。
女，一十一度零七分。	一十一度三十九分。
虛，八度四十一分。	九度五十九分。
危，一十四度五十三分。	二十度零七分。

室，一十七度。　一十五度四十一分。
壁，一十度二十八分。　一十三度一十六分。
奎，一十四度三十分。　一十一度二十九分。
婁，一十二度零四分。　一十三度。
胃，一十五度四十五分。　一十三度零一分。
昴，一十度二十四分。　八度二十九分。
畢，一十六度三十四分。　一十三度五十八分。
參，二十四分。　一度二十一分。
觜，一十一度二十四分。　一十一度三十三分。
井，三十二度四十九分。　三十度二十五分。
鬼，二度二十一分。　五度三十分。
柳，一十二度零四分。　一十六度零六分。
星，五度四十八分。　八度二十三分。
張，一十七度一十九分。　一十八度零四分。
翼，二十度二十八分。　一十七度。

軫，一十五度三十分。　一十三度零三分。

黃赤宮界

十二宮之名見於爾雅，大抵皆依星宿而定。如婁、奎爲降婁，心爲大火，朱鳥七宿爲鶉首、鶉尾之類。故宮有一定之宿，宿有常居之宮，由來尚矣。唐以後始用歲差，然亦天自爲天，歲自爲歲，宮與星仍舊不易。西洋之法，以中氣過宮，如日躔冬至，卽爲星紀宮之類。而恒星旣有歲進之差，於是宮無定宿，而宿可以遞居各宮，此變古法之大端也。茲以崇禎元年各宿交宮之黃赤度，分列於左方，以志權與云。

赤道交宮宿度

箕，三度零七分，入星紀。

斗，二十四度二十一分，入玄枵。

危，三度一十九分，入娵訾。

壁，一度二十六分，入降婁。

婁，六度二十八分，入大梁。

昴，八度三十九分，入實沈。

黃道交宮宿度

箕，四度一十七分，入星紀。

牛，一度零六分，入玄枵。

危，一度四十七分，入娵訾。

室，一十一度四十分，入降婁。

婁，一度一十四分，入大梁。

昴，五度一十三分，入實沈。

觜，一十一度一十七分，入鶉首。
井，二十九度五十三分，入鶉火。
張，六度五十一分，入鶉尾。
翼，一十九度三十二分，入壽星。
亢，一度五十分，入大火。
心，初度二十二分，入析木。

觜，一十一度二十五分，入鶉首。
井，二十九度五十二分，入鶉火。
星，七度五十一分，入鶉尾。
翼，一十一度二十四分，入壽星。
亢，初度四十六分，入大火。
房，二度一十二分，入析木。

儀象

璿璣玉衡爲儀象之權輿，然不見用於三代。周禮有圭表、壺漏，而無璣衡，其制遂不可考。漢人創造渾天儀，謂卽璣衡遺制，其或然歟。厥後代有制作。大抵以六合、三辰、四游、重環湊合者，謂之渾天儀；以實體圓球，繪黃赤經緯度，或綴以星宿者，謂之渾天象。其制雖有詳略，要亦青藍之別也。外此，則圭表、壺漏而已。迨元作簡儀、仰儀、闚几、景符之屬，制器始精詳矣。

明太祖平元，司天監進水晶刻漏，中設二木偶人，能按時自擊鉦鼓。太祖以其無益而碎之。洪武十七年造觀星盤。十八年，設觀象臺於鷄鳴山。二十四年鑄渾天儀。正統二年，行在欽天監正皇甫仲和奏言：「南京觀象臺設渾天儀、簡儀、圭表以窺測七政行度，而北京乃止於齊化門城上觀測，未有儀象。乞令本監官往南京，用木做造，挈赴北京，以較驗北極出地高下，然後用銅別鑄，庶幾占測有憑。」從之。明年冬，乃鑄銅渾天儀、簡儀於北京。御製觀天器銘。其詞曰：「粵古大聖，體天施治，敬天以心，觀天以器。厥器伊何？璿璣玉衡。璣象天體，衡審天行。歷世代更，垂四千祀，沿制有作，其制寢備。即器而觀，六合外儀，陽經陰緯，方位可稽。中儀三辰，黃赤二道，日月暨星，運行可考。內儀四遊，橫簫中貫，南北東西，低昂旋轉。簡儀之作，爰代璣衡，制約用密，疏朗而精。外有渾象，反而觀諸，上規下矩，度數方隅。別有直表，其崇八尺，分至氣序，考景咸得。縣象在天，制器在人，測驗推步，靡忒毫分。昔作今述，爲制彌工，既明且悉，用將無窮。惟天勤民，事天首務，民不失寧，天其予顧。政純於仁，天道以正，勒銘斯器，以勵予敬。」十一年，監臣言：〔一〕「簡儀未刻度數，且地基卑下，窺測日星，爲四面臺宇所蔽。圭表置露臺，光皆四散，影無定則。壺漏屋低，夜天池促，難以注水調品時刻。請更如法修造。」報可。明年冬，監正彭德清又言：「北京，北極出地度、太陽出入時刻與南京不同，冬夏晝長夜短亦異。今宮禁及官府漏箭皆南京舊式，不可用。」有旨，令內官監改造。景泰六年又造內觀象臺簡儀及銅壺。成化中，尚書周洪謨復請造璿璣玉衡，憲宗令自製以進。十四年，監臣請修晷影堂，從之。

弘治二年，監正吳昊言：「考驗四正日度，黃赤二道應交於壁軫。觀象臺舊制渾儀，黃赤二道交於奎軫，不合天象，其南北兩軸不合兩極出入之度，窺管又不與太陽出沒相當，故雖設而不用。所用簡儀則郭守敬遺制，而北極雲柱差短，以測經星去極，亦不能無爽。請修改或別造，以成一代之制。」事下禮部，覆議令監副張紳造木樣，以待試驗，黃道度許修改焉。正德十六年，漏刻博士朱裕復言：「晷表尺寸不一，難以準測，而推算曆數用南京日出分秒，似相矛盾。請敕大臣一員總理其事，鑄立銅表，考四時日中之影。仍於河南陽城察舊立土圭，以合今日之晷，及分立圭表於山東、湖廣、陝西、大名等處，以測四方之影。然後將內外晷影新舊曆書錯綜參驗，撰成定法，庶幾天行合而交食不謬。」疏入不報。嘉靖二年修相風杆及簡、渾二儀。七年始立四丈木表以測晷影，定氣朔。由是欽天監之立運儀、正方案、懸晷、偏晷、盤晷諸式具備於觀象臺，一以元法爲斷。

萬曆中，西洋人利瑪竇制渾儀、天球、地球等器。仁和李之藻撰渾天儀說，發明製造施用之法，文多不載。其製不外於六合、三辰、四游之法。但古法北極出地，鑄爲定度，此則子午提規，可以隨地度高下，於用爲便耳。

崇禎二年，禮部侍郎徐光啓兼理曆法，請造象限大儀六，紀限大儀三，平懸渾儀三，交食儀一，列宿經緯天球一，萬國經緯地球一，平面日晷三，轉盤星晷三，候時鐘三，望遠鏡三。報允。已，又言：

定時之法，當議者五事：一曰壺漏，二曰指南鍼，三曰表臬，四曰儀，五曰晷。漏壺，水有新舊滑濇則遲疾異，漏管有時塞時磷則緩急異。正漏之初，必於正午初刻。此刻一誤，靡所不誤。故壺漏特以濟晨昏陰晦儀晷表臬所不及，而非定時之本。

指南鍼，術人用以定南北，辨方正位咸取則焉。然鍼非指正子午，曩云多偏丙午之間。以法考之，各地不同。在京師則偏東五度四十分。若憑以造晷，冬至午正先天一刻四十四分有奇，夏至午正先天五十一分有奇。

若表臬者，卽考工匠人置槷之法，識日出入之影，參諸日中之影，以正方位。今法置小表於地平，午正前後累測日影，以求相等之兩長影爲東西，因得中間最短之影爲正子午，其術簡甚。

儀者，本臺故有立運儀，測驗七政高度。臣用以較定子午，於午前屢測太陽高度，因最高之度，卽得最短之影，是爲南北正線。

既定子午卯酉之正線，因以法分布時刻，加入節氣諸線，卽成平面日晷。又今所用員石欹晷是爲赤道晷，亦用所得正子午線較定。此二晷皆可得天之正時刻，所爲晝測日也。若測星之晷，實周禮夜考極星之法。然古時北極星正當不動之處，今時久漸移，已去不動處三度有奇，舊法不可復用。故用重盤星晷，上書時刻，下書節氣，仰測近極二星卽得時刻，所謂夜測星也。

七年，督修曆法右參政李天經言：

輔臣光啓言定時之法，古有壺漏，近有輪鐘，二者皆由人力遷就，不如求端於日星，以天合天，乃爲本法，特請製日晷、星晷、望遠鏡三器。臣奉命接管，敢先言其略。

日晷者，礱石爲平面，界節氣十三線，內冬夏二至各一線，其餘日行相等之節氣，皆兩節氣同一線也。平面之周列時刻線，以各節氣太陽出入爲限。又依京師北極出地度，範爲三角銅表置其中。表體之全影指時刻，表中之銳影指節氣。此日晷之大略也。

星晷者，治銅爲柱，上安重盤。內盤鐫周天度數，列十二宮以分節氣，外盤鐫列時刻，中橫刻一縫，用以窺星。法將外盤子正初刻移對內盤節氣，乃轉移銅盤北望帝星與句陳大星，使兩星同見縫中，卽視盤面銳表所指，爲正時刻。此星晷之大略也。

若夫望遠鏡，亦名窺筩，其制虛管層疊相套，使可伸縮，兩端俱用玻璃，隨所視物之遠近以爲長短。不但可以窺天象，且能攝數里外物如在目前，可以望敵施砲，有大用焉。

至於日晷、星晷皆用措置得宜，必須築臺，以便安放。

帝命太監盧維寧、魏國徵至局驗試用法。

明年，天經又請造沙漏。明初，詹希元以水漏至嚴寒水凍輒不能行，故以沙代水。然沙行太疾，未協天運，乃以斗輪之外復加四輪，輪皆三十六齒。厥後周述學病其竅太小，而沙易堙，乃更制爲六輪，其五輪悉三十齒，而微裕其竅，運行始與晷協。天經所請，殆其遺意歟。

夫制器尙象，乃天文家之首務。然精其術者可以因心而作。故西洋人測天之器，其名未易悉數，內渾蓋、簡平二儀其最精者也。其說具見全書，茲不載。

極度晷影

宣城梅文鼎曰：

極度晷影常相因。知北極出地之高，卽可知各節氣午正之影。測得各節氣午正之影，亦可知北極之高。然其術非易易也。圭表之法，表短則分秒難明，表長則影虛而淡。郭守敬所以立四丈之表，用影符以取之也。日體甚大，豎表所測者日體上邊之影，橫表所測者日體下邊之影，皆非中心之數，郭守敬所以於表端架橫梁以測之也，其術可謂善矣。但其影符之制，用銅片鑽鍼芥之孔，雖前低後仰以向太陽，但太陽之高低每日不同，銅片之欹側安能俱合。不合，則光不透，臨時遷就而日已西移矣。須易銅片以圓木，左右用兩板架之，如車軸然，則轉動甚易。更易圓孔以直縫，而用始便也。然影符止可去虛淡之弊，而非其本。必須正其表焉，平其圭焉，均其度焉，三者缺一不可以得影。三者得矣，而人心有粗細，目力有利鈍，任事有誠僞，不可不擇也。知乎此，庶幾晷影可得矣。

西洋之法又有進焉。謂地半徑居日天半徑千餘分之一，則地面所測太陽之高，必少於地心之實高，於是有地半徑差之加。近地有清蒙氣，能升卑爲高，則晷影所推太陽之高，或多於天上之實高，於是又有清蒙差之減。是二差者，皆近地多而漸高漸減，以至於無，地半徑差至天頂而無，清蒙差至四十五度而無也。

崇禎初，西洋人測得京省北極出地度分：北京四十度，周天三百六十度，度六十分立算，下同。南京三十二度半，山東三十七度，山西三十八度，陝西三十六度，河南三十五度，浙江三十度，江西二十九度，湖廣三十一度，四川二十九度，廣東二十三度，福建二十六度，廣西二十五度，雲南二十二度，貴州二十四度。以上極度，惟兩京、江西、廣東四處皆係實測，其餘則據地圖約計之。又以十二度度六十分之表測京師各節氣午正日影：夏至三度三十三分，芒種、小暑三度四十二分，小滿、大暑四度十五分，立夏、立秋五度六分，穀雨、處暑六度二十三分，清明、白露八度六分，春、秋分十度四分，驚蟄、寒露十二度二十六分，雨水、霜降十五度五分，立春、立冬十七度四十七分，大寒、小雪二十度四十七分，小寒、大雪二十三度三十分，冬至二十四度四分。

東西偏度

以京師子午線爲中，而較各地所偏之度。凡節氣之早晚，月食之先後，胥視此。蓋人各以見日出入爲東西爲卯酉，以日中爲南爲午。而東方見日早，西方見日遲。東西相距三十度則差一時。東方之午乃西方之巳，西方之午乃東方之未也。相距九十度則差三時。東方之午乃西方之卯，西方之午乃東方之酉也。相距一百八十度則晝夜時刻俱反對矣。東方之午乃西方之子。西洋人湯若望曰：「天啓三年九月十五夜，戌初初刻望，月食，京師初虧在酉初一刻十二分，而西洋意大里雅諸國望在晝，不見。推其初虧在巳正三刻四分，相差三時二刻八分，以里差計之，殆距京師之西九十九度半也。故欲定東西偏度，必須兩地同測一月食，較其時刻。若早六十分時之二則爲偏西一度，遲六十分時之二則爲偏東一度。節氣之遲早亦同。今各省差數未得測驗，據廣輿圖計里之方約略條列，或不致甚舛也。南京應天府、福建福州府並偏東一度，山東濟南府偏東一度十五分，山西太原府偏西六度，湖廣武昌府、河南開封府偏西三度四十五分，陝西西安府、廣西桂林府偏西八度半，浙江杭州府偏東三度，江西南昌府偏西二度半，廣東廣州府偏西五度，四川成都府偏西十三度，貴州貴陽府偏西九度半，雲南雲南府偏西十七度。」

右偏度，載崇禎曆書交食曆指。其時開局修曆，未暇分測，度數實多未確，存之以備考訂云。

中星

古今中星不同，由於歲差。而歲差之說，中西復異。中法謂節氣差而西，西法謂恒星差而東，然其歸一也。今將李天經、湯若望等所推崇禎元年京師昏旦時刻中星列於後。

春分，戌初二刻五分昏，北河三中；寅正一刻一十分旦，尾中。清明，戌初三刻十三分昏，七星偏東四度；昏旦時或無正中之星，則取中前、中後之大星用之。距中三度以內者，爲時不及一刻，可勿論。四度以上，去中稍遠，故紀其偏度焉。寅正初刻二分旦，帝座中。穀雨，戌正一刻七分昏，翼偏東七度；寅初二刻八分旦，箕偏東四度。立夏，戌正三刻二分昏，軫偏東五度；寅初初刻十三分旦，箕偏西四度。小滿，亥初初刻十二分昏，角中；丑正三刻三分旦，箕中。芒種，亥初一刻十二分昏，大角偏西六度；丑正二刻三分旦，河鼓二中。

夏至，亥初二刻五分昏，房中；丑正一刻一十分旦，須女中。小暑，亥初一刻十二分昏，尾中；丑正二刻三分旦，危中。大暑，亥初初刻十二分昏，箕偏東七度；丑正三刻三分旦，營室中。立秋，戌正三刻二分昏，箕中；寅初三刻十三分旦，婁偏東六度。處暑，戌正一刻七分昏，織女一中；寅初二刻八分旦，婁中。白露，戌初三刻十三分昏，河鼓二偏東四度；寅正初刻二分旦，昴偏東四度。

秋分，戌初二刻五分昏，河鼓二中；寅正一刻十一分旦，畢偏西五度。寒露，戌初初刻十四分昏，牽牛中；寅正三刻一分旦參四中。霜降，酉正三刻十一分昏，須女偏西五度；卯初初刻四分旦，南河三偏東六度。立冬，酉正二刻一十分昏，危偏東四度；卯初一刻五分旦，輿鬼中。小雪，酉正一刻十二分昏，營室偏東七度；卯初二刻二分旦，張中。大雪，酉正一刻五分昏，營室偏西八度；卯初二刻一十分旦，翼中。

冬至，酉正一刻二分昏，土司空中；卯初二刻十三分旦，五帝座中。小寒，酉正一刻五分昏，婁中；卯初二刻一十分旦，角偏東五度。大寒，酉正一刻十三分昏，天囷一中；卯初二刻二分旦，亢中。立春，酉正二刻一十分昏，昴偏西六度；卯初一刻五分旦，氐中。雨水，酉正三刻十一分昏，參七中；卯初初刻四分旦，貫索一中。驚蟄，戌初初刻十四分昏，天狼中；寅正三刻一分旦，心中。

分野

周禮保章氏以星土辨九州之地，所封之域皆有分星，以觀妖祥。唐貞觀中，李淳風撰法象志，因漢書十二次度數以唐州縣配，而一行則以爲天下山河之象，存乎南北兩界，其說詳矣。洪武十七年，大明淸類天文分野書成，頒賜秦、晉二王。其書大略謂「晉天文志分野始角、亢者，以東方蒼龍爲首也。唐始女、虛、危者，以十二支子爲首也。今始斗、牛者，以星紀爲首也。古言天者皆由斗、牛以紀星，故曰星紀，是之取耳。」茲取其所配直隸十三布政司府州縣衞及遼東都司分星錄之。

斗三度至女一度，星紀之次也。直隸所屬之應天、太平、寧國、鎭江、池州、徽州、常州、蘇州、松江九府，暨廣德州，屬斗分。鳳陽府壽、滁、六安三州，泗州之盱眙、天長二縣，揚州府高郵、通、泰三州，廬州府無爲州，安慶府和州，皆斗分。淮安府，斗、牛分。浙江布政司所屬之杭州、湖州、嘉興、嚴州、紹興、金華、衢州、處州、寧波九府皆牛、女分。台州、溫州二府，斗、牛、須、女分。江西布政司所屬皆斗分。福建布政司所屬皆牛、女分。廣東布政司所屬之廣州府亦牛、女分。惠州，女分。肇慶、南雄二府，德慶州，皆牛、女分。潮州府，牛分。雷州、瓊州二府，崖、儋、萬三州，高州府化州，廣西布政司所屬梧州府之蒼梧、藤、岑溪、容四縣，皆牛、女分。

女二度至危十二度，玄枵之次也。山東布政司所屬之濟南府樂安、德、濱三州，皆危分。泰安州、青州府，皆虛、危分。萊州府膠州、登州府寧海州、東昌府高塘州，皆危分。東平州之陽穀、東阿、平陰三縣，北平布政司所屬之滄州，皆須、女、虛、危分。

危十三度至奎一度，娵訾之次也。河南布政司所屬之衞輝、彰德、懷慶三府，北平之大名府開州，山東東昌之濮州，館陶、冠、臨清三縣，東平州之汶上、壽張二縣，皆室、壁分。

奎二度至胃三度，降婁之次也。山東濟寧府之兗州滕、嶧二縣，青州府之莒州、安丘、諸城、蒙陰三縣，濟南府之沂州，直隸鳳陽府之泗、邳二州，五河、虹、懷遠三縣，淮安府之海州，桃源、清河、沭陽三縣，皆奎、婁分。

胃四度至畢六度，大梁之次也。北平之眞定府，昴、畢分。定、冀二州，皆昴分。晉、深、趙三州，皆畢分。廣平、順德二府，皆昴分。祁州，昴、畢分。河南彰德府之磁州，山東高唐州之恩縣，山西布政司所屬之大同府應、朔、渾源、蔚四州，皆昴、畢分。

畢七度至井八度，實沈之次也。山西之太原府石、忻、代、平定、保德、岢嵐六州，平陽府，皆參分。絳、蒲、吉、隰、解、霍六州皆觜、參分。澤、汾二州，皆參分。潞、沁、遼三州，皆參、井分。

井九度至柳三度，鶉首之次也。陝西布政司所屬之西安府同、華、乾、耀、邠五州，鳳翔府隴州，延安府鄜、綏德、葭三州，漢中府金州，臨洮、平涼二府，靜寧州，皆井、鬼分。涇州，鬼分。慶陽府寧州，鞏昌府階、徽、秦三州，皆井、鬼分。四川布政司所屬惟綿州觜分，合州參、井分，餘皆井、鬼分。雲南布政司所屬皆井、鬼分。

柳四度至張十五度，鶉火之次也。河南之河南府陝州，皆柳分。南陽府鄧、汝、裕三州，汝寧府之信陽、羅山二縣，開封府之均、許二州，陝西西安府之商縣，華州之洛南縣，湖廣布政司所屬德安府之隨州，襄陽府之均州、光化縣，皆張分。

張十六度至軫九度，鶉尾之次也。湖廣之武昌府興國州，荊州府歸、夷陵、荊門三州，黃州府蘄州，襄陽、德安二府，安陸、沔陽二州，皆翼、軫分。長沙府軫旁小星曰長沙，應其地。衡州府桂陽州，永州府全、道二州，岳州、常德二府，澧州，辰州府沅州，漢陽府靖、郴二州，寶慶府武岡、鎮遠二州，皆翼、軫分。廣西所屬除梧州府之蒼梧、藤、容、岑溪四縣屬牛、女分，餘皆翼、軫分。廣東之連州、廉州府欽州、韶州府，皆翼、軫分。

軫十度至氐一度，壽星之次也。河南之開封府，角、亢分。鄭州，氐分。陳州，亢分。

汝寧府光州，懷慶府之孟、濟源、溫三縣，直隸壽州之霍丘縣，皆角、亢、氐分。

氐二度至尾二度，大火之次也。河南開封府之杞、太康、儀封、蘭陽四縣，歸德、睢二州，山東之濟寧府，皆房、心分。直隸鳳陽府之潁州，房分。徐、宿二州，壽州之蒙城縣，潁州之亳縣，皆房、心分。

尾三度至斗三度，析木之次也。北平之北平府，尾、箕分。涿、通、薊三州，皆尾分。霸州、保定府，皆尾、箕分。易、安二州，皆尾分。河間府、景州，皆尾、箕分。永平府，尾分。灤州，尾、箕分。遼東都指揮司，尾、箕分。朝鮮，箕分。

校勘記

〔一〕十一年監臣言　監臣，原作「監宦」，據明史稿志一天文志改。英宗實錄卷一四一正統十一年五月丁丑條作「欽天監」。欽天監設監正、監副，不用宦官。

明史卷二十六

志第二

天文二

月掩犯五緯　五緯掩犯　五緯合聚　五緯掩犯恒星

月掩犯五緯

洪武元年五月甲申，犯填星。十二年三月戊辰朔，犯辰星。十四年十一月甲午，犯填星。十九年五月己未，犯歲星。二十三年四月丁酉，掩太白。十一月癸卯及永樂四年正月戊午，五年六月丙午，七年十二月壬子，俱犯熒惑。八年十二月壬子，九年四月庚子，十六年七月戊辰，俱犯歲星。十八年十一月辛卯，掩太白。二十年三月辛未，掩填星。二十二年八月乙丑，犯熒惑。

洪熙元年二月己未，掩填星。

宣德元年十二月丙子，掩熒惑。二年正月癸卯，犯熒惑。四月甲申，犯太白。六年十月丙申，掩太白。七年二月甲寅，犯填星。八年二月癸巳，掩歲星。四月戊子，犯歲星。

正統二年正月辛亥，掩歲星。四月癸酉、五月庚子，俱犯歲星。七月戊申，犯熒惑。四年正月乙酉，掩填星。八年三月庚申，犯填星。十一月丙寅，掩歲星。十年十一月辛卯，犯熒惑。十一年十二月甲寅，犯歲星。十二年正月辛巳，閏四月庚午，俱犯歲星。十四年四月壬子，犯太白。五月癸未，掩太白。

景泰二年四月戊子，犯歲星。九月甲辰，犯歲星於斗。五年二月丁亥，犯太白。六年正月甲寅，犯歲星。七年四月癸丑，犯填星。乙丑，犯太白。

天順五年十一月己亥，犯太白於斗。

成化五年二月丙申、癸亥，俱犯歲星。六年三月癸未，八年正月癸亥，俱犯太白。十二年十一月戊申，犯歲星於室。十三年十月乙卯，犯填星。十二月丁酉，犯太白。十四年三月戊辰，十八年二月戊午，俱犯填星。八月己酉，二十三年四月乙亥，俱掩熒惑。五月戊午，六月乙酉，俱犯歲星。十月甲戌，掩歲星。

弘治四年二月壬子，犯歲星。七年十一月戊申，犯熒惑。八年正月癸卯，犯歲星。十二月丙辰，掩填星。十一年四月甲申、九月庚子，俱犯歲星。十二年八月壬寅，犯熒惑。十四年七月丁卯，九月己丑，俱犯歲星。丙辰，掩歲星。十二月癸丑，犯熒惑。十七年十一月甲辰，犯歲星。十八年二月丙寅，掩歲星。九月乙巳，掩塡星。

正德元年十一月己卯，犯太白。四年閏九月癸亥，犯歲星。八年正月己丑，犯塡星。十六年二月丙戌，掩太白。

嘉靖二年五月戊子，掩歲星。十一月壬申，犯歲星。十七年十二月己未，犯塡星。十八年十月丙戌，犯熒惑。二十年五月辛卯，犯歲星。二十一年四月甲寅，二十七年七月丁丑，俱犯太白。九月庚子，犯太白於角。三十一年五月辛丑，犯塡星。九月庚寅，掩塡星。十二月丁卯，犯歲星。四十二年五月庚辰，掩歲星。四十四年七月丁巳，犯熒惑。

萬曆二年九月己卯，犯熒惑於箕。十年八月戊申，犯熒惑於井。十四年八月己丑，犯太白於角。十五年六月乙丑，十九年九月辛未，俱犯熒惑。十二月甲辰，犯塡星於井。二十四年正月甲申，犯塡星於張。二十七年九月辛亥，犯太白。三十一年五月癸未，犯太白。三十五年六月乙未，犯塡星於斗。三十七年八月辛酉，犯塡星。四十一年九月癸未，犯歲星。

崇禎三年八月辛亥，掩太白。十一年四月己酉，掩熒惑於尾。

五緯掩犯

洪武六年三月戊申，熒惑犯塡星。六月壬辰，太白犯歲星。八年三月癸亥，熒惑犯塡星。二十二年六月丙辰，辰星犯太白。二十七年三月乙丑，熒惑犯歲星於奎。

永樂三年三月戊戌，太白犯歲星。十一月癸巳朔，太白犯辰星於箕。四年正月癸卯，太白犯歲星。五年七月甲子，熒惑犯塡星。十二年十一月丁卯，太白犯歲星。十四年七月乙巳，太白犯塡星。二十年九月乙亥，太白犯歲星。十月己酉，太白犯塡星。

洪熙元年十一月丙午，太白犯塡星。

宣德元年十一月戊戌，辰星犯塡星。七年六月己酉，太白犯歲星。七月辛巳，太白犯熒惑。九年十一月己亥，太白犯塡星。十年十月庚子，熒惑犯塡星。

正統元年五月戊寅，太白犯熒惑於井。二年五月辛丑，熒惑犯塡星。三年十二月戊寅，太白犯歲星。五年五月丙午，太白犯塡星。七年九月戊午，太白犯熒惑於氐。十一年九月丁亥，太白犯歲星。十二年七月戊午，熒惑犯塡星。十四年二月己卯，太白犯熒惑。七月丙午，熒惑犯塡星。

景泰元年閏正月丁卯，熒惑犯歲星。

天順七年十一月乙卯朔，熒惑犯塡星。

成化六年九月乙亥，太白犯歲星。十一年七月戊辰，太白犯塡星。十三年九月丙寅，熒惑犯塡星。十六年六月壬申，太白犯歲星。

弘治二年正月戊辰，太白犯歲星。十一月壬午，太白犯塡星。三年正月庚申，太白犯塡星。五年八月丁未，熒惑犯歲星。六年十一月己未，太白犯塡星。七年九月甲寅及十年正月丙辰，熒惑犯歲星。十二月庚辰，辰星犯歲星。十七年閏四月癸酉，歲星犯塡星。

正德二年十月癸未，熒惑犯塡星。八年正月壬午及十六年十二月丙午，俱太白犯歲星。

嘉靖元年正月己未，太白犯歲星。十二月甲戌，太白犯塡星。三年正月癸酉，太白犯歲星。二十九年六月庚辰，熒惑犯歲星守井。

萬曆五年十二月辛丑，太白犯塡星於斗。九年十二月癸巳，太白犯塡星入危。十一年六月丁丑，太白犯熒惑。十五年五月己亥，太白犯塡星。二十四年四月己酉，太白犯歲星。二十五年七月甲辰，熒惑犯歲星。二十七年閏四月庚寅，辰星犯太白於井。三十四年十一月庚辰，熒惑掩歲星於危；甲辰，熒惑犯歲星。三十八年十一月辛亥，太白犯塡星於虛。四十七年三月壬子，太白犯歲星於壁。

天啓元年八月丙申，熒惑與太白同度者兩日。

崇禎九年六月己亥，太白犯歲星於張。

五緯合聚

洪武十四年六月癸未，辰星、熒惑、太白聚於井。十七年六月丙戌，歲星、塡星、太白聚於參。十八年二月乙巳，五星並見。三月戊子，塡星、歲星、太白聚於井。二十年二月壬午朔，五星俱見。二十四年七月戊子，太白、熒惑、塡星聚於翼。十一月乙未，辰星、歲星合於斗。十二月甲子，熒惑、辰星合於箕。二十五年正月辛丑，熒惑、歲星合於牛。二十六年十月壬辰，太白、塡星同度。

永樂元年五月甲辰，五星俱見東方。二年四月戊子，太白、熒惑合於井。

正統十四年九月壬寅，太白、塡星、熒惑聚於翼。十二月辛未，太白、歲星合於尾。

景泰元年十月壬申，太白、歲星合於箕。十二月己丑，辰星、歲星同度。二年九月庚申，太白、熒惑、塡星聚於軫。四年三月乙丑，太白、歲星合於壁。五年正月戊辰，太白、歲星合於奎。六月己酉，熒惑、歲星合於胃。十一月己未，太白、塡星合於氐。七年三月戊戌，太白、熒惑合於奎。十月戊申，歲星、熒惑合於鬼。

天順元年五月乙丑，太白、歲星合於井。十二月丙辰，太白、塡星合於心。二年九月甲寅，太白、塡星合於斗。三年九月乙巳，太白、歲星合於角。四年十月壬申，歲星、熒惑、辰星、太白聚於氐。五年十一月己亥，塡星、熒惑合於牛。甲子，太白、熒惑合於虛。六年九月甲午，太白、熒惑合於張。七年十月庚寅，歲星、熒惑合於女。庚戌，太白、歲星合於女。八年二月丙午，塡星、歲星、太白聚於危。

成化四年四月癸巳，歲星、熒惑合於井。壬子及七年七月庚子，太白、歲星合於井。十一年八月甲午，熒惑、塡星同度。

弘治十三年四月癸丑，熒惑、太白、辰星聚於井。十六年八月庚申，熒惑、歲星、塡星聚於井。十八年五月丙申，太白、歲星合於星。九月乙未，太白、歲星同度。

正德二年九月戊辰，辰星、歲星、太白聚於亢。

嘉靖三年正月壬午，五星聚於營室。十九年九月乙卯，太白、辰星、塡星聚於角。二十三年正月癸卯，熒惑、歲星、塡星聚於房。四十二年七月戊戌，太白、歲星、塡星聚於井。四十三年四月庚子，歲星、塡星、熒惑、太白聚於柳。

萬曆十七年十二月辛卯，太白、熒惑同度。二十年六月壬子，太白、辰星、塡星聚於井。三十二年九月辛酉，歲星、塡星、熒惑聚於危。

天啓四年七月丙寅，五星聚於張。

崇禎七年閏八月丙午至九月壬申，塡星、熒惑、太白聚於尾。十年十一月己卯，歲星、熒惑合於亢。甲午，塡星、辰星同度。

五緯掩犯恒星

歲星

洪武六年九月庚申，犯鬼。十一月壬子，退行犯鬼。七年八月乙巳，犯軒轅大星。九年二月乙丑，退入太微，犯左執法。十年六月戊寅及戊戌，犯亢。十一月甲辰，犯房。十一年四月戊申，犯鍵閉。七月甲申，犯牛。八月丙午，犯房。十四年四月壬戌，犯壘壁。十七年閏十月癸卯，犯井。十九年四月丙申，入鬼。八月壬辰，犯軒轅。二十一年四月丁未，留太微垣。十一月甲戌，入亢。二十二年三月辛卯，退入亢。九月丁卯，犯氐。十一月甲午，入房。十二月壬戌，犯東咸。二十三年五月己未，守房。八月乙丑，犯東咸。二十六年二月丙子朔，犯壘壁。二十九年六月庚子，犯井鉞。七月丙辰朔，入井。十月癸卯，退入井。三十年八月庚辰朔，入鬼。

建文四年七月乙未，退犯東咸。十月丙辰，犯天江。

永樂元年正月丁未，犯建。十二月己丑，犯羅堰。六年三月己巳，犯諸王西第二星。

四月甲午，犯東第一星。六月丙申，犯井。八年九月乙亥，犯靈臺。十八年七月己丑，犯天罇西北星。八月庚子，犯東北星。二十一年正月庚戌，犯上將。二十二年十一月戊寅，入氐。

宣德三年閏四月己酉，犯壘壁西第六星。十一月丙寅，又犯。七年七月丙寅，犯天罇。九年五月庚子，犯軒轅大星。

正統五年六月甲寅，犯壘壁。十一年十月戊戌，犯右執法。十四年正月丙申，犯房北第一星。二月丙子，退犯房。九月己卯，犯進賢。丙戌，犯房。

景泰元年閏正月庚午，與熒惑遞入斗杓。八月戊子，犯秦。二年二月庚午朔，犯牛。三年十月辛丑，犯亢。六年六月庚子，犯諸王。八月庚申，犯井鉞。七年九月癸未，入鬼。

天順元年九月癸亥，犯軒轅大星。二年八月癸未，犯右執法。十月己丑，三年正月辛卯，俱犯左執法。六月辛未，犯右執法。十二月癸亥，犯亢。四年閏十一月丙寅，犯房北第一星。庚午，犯鉤鈐。五年三月丁卯，退犯房上星。八月癸酉，犯鉤鈐。七年二月庚申朔，犯牛。八年二月丙午，犯壘壁。三月辛巳，又犯。

成化二年六月丁未，守昴。五年七月己酉，犯軒轅大星。六年三月癸卯，留守軒轅。七年三月丁丑，〔一〕退入太微垣，犯執法。四月乙卯，入太微垣，留守端門。六月甲寅，犯右執法。十一月己亥，犯亢。八年十一月辛亥，犯房北第一星。癸丑，犯鉤鈐。九年三月丙辰，犯東咸。五月己酉，犯鉤鈐。六月乙丑，犯房第一星。十二年三月丁巳，犯壘壁。十三年閏二月己未，犯外屏。十五年三月甲子，犯天街。九月乙卯，犯井。辛巳，守井。十七年正月己卯，犯鬼。三月甲午，入鬼。庚子，犯積尸。十八年五月庚戌，犯靈臺。閏八月壬辰，犯左執法。二十年五月乙巳，守亢。八月癸酉，犯氐。

弘治四年七月癸巳，犯井。十一月壬辰，又犯。六年八月庚寅，犯靈臺。七年正月癸卯，犯壘壁。五月甲辰，犯靈臺。八年二月丁巳，犯進賢。七月辛丑，又犯。十月丁卯，犯亢。十一月己酉，犯氐。九年二月至三月庚寅，守氐。十二年五月己亥，犯壘壁。十三年八月戊申，又犯。十五年七月丙子，犯諸王。十六年七月己巳，犯井。八月壬子，犯天罇。十八年九月丁未，犯太微垣上相。

正德元年二月壬子，退犯右執法及上將。三月壬午，犯靈臺。十一月戊辰，犯牛。六年四月丁未，十二月壬午，俱犯壘壁。九年八月丙辰，犯諸王。十四年十月癸未，犯氐。

嘉靖元年四月戊寅，犯牛。十一月丙寅，犯羅堰。二年十一月壬辰，犯壘壁。二十年十一月庚寅，二十一年正月丁未，俱犯左執法。二十二年十二月丁亥，犯房北第一星。二十三年四月戊寅，又犯。三十五年五月壬戌，退行又犯。四十五年五月辛卯，退留守左執法。

隆慶元年二月戊午，退守亢。

萬曆三十九年十月己巳，天啓三年九月甲辰，俱犯軒轅。四年正月丙寅，犯軒轅大星。五年正月庚戌朔，退行犯左執法。七年三月乙酉，退行犯房北第一星。

崇禎七年閏八月丁未，犯積尸。九年冬，犯右執法。

熒惑

洪武元年八月甲午，犯太微西垣上將。九月戊申，犯右執法。二年正月乙卯，犯房。六月壬辰，犯東咸。三年九月丙申，入太微垣。乙卯，留太微垣。四年九月乙卯，犯壘壁。五年十一月庚午，犯鉤鈐。九年三月辛酉，犯井。四月戊申，犯鬼。十年八月丙寅，犯天罇。十月乙卯，犯鬼。十一年二月壬戌，犯五諸侯。三月甲午，犯積尸。六月壬戌，犯右執法。十二年八月乙亥，犯鬼。戊寅，犯積尸。十二月庚寅，犯軒轅大星。十四年十月丙子，犯太微垣。十五年三月乙亥，犯右執法。九月乙丑，犯南斗。十六年八月辛卯，行軒轅中。九月辛酉，犯太微西垣上將。十七年正月乙卯，入氐。三月戊午，犯氐。十八年正月戊辰，犯外屏。十月丁酉，犯進賢。十九年正月壬戌，犯罰。二月丁未，犯箕。四月己亥，留斗。七月辛巳，犯斗。八月丁亥，犯斗。十月辛亥，十一月己巳，犯壘壁。二十一年正月丙申，入斗。四月丁未，七月庚辰，俱犯壘壁。十一月癸巳，犯外屛。二十二年正月丙戌，犯天陰。二月癸卯，行昴中。十月庚申，入氐。十一月甲午，犯東咸。十二月癸丑，犯天江。二十三年正月甲戌，入斗。三月辛卯，犯壘壁。五月戊戌，犯外屛。二十四年十二月甲子，與辰星同犯箕。二十五年二月己卯，犯壘壁。九月己卯朔，入井。二十六年三月庚戌，犯積薪。五月丙辰，犯軒轅。六月己丑，犯右執法。二十七年六月辛未，犯天街。八月癸巳，犯積薪。九月乙巳，犯鬼。二十八年二月壬午，又犯。四月戊子，入軒轅。五月戊午，犯靈臺。閏九月乙丑，犯東咸。二十九年五月丙寅，犯諸王。六月甲午，犯司怪。十月辛亥，犯上將。十二月癸卯，守太微垣。三十年三月壬午，入太微垣。五月戊午，犯右執法。八月丁亥，入氐。丁未，入房。十月癸未，犯斗杓。三十一年十月，守心。

建文四年八月戊辰，犯上將。甲戌，入太微垣右掖門。九月辛巳朔，犯右執法。壬辰，犯左執法。十月甲寅，犯進賢。甲子，入角。十一月壬午，入亢。己亥，入氐。

永樂元年五月癸未，犯壘壁西第四星。十月甲戌，犯東第五星。二年四月乙酉，犯天罇。九月乙卯，犯角。十一月壬子，犯鉤鈐。三年三月癸丑，犯壘壁。四年正月甲午，犯天陰。戊午，犯月星。五年七月癸酉，犯諸王。八月己酉，犯司怪南第二星。六年二月庚辰朔，犯北第二星。四月辛卯，犯鬼。七月辛亥，入太微垣右掖門。丙辰及八年六月丙午，十年五月壬辰，俱犯右執法。十一年十月戊午，犯上將。十二年二月癸酉，退入太微垣，犯上相。十三年九月丁酉，犯靈臺上星。癸卯，犯上將。十月庚午，犯左執法。十二月甲午朔，犯進賢。十五年九月庚申，犯左執法。十二月甲午，入房北第一星。十六年九月壬申，犯壘壁。十七年十二月庚辰，犯鉤鈐。二十年十月壬子，退犯天街上星。二十一年三月庚戌，犯積薪。二十二年十一月辛卯，退犯五諸侯。

洪熙元年正月庚辰，留井。四月癸卯，入鬼。

宣德元年十二月戊寅，犯軒轅。三年六月甲戌，犯積尸。十月戊子，犯太微西垣上將。四年三月癸亥，犯靈臺。戊辰，犯上將。四月丙申、戊戌，俱犯右執法。九月丙辰，犯天江。五年九月乙丑，犯靈臺。十月癸酉，犯上將。十一月己亥，犯左執法。丙午，犯進賢。六年三月乙卯，犯亢。六月甲寅、乙卯，俱犯氐。七月甲戌，犯房。九月癸亥，犯斗杓。七年九月辛酉，犯上將。十月己酉，犯進賢。八年正月丁卯，犯房。庚辰，犯東咸。八月丙午，犯斗魁。十月甲戌，犯壘壁。九年十一月己卯，犯氐。十二月己酉，犯鉤鈐。十年三月丁亥，犯壘壁。

正統元年二月乙丑，犯天街。十二月甲子，犯天江。二年四月乙亥，犯壘壁。三年三月甲辰，犯井。五月庚寅，犯積尸。四年閏二月己卯朔，犯壘壁。五年二月庚辰，三月辛未，俱犯井。七年五月己丑，犯右執法。八年八月辛丑，犯積尸。九年五月癸酉，犯左執法。十年十月辛丑，犯上將。十一年二月乙卯，三月丁酉，俱犯平道。七月丁亥，犯氐。九月辛未，犯天江。十三年正月丙午，犯房北第一星。二月戊午，犯罰。九月甲午，犯狗。十四年七月己卯朔，留守斗。九月壬寅，犯左執法。十月乙丑，犯進賢。十一月乙未，犯亢。十二月丁未朔，犯氐。丙子，犯房。

景泰元年九月丁未，犯壘壁西第三星。辛亥，犯第四星。庚申，犯第六星。十月辛未朔又犯。十二月己丑，犯第五星。二年十一月丙申，犯氐。癸亥，犯鉤鈐。三年四月甲申，與歲星同犯危。四年正月庚午，犯昴。五年六月戊戌，犯諸王。六年三月丙辰，犯井。五月乙巳朔，犯積尸。七年七月丁酉，入井。十月壬寅，犯鬼。

天順元年二月癸未，又犯。二年八月戊辰，入鬼。三年正月辛卯，犯軒轅。四月乙卯，犯靈臺。五月癸卯，犯右執法。四年七月戊子，犯天罇。八月丙辰，入鬼。十月庚午，犯上將。閏十一月庚申，犯上相。五年正月戊午，退入太微垣。三月癸亥，犯右執法。六年七月丙午，入鬼。九月乙卯，犯上將。十一月丙午，犯進賢。七年正月辛亥，入氐。四月辛酉，退犯氐西南星。七月壬辰，犯東南星。甲寅，犯房北第二星。八月己巳，犯斗杓。

成化元年正月丁巳，犯東咸。二月癸卯，犯天籥。五月戊午，留守斗。己巳，退犯魁第四星。七月癸酉，又犯。二年二月癸巳，犯天陰。三年八月乙未，犯壘壁。四年二月己亥，犯月星。己酉，犯天街。五月庚辰，犯鬼。癸未，犯積尸。十一年七月甲戌，犯積薪。八月癸未，入鬼。甲申，犯積尸。十月乙未，犯靈臺。十二年四月壬辰，犯上將及建。十三年九月癸未，犯上將。十一月庚辰，犯進賢。十四年正月乙丑，犯亢。二月甲辰，又犯。十五年九月乙丑，犯靈臺。閏十月庚申，犯進賢。十六年正月壬午朔，犯房。三月乙酉，犯天江。十月戊辰，犯壘壁。十七年三月庚辰，犯昴。十八年五月甲戌，八月丙辰，十月戊辰，俱犯壘壁。十九年十月庚辰，犯氐。十一月己酉，犯鉤鈐。壬子，犯東咸。二十一年正月戊子，犯天陰。十一月壬戌，犯天江。二十三年二月丁酉，犯井。

弘治元年六月庚戌，犯諸王。八月庚申，犯積薪。九月癸酉，犯鬼。甲戌，犯積尸。三年三月辛酉，犯鬼。四年六月戊子，犯諸王。五年六月己亥，犯積尸。七月癸酉，入井。十月乙巳，犯靈臺。十一月丙申，犯上相。六年二月庚子，犯平道。三月甲戌，犯上相。四月丙申，犯左執法。七年十二月癸亥，犯亢。八年二月戊寅，犯房。四月癸酉、六月癸亥，俱犯氐。十二月癸丑，犯壘壁。九年十二月己丑，犯鉤鈐。十一年十一月乙未，犯亢。十三年正月壬戌，犯天陰。十四年四月庚子，犯壘壁。十月乙卯，犯天街。十五年二月戊辰，犯井。十六年七月丁丑，犯諸王。十七年四月癸卯，十八年九月癸未，正德二年七月戊辰，俱犯積尸。十月癸未，犯上將。三年四月乙丑，犯右執法。四年十一月己未，犯進賢。五年三月癸亥，犯亢。六月丁卯，犯房北第二星。七月丙子，犯天關。八月乙未，犯天江。十六年二月庚子，犯鬼。六月壬午，犯右執法。

嘉靖元年八月乙未，犯積尸。二年正月庚戌，入太微垣，犯內屏。閏四月丙寅，犯右執法。三年十月癸巳，犯上將。十一月甲子，犯左執法。十二月癸丑，犯進賢。四年二月戊午，犯平道。五年九月癸未，犯上將。十八年十一月辛未，犯上相。十九年九月乙卯，二十一年八月戊戌，俱犯斗。二十三年正月壬寅，犯房北第一星。三月丁巳，入斗。六月乙亥，入箕退行二舍。二十四年十月丁巳，犯氐。二十七年十一月甲申，自畢退行至胃。二十九年十二月甲戌，退守井。三十一年九月辛卯，犯鬼。三十五年九月丁丑，犯上將。三十六年二月壬辰，自角退入軫。四月戊子，自軫退行二舍餘。三十九年十二月甲寅，犯鉤鈐。四十二年十月辛亥，自胃退行抵婁。四十四年十二月壬申，自井退二舍。

隆慶二年六月乙未，犯右執法。三年八月丁未，犯鬼。四年五月己卯，犯右執法。

萬曆二年二月癸亥，犯房。五月己卯，犯氐。五年十月辛丑，又犯。九年二月辛酉，犯井。十二年十二月辛亥，退行張次。十三年正月庚辰，退入軒轅。二月戊申，犯張，又自張歷柳。十五年正月丁酉，退入軫。二月丁卯，退行翼次。四月，犯翼。十七年二月己丑，犯氐。四月丁亥，自氐退入角。七月辛酉，犯房第二星。九月辛亥，犯斗杓。十九年四月乙巳，六月壬子，俱犯箕。七月丁亥，犯斗。二十年十一月戊辰，犯氐。二十一年七月辛巳，九月甲戌，俱犯室。二十二年五月，犯角。二十七年八月甲辰，犯奎。二十八年二月庚寅，犯鬼。三十年正月丁巳，退入太微垣。三十二年二月丁酉，退入角。三十四年四月己巳，犯心。五月戊寅，犯房。癸未，自心退入氐。三十七年十一月丙戌，犯氐。三十八年八月辛卯，退行婁次。四十二年十月，犯柳。四十四年十二月，犯翼。四十五年二月庚子，退行星度。四十七年正月，犯軫。二月丁巳，退入軫。辛未，退入翼。

泰昌元年八月辛亥，犯太微右將。

天啓元年閏二月癸巳，退入氐。三年正月甲午，犯房北第一星。四月，守斗百日。八月甲子，犯狗國。十月甲申，犯壘壁。四年二月，守斗。五年九月乙卯，自壁退入室。

崇禎三年三月己酉，入井，退舍復贏。居數月，又入鬼，犯積尸。四月己卯，復犯積尸。八月辛亥，犯斗魁。八年九月丁丑，犯太微垣。十一年，自春至夏守尾百餘日。四月己酉，退行尾八度，掩於月。五月丁卯，退尾入心。十五年五月，守心。

塡星

洪武十五年六月丁亥，九月乙未，俱犯畢。十六年八月己卯，犯天關。十七年閏十月丙辰，犯井。十八年七月己巳，十九年三月甲戌，俱犯天罇。九月甲寅，入鬼。十月甲午，留鬼。二十二年二月癸卯，退行軒轅。二十三年正月戊子，五月壬子，俱犯靈臺。二十四年十月己未，犯太微東垣上相。二十五年二月辛酉，退犯上相。己卯，退入太微左掖。二十八年正月癸丑，守氐。四月乙丑，退入氐。二十九年十一月甲子，犯罰。三十年正月丙辰，犯東咸。五月壬子朔，又犯罰。

永樂元年九月丁丑，躔女留代。十二年七月戊子，犯井。十四年七月辛亥，犯鬼。十七年九月丙子，犯上將。

洪熙元年十一月辛酉，宣德元年三月庚戌，九月壬辰，俱犯鍵閉。

正統元年八月丁亥，退犯壘壁。三年十一月乙酉，犯外屏。八年十一月庚午，十二月壬子，俱犯井。十年三月丁丑，犯天罇。十三年九月丁亥，犯靈臺。

景泰元年閏正月己酉，入太微垣。九月庚戌，二年二月戊子，俱犯上相。庚寅，退入太微左掖。三年十月辛丑，犯亢。四年三月己未，退犯亢。七年七月己丑，犯罰。

天順三年正月辛卯，犯建。四月癸酉，守犯建。七年閏七月戊午朔，退犯壘壁。十月癸丑，又犯。

成化四年七月甲子，犯天囷。七年閏九月戊午，犯斗魁。辛酉，犯天高。十二年十月辛卯，守軒轅大星。十五年四月己丑，犯上將。十七年二月己未，犯進賢。二十一年正月庚戌，犯罰。

弘治六年三月壬申，八年十二月戊午，十年九月乙丑，俱犯壘壁。十四年十一月辛卯，犯諸王。十五年六月壬子，十二月辛丑，十六年正月己卯，俱犯井。七月辛卯，犯天罇。十七年七月辛亥，犯積尸。九月甲午，犯鬼。

正德二年八月癸巳，犯靈臺。十月甲戌，犯上將。三年五月甲子，犯靈臺。五年二月戊申，六月壬辰，俱犯上相。七年四月甲申，犯亢。十五年二月丁卯，犯羅堰。十六年七月乙卯，退犯代。

嘉靖元年八月庚辰，退犯壘壁。二十二年五月甲子，退守氐三十七日。

隆慶三年三月庚午，退犯上相。

萬曆三十五年正月至六月，退留斗。四十八年八月癸丑，犯井。

天啓元年正月丙戌，退入井。二年八月壬辰，犯守鬼。五年十月丙戌，犯上將。

太白

洪武元年七月己巳朔，犯井。三年十一月甲寅，犯壘壁。九年六月丁亥，犯畢。庚戌，犯井。八月，犯上將。九月己未，犯右執法。十年十月壬子，犯進賢。十一年九月丁丑，犯氐。十二月辛丑，犯壘壁。十二年三月壬子，犯昴。六月丁亥，犯井。七月乙巳，犯鬼。十三年八月丙戌，犯心。十六年十一月乙卯，犯壘壁。十七年七月癸卯，犯天罇。十二月丙申，犯壘壁。十八年十月壬子，犯亢。十九年正月庚午，犯牛。二月己丑，犯壘壁。七月己卯，二十年八月己巳，俱入太微垣。二十一年六月壬戌，犯左執法。二十二年正月己卯，犯建。五月癸巳，犯諸王。十一月辛未，入斗。十二月丁巳，犯壘壁。二十三年四月壬戌，犯五諸侯。六月丁丑，留井。十月庚午，入亢。二十四年七月庚戌，入太微垣右掖。辛卯，犯右執法。十月丙辰，入斗。二十五年閏十一月乙酉，入壘壁。二十六年二月癸卯，犯天街。三月丙子朔，犯諸王。二十八年六月癸酉，犯畢。七月丙午，犯井。己酉，出井，犯東第三星。閏九月壬申，入角。十月戊申，犯東咸。二十九年七月戊辰，入角。八月癸丑，犯心中星。三十年正月壬戌，犯建。十二月戊戌，入壘壁。三十一年正月乙亥，犯外屏。五月丁未朔，犯五諸侯。

建文四年六月庚子，入太微右掖。八月甲子，入角。九月癸未，入氐。丙申，入房。十月癸亥，入斗杓。

永樂元年六月丙辰，犯畢。七月甲申，入井。八月己酉，犯鬼。九月丙子朔，犯軒轅左角。十月辛未，入氐。十一月丙戌，犯鍵閉。二年五月辛丑朔，犯鬼。七月己酉，入角。八月丁亥，入房南第二星。十一月丁巳，犯東咸。三年三月丙申朔，犯壘壁東第五星。十二月己巳，犯西第三星。四年二月癸未，犯天陰。五月庚寅朔，犯五諸侯。七月庚戌，犯井。八月丙申，犯御女。九月戊寅，犯進賢。十月乙卯，犯房北第一星。五年七月癸丑，犯右執法。八月己亥，犯氐。九月癸丑，犯東咸。十月癸未，犯斗魁。十一月辛未朔，犯秦。六年六月甲申，犯諸王。丙申，與歲星同犯井。七月戊申，犯天罇。七年二月丙戌，犯外屏。十一月丁亥，犯罰。八年九月壬辰，犯天江。十二年五月癸酉朔，〔三〕犯五諸侯。閏九月己酉，犯左執法。十三年八月庚寅，犯房北第二星。十月乙丑朔，犯斗魁。十四年六月丁卯，犯諸王。十六年十一月甲子，犯壘壁。十七年七月戊午，犯天罇。八月癸巳，犯軒轅大星。十八年八月乙丑，犯心後星。十九年十月癸卯，犯天江。十二月丁酉，犯壘壁。

洪熙元年三月乙酉，犯昴。四月丙辰，犯井。十月辛未，犯平道。辛巳，犯亢。

宣德元年十月戊辰，犯斗杓。十一月己巳，犯壘壁。丙辰，又犯。二年正月丙申，犯外屏。七月癸巳，犯東井。八月丙辰朔，犯鬼。丁巳，又犯。乙亥，犯軒轅大星。九月丁巳，犯右執法。三年十一月甲子，犯罰。五年二月丁酉，犯昴。九月丁未，犯軒轅左角。十一月壬戌，犯鍵閉。六年九月丙戌，犯斗。七年七月乙酉，犯軒轅。八年十月癸亥，犯亢。十一月辛卯，犯罰。九年十一月壬辰，犯壘壁。十年正月甲戌，犯外屏。六月庚申，犯天關。

八月丙辰，犯軒轅。九月壬申，犯上將。

正統三年九月己丑，十一年九月辛未，俱犯軒轅左角。己丑，犯右執法。十月乙未朔，犯左執法。丙午，犯進賢。十二年六月乙亥，犯上將。七月癸丑，犯亢。十四年正月丁亥，犯壘壁。四月庚申，犯井。五月丁亥，犯鬼。七月癸卯，犯亢。九月庚辰，犯天江。十一月丁亥，犯亢。

景泰元年正月丁亥，犯亢。閏正月庚申，入壘壁。八月甲申，犯亢。九月乙巳，犯鉤鈐。壬戌，犯天江。十一月辛酉，犯壘壁。二年六月戊辰朔，犯畢。八月壬寅，入太微右掖。三年四月丁卯，犯諸王。戊子，犯井。五月壬子，犯鬼。六月乙酉，犯靈臺。戊子，犯上將。庚寅，入太微右掖。七月壬寅，犯左執法。五年九月癸丑，掩犯軒轅左角。甲戌，犯左執法。六年六月辛巳，犯井。己丑，與熒惑同入太微右掖。八月戊午，犯房北第二星。九月甲午，犯斗魁。七年七月辛未，犯鬼。

天順元年十二月甲午，犯鍵閉。丁酉，犯罰。二年正月丁卯，犯建。七月丙申，行太微垣中。九月甲寅，犯斗杓。三年五月庚戌，犯畢。十月甲寅，犯亢。四年七月丁丑，犯右執法。甲申，犯左執法。六年九月乙未，犯軒轅左角。己未，犯左執法。十月己巳，犯進賢。七年九月丁丑，犯斗魁。乙酉，犯狗。八年二月丙午，與歲星同犯壘壁。

成化元年十二月丙午，犯鍵閉。二年正月乙卯，犯斗。三年二月丁未，犯婁。三月戊子，犯外屏。五月壬辰，犯畢。六月壬戌，犯井。七月甲申，入鬼，犯積尸。八月癸卯，入軒轅。四年六月戊申，犯靈臺。五年二月癸巳，犯牛。六年九月丙子朔，〔三〕犯軒轅左角。甲午、庚子，俱犯左執法。七年九月壬午，犯房北第二星。閏九月戊午，犯斗魁。十二月乙未，犯牛及羅堰。八年二月甲申，犯壘壁。六月庚午，入井。十二月丙戌，犯壘壁。九年四月己卯，犯五諸侯。十月甲子，犯左執法。十一年三月甲戌，犯外屏。七月庚戌，犯天罇。八月丁酉，犯靈臺。庚子，犯上將。九月癸丑，犯左執法。十二年三月庚午，犯月星。四月甲午，犯井。十三年十二月甲午朔，犯壘壁。十五年九月庚辰，犯天江。十月庚子，犯斗魁。辛亥，犯狗。十七年二月丁卯，犯天陰。五月丁酉，犯軒轅。十九年八月丙寅，又犯。九月甲午，犯左執法。十月庚辰，犯房。二十年六月壬午，犯左執法。十二月庚辰，犯壘壁。二十二年六月庚子，犯井。八月甲午，犯軒轅。十一月乙亥，犯進賢。十二月庚戌，犯房。二十三年八月甲申，犯亢。

弘治元年二月癸丑，犯壘壁。六月庚戌，犯鬼。七月丙子，犯軒轅大星。癸未，犯左角。戊子，犯靈臺。二年正月庚辰，犯外屏。二月丁未，犯壘壁。十月己丑，犯左執法。三年正月壬申，犯羅堰。十一月戊戌，犯壘壁。四年六月癸丑，犯天關。六年二月庚子，犯羅堰。甲子，犯壘壁西第六星。三月甲申，犯東第四星。七年二月辛未，犯昴。七月壬子，犯鬼。八月辛巳，犯軒轅左角。九月丁亥，犯靈臺。壬寅，犯亢。十一月壬辰，犯房。乙未，犯罰。丙午，犯天江。九年二月戊午，犯羅堰。七月己未，犯軒轅大星。十年十月辛未，犯左執法。十二月戊辰朔，犯東咸。十一年十月辛未，犯天江。十二年七月辛未，犯鬼。九月戊午朔，犯左執法。十三年十一月乙未，犯罰。十四年正月辛酉，犯建。二月壬午，犯羅堰。十一月己亥，犯壘壁。十五年二月甲寅，犯昴。五月己丑，犯天高。十一月癸酉，犯牛。十六年三月辛卯，犯諸王。九月甲申，犯天江。十月丁未，犯斗魁。丁丑，犯狗。十一月辛巳，犯羅堰。十七年五月己亥，犯諸王。七月丙辰，犯上將。十八年九月丙午，犯右執法。

正德元年春，守軒轅。十二月癸丑，犯壘壁。二年三月壬申，犯外屏。五月己巳，犯天高。九月辛丑朔，犯進賢。三年十月丙戌，犯亢。四年正月己酉，犯建。五年八月己亥，犯軒轅大星。十月丙申，犯亢。六年七月辛酉，犯左執法。十月丁亥，犯斗。十一月癸亥，犯羅堰。七年閏五月丁酉，犯鉞。六月甲子，犯積尸。八年正月丙戌，犯外屏。七月丁亥，犯酒旗。八月戊申，犯軒轅右角。十年八月丁卯，犯上將。丁丑，犯左執法。十三年七月戊戌，犯井。己未，犯鬼。十四年十月戊辰，犯斗。癸未，犯狗。十六年四月癸卯，犯鬼。八月己丑，犯軒轅右角。九月乙亥，犯左執法。十月戊子，犯進賢。十一月丁卯，犯鍵閉。十二月庚子，犯建。

嘉靖元年正月丙辰，犯牛。十月戊子，犯斗杓。二年六月癸丑，犯井。七月丙子，犯鬼。八月辛酉，犯左執法。四年正月丁卯，犯建。五年六月庚辰，犯井。六年六月丁卯，犯靈臺。八年二月庚寅，犯天街。

隆慶元年十月甲申，入斗。

萬曆二十四年四月戊午，犯井。三十四年二月甲子，犯昴。四十六年四月乙卯，犯御女。

泰昌元年八月丙午朔，犯太微垣勾己。

天啓三年九月，犯心中星。五年九月壬申，犯左執法。甲申，犯御女。

辰星

洪武十一年十二月庚戌，犯斗。十五年四月丁亥，犯東井。十八年八月丁酉，入太微垣。二十一年十月壬子，入氐。二十二年十月癸卯，犯氐。二十五年八月庚午，犯上將。二十七年七月辛丑，犯鬼。十一月庚子，犯鍵閉。二十八年正月丁酉，犯壘壁。五月甲辰，犯天罇。三十年十二月甲辰，犯建。

建文四年六月庚午，犯積薪。

永樂二年四月丁酉，犯畢。癸卯，犯諸王。五月丁卯，犯軒轅大星。十月己丑，犯斗杓。三年六月己卯，犯軒轅大星。六年正月庚戌朔，犯壘壁。二月癸巳，又犯。十六年六月戊子，犯軒轅大星。

宣德元年五月丁未，犯鬼。二年十一月丙戌，犯氐。五年閏十二月丁酉，犯建。戊戌，又犯。七年五月辛巳，犯積尸。

正統十三年十月丙辰，犯亢。

景泰四年五月己未，犯積薪。

成化十二年三月壬戌，犯昴。

弘治五年十一月庚辰，犯罰。十二年六月壬子，犯鬼。十月壬子，犯房北第一星。十七年七月丙辰，犯靈臺。十八年五月庚子，犯鬼。十一月戊子，犯鍵閉。

正德七年六月丙寅，犯鬼。

嘉靖元年正月戊午，犯羅堰。二年八月壬寅，犯上將。

天啓七年三月辛未，退犯房。

按兩星經緯同度曰掩，光相接曰犯，亦曰淩。緯星出入黃道之內外，凡恒星之近黃道者，皆其必由之道，凌犯皆由於此。而行遲則凌犯少，行速則多，數可預定，非如彗孛飛流之無常。然則天象之示炯戒者，應在彼而不在此。歷代史志凌犯多繫以事應，非附會卽偶中爾。茲取緯星之掩犯恒星者次列之。比事以觀，其有驗者，十無一二，後之人可以觀矣。至於月道與緯星相似，而行甚速，其出入黃道也，二十七日而周，計其掩犯恒星殆無虛日，豈皆有休咎可占。今見於實錄者不及百分之一，然已不可勝書，故不書。

校勘記

〔一〕七年三月丁丑　丁丑，原作「丁卯」，據明史稿志二天文志、憲宗實錄卷八九改。是年三月甲戌朔，不得有丁卯日。

〔二〕十二年五月癸酉朔　十二年五月，原作「十一年五月」，據太宗實錄卷九二改。十一年五月是己卯朔，十二年五月才是癸酉朔。

〔三〕六年九月丙子朔　原脫「六年」，據憲宗實錄卷八三補。五年九月是辛巳朔，六年九月才是丙子朔。

明史卷二十七

志第三

天文三

星晝見

恒星　洪武十九年七月癸亥，二十年五月丁丑，七月壬寅，二十一年十二月丁卯，俱三辰晝見。弘治十八年九月甲午申刻，河鼓、北斗見。庚子，星晝見。正德元年二月癸酉，星斗晝見。天啓二年五月壬寅，有星隨日晝見。崇禎十六年十二月辛酉朔，星晝見。

歲星　景泰二年九月甲辰，晝見。三年六月壬戌，四年五月丁丑，六月甲辰，五年七月庚戌、壬子、癸亥，六年七月丁酉，天順元年五月丙子，五年七月乙卯，六年八月庚午，七年三月乙巳，成化十四年六月庚子，八月丁酉，十六年七月丙申，十八年九月癸亥，二十年八月壬申，弘治元年六月甲寅，二年五月癸亥，六月甲午，五年十月己酉，六年九月癸卯，七年十一月癸卯，九年二月辛亥至甲寅，四月壬午，十年正月甲寅至丙辰，十一年八月甲申，十三年四月庚子至乙巳，十四年六月壬辰至乙未，並如之。十五年六月，連日晝見。十六年七月辛卯，十七年七月壬子，十八年五月乙未，八月辛巳至九月癸未，正德元年十一月乙酉，二年十一月辛酉至丁卯，六年三月壬寅至四月壬申，九年八月乙巳至甲寅，十二年十月甲子至乙巳，並如之。嘉靖二年三月辛未，二十九年八月戊寅，晝見守井。崇禎十一年四月壬子，晝見。

熒惑　景泰三年八月甲子，晝見於未位。

太白　洪武四年二月戊午，〔一〕晝見。四月戊申，六月壬午朔，五年六月甲申至丁亥，十二月甲申，八年八月丁巳，九年二月乙巳至己酉，〔二〕三月壬申，十二年閏五月戊戌，十三年七月甲午，十五年四月丁亥，七月戊申、辛酉，九月丁未朔，十六年十月壬辰至乙未，十八年四月己亥至辛丑，六月丙申至辛丑、辛亥，並如之。九月戊寅，經天與熒惑同度。乙酉，晝見。丁亥，又見，犯熒惑。十月癸巳至丙申，晝見。戊戌至辛丑，十九年十月甲申朔至庚寅，並如之。二十年六月戊戌，經天。七月壬寅至甲辰，晝見。二十一年四月己巳，七月丙申，二十三年三月丁亥，二十四年八月辛巳，二十五年二月辛酉，二十六年四月甲辰，並如之。八月庚子，與太陰同晝見。建文四年七月庚子，經天。永樂元年五月癸未、癸卯，俱與太陰同晝見。六月壬申，與太陰晝見。四年七月壬寅，晝見。五年八月丙申，六年二月甲辰，八年十月庚戌，十二年九月癸未，十五年七月己酉，八月庚戌，洪熙元年六月戊戌，七月乙巳，八月癸巳，宣德六年十月乙巳，八年九月戊戌至甲寅，九年十二月甲子，十年七月丁亥，正統四年七月壬子，十月丙申，六年五月庚戌，並如之。十一年七月甲申，經天。十三年二月辛酉，晝見。十四年正月辛亥，八月丙子，景泰元年十月乙酉，二年五月庚子、辛亥，並如之。壬子，經天。三年五月丁巳，晝見。十一月壬戌，五年正月甲戌，二月丙戌，六月癸卯，七年正月戊戌，天順元年四月甲午，八月壬子，二年十月己未，三年四月癸亥、癸酉，四年十一月庚寅，十二月丙戌，五年正月丁未，十二月癸巳，六年六月己丑，八月庚午，七年閏七月辛酉、癸未，八年正月庚申，成化元年二月癸未，三年四月癸丑，四年六月丙申，六年六月丙戌，七年八月癸卯，並如之。八年正月乙卯，經天，與日爭明。十一年五月己未，晝見。十二年十月丙戌，十三年十二月甲午，並如之。十四年六月庚子，與歲星俱晝見。八月甲午，晝見。十五年十二月丙子，十七年三月癸未，八月癸亥，十八年九月庚戌，十九年四月癸亥朔，並如之。二十年八月壬申，與歲星俱晝見。二十一年十一月丙辰，晝見。二十二年六月己丑，二十三年九月丙午，弘治元年五月庚午，二年正月壬戌，三月庚申，五月丙戌，八月癸巳、庚子，四年四月辛未，五年五月乙亥，十月辛酉，六年十二月乙丑，七年五月庚戌，八年七月戊子，九年二月己酉朔，十年正月甲子至丁卯，並如之。六月丙子未刻，經天。八月癸未及十一年十月辛巳，晝見。十二年三月戊辰至壬申，八月庚寅，並如之。十三年四月庚子至乙巳，與歲星同晝見。十月丁未、己酉，十四年十二月庚戌，十五年五月庚寅至癸巳，十六年七月壬辰，十七年二月戊戌及六月癸亥，十八年二月壬戌，並晝見。五月辛亥，經天。八月癸亥至戊辰，晝見。正德元年十月己未，如之。二年正月庚辰，經天。三月戊辰，晝見。三年五月乙巳至丁未，十月己卯、庚辰，四年十月戊戌至乙巳，五年五月丙子，六年七月壬申至八月癸未，八年正月丙戌至己丑，四月壬戌、癸亥，八月庚戌至乙卯，九年十一月甲申至十二月壬辰，十一年六月甲寅至己未，十四年八月丙寅至庚辰，十五年正月己未至二月辛酉，十六年八月丁亥，嘉靖元年九月辛未，並如之。二年三月辛未，與歲星俱晝見。三年四月庚戌，晝見。五年五月庚子，十一年四月癸巳，十月辛巳、戊子，十一月甲寅，十三年閏二月庚申，並如之。五月癸巳，與月同晝見。十七年九月辛卯，晝見。十八年四月癸亥，十一月壬寅，二十年十一月乙巳至丁未，二十二年七月丙午，二十三年二月辛巳，二十四年閏正月戊寅，二十五年十月辛卯，二十六年四月丙申，二十七年四月丁巳，十一月丙戌至乙未，二十八年十一月乙酉至己丑，二十九年六月戊申、甲寅，三十年六月丙子至辛巳，三十一年正月丙戌至丙申，三十二年二月辛未至甲戌，七月戊辰至辛未，三十五年五月壬午，十月癸卯至丙午，三十六年十二月庚辰朔，三十八年七月癸酉，三十九年正月庚寅至壬辰，並如之。四十年三月丙子，晝見，歷二十四日。八月辛未，晝見。四十一年九月乙未，四十二年四月己巳至壬申，四十三年五月甲寅，並如之。十月戊子，晝見，歷二十二日。四十五年正月己亥，晝見。隆慶元年七月辛酉，二年正月甲寅，並如之。三年三月甲子，晝見，歷二十二日。四年十一月乙丑至丁卯，晝見。萬曆十一年七月辛丑，十二年七月癸巳，十六年九月丁丑，二十一年八月甲午，二十四年十月丙寅，並如之。二十七年九月辛卯，經天。三十七年三月辛丑，晝見。三十八年十月辛巳，四十年五月壬寅，天啓二年二月丙戌，三年三月丁巳，十二月乙丑，五年四月癸未，並如之。七月癸酉，經天。崇禎元年七月壬戌，晝見。三年四月己卯，十二月丙辰，並如之。

客星

史記天官書有客星之名，而不詳其形狀。敍國皇、昭明諸異星甚悉，而無瑞星、妖星之名。然則客星者，言其非常有之星，殆諸異星之總名，而非有專屬也。李淳風志晉、隋天文，始分景星、含譽之屬爲瑞星，彗、孛、國皇之類爲妖星，又以周伯老子等爲客星，自謂本之漢末劉叡荊州占。夫含譽，所謂瑞星也，而光芒則似彗；國皇，所謂妖星也，而形色又類南極老人。瑞與妖果有定哉？且周伯一星也，旣屬之瑞星，而云其國大昌。又屬之客星，而云其國兵起有喪。其說如此，果可爲法乎？馬遷不復區別，良有以也。今按實錄，彗、孛變見特甚，皆別書。老人星則江以南常見，而燕京必無見理，故不書。餘悉屬客星而編次之。

洪武三年七月，太史奏文星見。九年六月戊子，有星大如彈丸，白色。止天倉，經外屛、卷舌，入紫微垣，掃文昌，指內厨，入於張。七月乙亥滅。十一年九月甲戌，有星見於五車東北，發芒丈餘。掃內堦，入紫微宮，掃北極五星，犯東垣少宰，入天市垣，犯天市。至十月己未，陰雲不見。十八年九月戊寅，有星見太微垣，犯右執法，出端門。乙酉，入翼，彗長丈餘。至十月庚寅，犯軍門，彗掃天廟。二十一年二月丙寅，有星出東壁，占曰「文士効用」。帝大喜，以爲將策進士兆也。

永樂二年十月庚辰，輦道東南有星如盞，黃色，光潤而不行。二十二年九月戊戌，有星見斗宿，大如盌，色黃白，光燭地，有聲，如撒沙石。

宣德五年八月庚寅，有星見南河旁，如彈丸大，色青黑，凡二十六日滅。十月丙申，蓬星見外屏南，東南行，經天倉、天庾，八日而滅。十二月丁亥，有星如彈丸，見九斿旁，黃白光潤，旬有五日而隱。六年三月壬午，又見。八年閏八月戊午，景星三，見西北方天門，青赤黃各一，大如盌，明朗清潤，良久聚半月形。丁丑，有黃赤色見東南方，如星非星，如雲非雲，蓋歸邪星也。

景泰三年十一月癸未，有星見鬼宿積尸氣旁，徐徐西行。

天順二年十一月癸卯，有星見於星宿，色白，西行，至丙午，其體微，狀如粉絮，在軒轅旁。庚戌，生芒五寸，犯爟位西北星，至十二月壬戌，沒於東井。五年六月壬辰，天市垣宗正旁，有星粉白，至乙未，化爲白氣而消。六年六月丙寅，有星見策星旁，色蒼白，入紫微垣，犯天牢，至癸未，居中台下，形漸微。

弘治三年十二月丁巳，有星見天市垣，東南行。戊辰，見天倉下，漸向壁。七年十二月丙寅，有星見天江旁，徐行近斗，至八年正月庚戌，入危。十二年七月戊辰，有星見天市垣宗星旁，入紫微垣東藩，經少宰、尙書，抵太子后宮，出西藩少輔旁，至八月己丑滅。十五年十月戊辰，有星見天廟旁，自張抵翼，復退至張，戊寅滅。

正德十六年正月甲寅朔，東南有星如火，變白，長可六七尺，橫亙東西，復變勾屈狀，良久乃散。

嘉靖八年正月立春日，長星亙天。七月又如之。十一年二月壬午，有星見東南，色蒼白，有芒，積十九日滅。十三年五月丁卯朔，有星見螣蛇，歷天廐入閣道，二十四日滅。十五年三月戊午，有星見天棓旁，東行歷天廚，西入天漢，至四月壬辰沒。二十四年十一月壬午，有星出天棓，入箕，轉東北行，逾月沒。

萬曆六年正月戊辰，有大星如日，出自西方，衆星皆西環。十二年六月己酉，有星出房。三十二年九月乙丑，尾分有星如彈丸，色赤黃，見西南方，至十月而隱。十二月辛酉，轉出東南方，仍尾分。明年二月漸暗，八月丁卯始滅。三十七年，有大星見西南，芒刺四射。四十六年九月乙卯，東南有白氣一道，濶尺餘，長二丈餘，東至軫，西入翼，十九日而滅。十一月丙寅，旦有花白星見東方。

天啓元年四月癸酉，赤星見於東方。

崇禎九年冬，天狗見豫分。

彗孛

彗之光芒傅日而生，故夕見者必東指，晨見者必西指。孛亦彗類，其芒氣四出，天文家言其災更甚於彗。

洪武元年正月庚寅，彗星見於昴、畢。三月辛卯，彗星出昴北大陵、天船閒，長八尺餘，指文昌，近五車，四月己酉，沒於五車北。六年四月，彗星三入紫微垣。二十四年四月丙子，彗星二，一入紫微垣閶闔門，犯天牀；一犯六甲，掃五帝內座。

永樂五年十一月丙寅，彗星見。

宣德六年四月戊戌，有星孛於東井，長五尺餘。七年正月壬戌，彗星出東方，長丈餘，尾掃天津，東南行，十月始滅。是月戊子，又出西方，十有七日而滅。八年閏八月壬子，彗星出天倉旁，長丈許。己巳，入貫索，掃七公。己卯，復入天市垣，掃晉星，二十有四日而滅。

正統四年閏二月己丑，彗星見張宿旁，大如彈。丁酉，長五丈餘，西行，掃酒旗，迤北，犯鬼宿。六月戊寅，彗星見畢宿旁，長丈餘，指西南，計五十有五日乃滅。九年七月庚午，彗星見太微東垣，長丈許，累日漸長，至閏七月己卯，入角沒。十四年十二月壬子，彗星見天市垣市樓旁，歷尾度，長二尺餘，至乙亥沒。

景泰元年正月壬午，彗星出天市垣外，掃天紀星。三年三月甲午朔，有星孛於畢。七年四月壬戌，彗星東北見於胃，長二尺，指西南。五月癸酉，漸長丈餘。戊子，西北見於柳，長九尺餘，掃犯軒轅星。甲午，見於張，長七尺餘，掃太微北，西南行。六月壬寅，入太微垣，長尺餘。十二月甲寅，彗星復見於畢，長五寸，東南行，漸長，至癸亥而沒。

天順元年五月丙戌，彗星見於危，若動搖者，東行一度，芒長五寸，指西南。六月癸巳朔，見室，長丈餘，由尾至東壁，犯天大將軍、卷舌第三星，井宿水位南第二星。十月己亥，彗星見於角，長五寸餘，指北，犯角北星及平道東星。五年六月戊戌，彗見東方，指西南，入井度。七月丙寅始滅。

成化元年二月，彗星見。三月，又見西北，長三丈餘，三閱月而沒。四年九月己未，有星見星五度，東北行，越五日，芒長三丈餘，尾指西南，變爲彗星。其後晨見東方，昏見室，南犯三公、北斗、瑤光、七公，轉入天市垣。出垣漸小，犯天屏西第一星。十一月庚辰，始滅。七年十二月甲戌，彗星見天田，西指，尋北行，犯右攝提，掃太微垣上將及幸臣、太子、從官，尾指正西，橫掃太微垣郎位。己卯，光芒長大，東西竟天。北行二十八度餘，犯天槍，掃北斗、三公、太陽，入紫微垣內，正晝猶見。自帝星、北斗、魁、庶子、后宮、勾陳、天樞、三師、天牢、中台、天皇大帝、上衞、閣道、文昌、上台，無所不犯。乙酉，南行犯婁、天河、天陰、外屏、天囷。八年正月丙午，行奎宿外屏，漸微，久之始滅。

弘治三年十一月戊戌，彗星見天津南，尾指東北。犯人星，歷杵臼。十二月戊申朔，入營室。庚申，犯天倉。十三年四月甲午，彗星見壘壁陣上，入室壁間，漸長三尺餘。指離宮，掃造父，過太微垣，漸微。入紫微垣，近女史，犯尚書，六月丁酉沒。

正德元年七月己丑，有星見紫微西藩外，如彈丸，色蒼白。越數日，有微芒見參、井間，漸長二尺，如帚，西北至文昌。庚子，彗星見，有光，流東南，長三尺。越三日，長五尺許，掃下台上星，入太微垣。十五年正月，彗星見。

嘉靖二年六月，有星孛於天市。十年閏六月乙巳，彗星見於東井，長尺餘，掃軒轅第一星。芒漸長，至翼，長七尺餘。東北掃天罇，入太微垣，掃郎位，行角度，東南掃亢北第二星，漸斂，積三十四日而沒。十一年八月己卯，彗星見東井，長尺許。後東北行，歷天津，漸至丈餘。掃太微垣諸星及角宿、天門，至十二月甲戌，凡一百十五日而滅。十二年六月辛巳，彗星見於五車，長五尺餘，掃大陵及天大將軍。漸長丈餘，掃閣道，犯螣蛇，至八月戊戌而滅。十八年四月庚戌，彗星見，長三尺許，光指東南。掃軒轅北第八星，〔三〕旬日始滅。三十三年五月癸亥，彗星見天權旁，犯文昌，行入近濁，積二十七日而沒。三十五年正月庚辰，彗星見進賢旁，長尺許，西南指，漸至三尺餘。掃太微垣，次相東北，入紫微垣，犯天牀，四月二日滅。三十六年九月戊辰，彗星見天市垣列肆旁，東北指，至十月二十三日滅。

隆慶三年十月辛丑朔，彗星見天市垣，東北指，至庚申滅。

萬曆五年十月戊子，彗星見西南，蒼白色，長數丈，氣成白虹。由尾、箕越斗、牛逼女，經月而滅。八年八月庚申，彗星見東南方，每夜漸長，縱橫河漢凡七十日有奇。十年四月丙辰，彗星見西北，形如匹練，尾指五車，歷二十餘日滅。十三年九月戊子，彗星出羽林旁，長尺許。每夕東行，漸小，至十月癸酉滅。十九年三月丙辰，西北有星如彗，長尺餘。歷胃、室、壁，長二尺。閏三月丙寅朔，入婁。二十一年七月乙卯，彗星見東井。乙亥，逆行入紫微垣，犯華蓋。二十四年七月丁丑，彗星見西北，如彈丸。入翼，長尺餘，西北行。三十五年八月辛酉朔，彗星見東井，指西南，漸往西北。壬午，自房歷心滅。四十六年十月乙丑，彗星出於氐，長丈餘，指東南，漸指西北。掃犯太陽守星，入亢度，西北掃北斗、璿璣、文昌、五車，逼紫微垣右，至十一月甲辰滅。四十七年正月杪，彗見東南，長數百尺，光芒下射，末曲而銳，未幾見於東北，又未幾見於西。

崇禎十二年秋，彗星見參分。十三年十月丙戌，彗星見。

天變

洪武二十一年八月壬戌至甲子，天鼓鳴，晝夜不止。二十八年三月戊午，昏刻天鳴，如風水相搏，至一鼓止。九月戊戌，初鼓，天鳴如瀉水，自東北而南，至二鼓止。宣德元年八月戊辰，昏刻天鳴，如雨陣迭至，自東南而西南，良久乃息。辛未，東南天鳴，聲如萬鼓。正統十年三月庚寅，西北天鳴，如鳥羣飛。正德元年二月壬子，夜東北天鳴，如風水相搏者五七次。隆慶二年八月甲辰，絳州西北天裂，自丑至寅乃合。萬曆十六年九月乙丑，甘肅石灰溝天鳴，雲中如犬狀亂吠，有聲。崇禎元年三月辛巳，昧爽，天赤如血，射牕牖皆紅。十年九月，每晨夕天色赤黃。

日變月變

洪武二年十二月甲子，日中有黑子。三年九月戊戌，十月丁巳，十一月甲辰，四年三月戊戌，五月壬子至辛巳，九月戊寅，五年正月庚戌，二月丁未，五月甲子，七月辛未，六年十一月戊戌朔，七年二月庚戌至甲寅，八年二月辛亥，九月癸未，十二月癸丑，十四年二月壬午至乙酉，十五年閏二月丙戌，十二月辛巳，並如之。

正統元年八月癸酉至己卯，月出入時皆有游氣，色赤無光。十四年八月辛未，月晝見，與日爭明。十月壬申，日上黑氣如煙，尋發紅光，散焰如火。

景泰二年四月己卯，月色如赭。七年九月丙子，日色變赤。

天順二年閏二月己巳，日無光，旋赤如赭。三年八月丁卯，日色如赭。六年十月丙子，日赤如血。七年四月癸未，如之。乙酉，日色變白。八年二月己亥，日無光。

成化五年閏二月己卯，日色變白。十一年二月己亥，日色如赭。四月辛卯，如之。十三年三月壬申，日白無光。十月辛卯，十四年三月庚午，十六年三月丙戌，並如之。十七年三月丁酉，日赤如赭。十八年四月壬寅，日赤無光。十二月癸酉，日赤如赭。二十年二月癸酉，如之。

弘治元年十一月己卯，月生芒如齒，長三尺餘，色蒼白。十八年八月癸酉至九月甲午，日無光。

嘉靖元年正月丁卯，日慘白，變青，無光。二十八年三月丙申至庚子，日色慘白。三十四年十二月庚申，晦，日忽暗，有青黑紫日影如盤數十相摩，久之千百，飛蕩滿天，向西北而散。

萬曆二十五年三月癸丑，黑日二三十餘，廻繞日旁，移時雲隱不見。五月辛卯朔，日光轉蕩，旋爲黑餅。三十年三月甲申，日光照地黃赤。三十五年十一月丙午，日赤無光，燭地如血。四十二年三月庚辰，日赤黃如赭如血者累日。四十四年八月戊辰，日中有黑光。四十六年閏六月丙戌至戊子，黑氣出入日中摩蕩。〔四〕

天啓四年正月癸未，日赤無光，有黑子二三蕩於旁，漸至百許，凡四日。二月壬子，日淡黃無光。癸丑，黑日摩蕩日旁。四月癸酉，〔五〕日中黑氣摩蕩。十二月辛巳，午刻，非煙非霧，覆壓日上，摩蕩如蓋如呑，通天皆赤。〔六〕崇禎四年正月戊戌，日色如血，照人物皆赤。二月乙巳朔，日赤如血，無光。十月丙午，月晝見。十一年十一月癸亥，日中有黑子及黑青白氣。日入時，日光摩蕩如兩日。十二年正月己未朔，日白無光。辛酉，日光摩蕩竟日，有氣從日中出，如鏡黛噴花。二月庚子，日旁有紅白丸，又白芒黑氣交掩，日光摩蕩。十三年九月己巳，兩日並出，〔七〕辰刻乃合爲一，入時又分爲二。十四年正月壬寅，日青無光。後三年正月癸丑，有星入月。三月壬寅，日色無光者兩旬。

暈適

洪武六年三月戊辰，日交暈。十年正月己巳，白虹貫日。十二月甲子，白虹貫月。十二年四月庚申，日交暈。十四年正月壬子，日有珥，白虹貫之。九月甲辰，白虹貫日。十五年正月丁未，十九年三月己巳，二十二年十二月戊午，並如之。二十三年正月壬辰，日暈，白虹貫珥。二十八年十一月乙亥，日上赤氣長五丈餘，須臾又生直氣、背氣，皆青赤色。又生半暈，兩白虹貫珥，已而彌天貫日。三十年二月辛亥，白虹亙天貫日。

永樂十八年閏正月癸未，日生重半暈，上有青赤背氣，左右有珥，白虹貫之，隨生黃氣、璚氣。

洪熙元年正月乙未，日生兩珥，白虹貫之。四月丁未，如之，復生交暈。

宣德元年正月庚戌，日生青赤璚氣，隨生交暈，色黃赤。二月己卯，日兩珥，又生交暈，左右有珥，上重半暈及背氣。昏刻，月生兩珥，白虹貫之。二年十二月甲戌，月生交暈，左右珥，白虹貫之。三年三月庚寅，日生交暈，色黃赤，兩珥及背氣、戴氣各一，色皆青赤。丁酉，日暈，又交暈及戴氣二道。十二月己卯，日生交暈。五年正月癸亥，日暈，隨生交暈。二月甲午，日交暈，隨生戴氣。四月庚辰，日生兩珥，白虹貫之。六年二月甲寅，日暈，隨生交暈及重半暈璚氣。八年九月戊戌，辰刻，日暈，兩珥背氣，申刻諸氣復生。十年十二月辛亥，日暈，白虹貫兩珥，有璚氣，隨生重半暈及背氣。

正統元年二月己酉，白虹貫月。九月丁未，如之。十二月丙戌，月生背氣，左右珥，白虹貫之。三年四月庚辰，日生兩珥，白虹貫之，隨暈。十二月癸酉，月生兩珥，白虹貫之，隨生背氣。七年十二月辛丑，月暈，白虹貫之。十一年正月乙未，日生背氣，白虹彌天。十四年八月戊申，日暈，旁有戴氣，隨生左右珥及戴氣，東北虹霓如杵。

景泰元年二月壬午，酉刻，日上黑氣四道，約長三丈，離地丈許，兩頭銳而貫日，其狀如魚。十二月甲午，日交暈，上下背氣各一道，兩旁戴氣各一道。二年正月癸卯，日生左右珥，白虹貫之，隨生背氣。二月丙戌，日交暈。三年正月丙辰，日生左右珥及背氣、白虹。五年十一月壬戌，月暈，左右珥及背氣，又生白虹，貫右珥。七年六月丁丑，日暈，隨生重半暈及左右珥。

天順元年二月庚戌，辰刻，日交暈，左右珥，旋生抱氣及左右戟氣，白虹貫日。未刻，諸氣復生。辛亥，日交暈，左右珥及戟氣，白虹貫日，彌天者竟日。二年二月乙卯，日交暈，上有背氣，白虹貫日。七年正月戊戌，月生連環暈。

成化二年四月壬寅，日交暈，右有珥。十一年六月己酉，日重暈，左右珥及背氣。十二年正月甲子，日交暈。二十年二月己未，日生白虹，東北亙天。二十一年十月癸巳，巳刻，日暈，左右珥。未刻，復生，又生抱氣背氣。二十三年十二月癸巳，日暈，左右珥，又生背氣及半暈。

弘治二年正月甲戌，午刻，日暈，白虹彌天。丙戌，日交暈，左右珥，白虹彌天。二月壬寅，日生左右珥及背氣，又生交暈、半暈及抱、格二氣。十一月戊辰，月暈連環，貫左右珥。四年二月庚戌，午刻，日交暈，左右珥，下生戟氣，白虹彌天。六年十一月乙巳，月暈，左右珥，連環貫之。十八年二月己巳，月暈，左右珥，白虹彌天。

正德元年正月乙酉，日暈，上有背氣，左右有珥，白虹彌天。十二月辛酉，月暈，白虹彌天，甲子，如之。

嘉靖元年四月癸未，月生連環暈。二年正月己酉，月暈，連環左右珥。七年正月乙亥，日重暈，兩珥及戟氣，白虹彌天。十三年二月壬辰，白虹亙天，日暈，左右珥及戟氣。十八年十二月壬午，立春，日暈右珥，白虹亙天。二十一年十一月甲子，月暈連環。四十一年十一月辛丑，日暈，左右珥，上抱下戟，白虹彌天。

隆慶五年三月辛巳，日暈，有珥，白虹亙天。

萬曆三十五年正月庚午，日暈，黑氣蔽天。四十八年二月癸丑，日連環暈，下有背氣，左右戟氣，白虹彌天。

天啓元年二月甲午，日交暈，左右有珥，白虹彌天。三年十月辛巳，日生重半暈，左右珥。

崇禎八年二月丙午，白虹貫日。

星變

洪武二十八年閏九月辛巳，壘壁陣疏拆復聚。二十九年八月戊子，欽天監言，井宿東北第二星，近歲漸暗小，促聚不端列。三十一年五月癸亥，壘壁陣疏者就聚。正統元年九月丁巳，狼星動搖。十四年十月辛亥，如之。成化六年丁巳，熒惑無光。十三年九月乙丑朔，歲星光芒炫耀，而有玉色。正德元年八月，大角及心中星動搖，北斗中璿、璣、權三星不明。萬曆四十四年，權星暗小，輔星沉沒。四十六年九月，太白光芒四映如月影。天啓五年七月壬申，熒惑色赤，體大，有芒。崇禎九年十二月，熒惑如炬，在太微垣東南。十二年十月甲午，塡星昏暈。十三年六月，泰堦拆。九月，五車中三柱隱。十月，參足突出玉井。十四年二月，熒惑怒角。三月壬辰，欽天監正戈承科奏，帝星下移。已，又軒轅星絕續不常，大小失次。文昌星拆，天津拆，瑤光拆，芒角黑靑。

星流星隕

靈臺候簿飛流之記，無夜無有，其小而尋常者無關休咎，擇其異常者書之。

洪武三年十月庚辰，有赤星如桃，起天桴至壘壁陣，抵羽林軍，爆散有聲。五小星隨之，至土司空旁，發光燭天，忽大如盌，曳赤尾至天倉沒，須臾東南有聲。二十一年八月乙巳，赤星如杯，自北斗杓東南行三丈餘，分爲二，又五丈餘，分爲三，經昴宿復爲二，經天廩合爲一，沒於天苑。

永樂元年閏十一月丁卯，有星色蒼，大如斗，光燭地，出中天雲中。西南行，隆隆有聲，入雲中。二年五月丙午，有赤星大如斗，光燭地，出中天，西北行入雲中。十六年，有星大如斗，色青赤，光燭地，自柳東行至近濁。二十二年五月己亥，有星如盞，色青白，光燭地，起東南雲中。西北行，入雲中，有聲如砲。七月庚寅，有星如盌，色赤有光，自奎入參炸散，衆星搖動。

宣德元年十二月己巳，有星大如盌，光赤，出卷舌，東行過東井墜地，有聲如雷。

正統元年八月乙酉，昏刻至曉，大小流星百餘。四年八月癸卯，大小流星數百。十四年十月癸丑，有星大如杯，赤光燭地，自三師西北抵少弼，尾跡化蒼白氣，長五尺餘，曲曲西行。十二月戊申，有星大如杯，色青白，有聲，光燭地。自太乙旁東南行丈餘，發光大如斗，至天市西垣沒，四小星隨之。

景泰二年六月丙申，大小流星八十餘。八月壬午，有赤星二：一如桃，一如斗，光燭地。一出紫微西藩北行，至陰德，三小星隨之；一出天津，東南行至河南，十餘小星隨之。尾跡炸散，聲如雷。

天順三年四月癸丑，有星大如盌，赤光燭地，自左旗東南行抵女宿，尾跡炸散。八年二月壬子，有星如盌，光燭地，自天市至天津，尾化蒼白氣，如蛇形，長丈餘，良久散。

成化十二年十一月乙丑，延綏波羅堡有星二，形如轆軸，一墜樊家溝，一墜本堡，紅光燭天。二十年五月丙申，有大星，墜番禺縣東南，聲如雷，散爲小星十餘。既而天地皆晦，良久乃復。二十一年正月甲申朔，申刻，有火光自中天少西下墜，化白氣，復曲折上騰有聲。踰時，西方有赤星大如盌，自中天西行近濁，尾跡化白氣，曲曲如蛇行良久，正西轟轟如雷震。

弘治元年八月戊申，巳刻，南方流星如盞，自南行丈餘，大如盌，西南至近濁，尾化白雲，屈曲蛇行而散。四年十月丁巳，有星赤，光如電，自西南往東北，聲如鼓，隕光山縣，化爲石如斗。光州商城亦見大星飛空，如光山所見。十一月甲戌，星隕眞定西北，紅光燭天。西南天鳴如鼓，又若奔車。七年五月，宣府、山西、河南有星晝隕。八年四月辛未，有星如輪，流至西北，隕於鉛山縣，其聲如雷。九年閏三月戊午，平涼東南有流星如月，紅光燭地，至西北止，既而天鼓鳴。十年正月壬子，有星大如斗，色黃白，光長三十餘丈，一小星隨之，隕於寧夏西北隅。天鳴如雷者數聲。九月乙巳，有星如斗，光掩月，流自西北，隕於永平有聲。十一年正月癸亥，有流星隕於肅州，大如房，響如雷，良久滅。十月壬申，曉，東方赤星如盌，行丈餘，光燭地，東南行，小星數十隨之。十四年閏七月辛巳，山東有星大如車輪，赤光燭天，自東南往西北，隕於壽光。天鼓鳴。十六年正月己酉，南京有星晝流。

正德元年十二月庚午，有星如盌，隕寧夏中衞，空中有紅光大二畝。二年八月己亥，寧夏有大星，自正南流西南而墜，後有赤光一道，濶三尺，長五丈。五年四月丁亥，雷州有大星如月，自東南流西北，分爲二，尾如彗，隨沒，聲如雷。六年八月癸卯，有流星如箕，尾長四五丈，紅光燭天。自西北轉東南，三首一尾，墜四川崇慶衞。色化爲白，復起綠焰，高二丈餘，聲如雷震。十五年正月丁未，酉刻，有星隕於山西龍舟谷巡檢司廳事。四月丙戌，陝西鞏昌府有星如日，色赤，自東方流西南而隕。天鼓鳴。

嘉靖十二年九月丙子，流星如盞，光照地，自中台東北行近濁，尾跡化爲白氣。四更至五更，四方大小流星，縱橫交行，不計其數，至明乃息。十四年九月戊子，開封白晝天鼓鳴。有星如盌，東南流，衆小星從之如珠。十九年五月辛丑，星隕棗强，爲石四。

萬曆三年五月癸亥，晝，景州天鼓鳴。隕星二，化爲黑石。四年十一月甲午，有四星隕費縣，火光照地。質明，落赤點於城西北，色如硃砂，長二里，濶一二尺。是月，臨漳有星長尺許，白晝北飛。十三年七月辛巳，有星如盌，隕於沈丘蓮花集。天鼓鳴。十五年六月丙寅，平陽晝隕星。丁卯，辰刻，有星如斗，隕於平陰，震響如雷。十七年正月庚申，有星隕西寧衞，大如月。天鼓鳴。二十年二月丙辰，有三星隕閿縣東南。二十二年正月戊戌，保定青山口有大飛星，餘光若彗，長二十餘丈。二十七年三月庚子，葢州衞天鼓鳴，連隕大星三。三十年九月己未朔，有大星見東南，赤如血，大如盌，忽化爲五，中星更明，久之會爲一，大如篚。辛巳，有大小星數百交錯行。十月壬辰，五更，流星起中天，光散七道，有聲如雷。三十三年九月戊子，有星如盌，墜於南京龍江後營，光如火，至地遊走如螢，移時滅。明日，復有星如月，從西北流至閱兵臺，分爲三，墜地有聲。十一月，有星隕南京教場，入地無跡。三十五年十一月癸巳，有星隕於涇陽、淳化諸縣，大如車輪，赤色，尾長丈餘，聲如轟雷。三十八年二月癸酉，有星大如斗，墜陽曲西北，碎星不絕。天鼓齊鳴。四十一年正月庚子，眞定天鼓鳴。流星晝隕有光。四十三年三月戊申，晝，星墜淸豐東流郈，聲如雷。四十六年十月，辛酉，有星如斗，隕於南京安德門外，聲如霹靂，化爲石，重二十一觔。

天啓三年九月甲寅，固原州星隕如雨。

崇禎十五年夏，星流如織。後二年三月己丑朔，有星隕於御河。

雲氣

洪武四年四月辛丑，五色雲見。戊申、乙酉，十一月壬戌，五年正月庚午、丙子，六月辛巳，七月己酉、壬子，八月己亥，六年六月丁丑，七月癸卯，七年四月丙午，五月丙戌、癸巳、甲午，六月乙未、乙卯，七月己卯，八月辛酉，八年正月壬申，四月丁未，五月庚午、癸未，六月壬辰、己亥，十月庚戌，九年八月癸巳，十四年九月甲申，十五年正月甲申，五月庚申，九月乙卯、丙寅，十一月辛酉，十八年四月癸巳、乙未，五月辛未、甲申，六月癸丑，十九年九月壬午，二十年十一月丁亥，五月乙酉，二十七年六月乙卯，並如之。

永樂元年六月甲寅，日下五色雲見。八月壬申，日珥隨五色雲見。八年二月庚戌，車駕次永安甸，日下五色雲見。十一年六月戊申朔，武當山頂五色雲見。十七年九月丙辰、十二月癸未，慶雲見。二十二年十一月丙戌，月下五色雲見。

洪熙元年二月癸酉、庚辰，三月乙未，俱五色雲見。

宣德元年八月庚辰，白雲起東南，狀如羣羊驚走。十一月丙辰，北方有蒼白雲，東西竟天。二年十一月乙未，日下五色雲見。四年六月戊子，夜五色雲見。六年二月壬子，昏，西方有蒼白雲，南北竟天。十年三月丁亥，月生五色雲。

正統二年七月庚子，月生五色雲。十月己丑，日生五色雲。十二月癸亥，如之。三年七月己亥，夜，中天有蒼白雲，南北竟天，貫南北斗。八年十一月戊辰，夜，東南方有蒼白雲，東西亙天。九年十一月甲午，月生五色雲。十年九月丁酉，日生五色雲。十一月甲午，月生五色雲。十四年十月庚申，晝生蒼白雲，復化爲三，東西南北竟天。

景泰元年六月乙酉，赤雲四道，兩頭銳如耕壠狀，徐徐東北行而散。八月甲戌，黑雲如山，化作龍虎麋鹿狀。九月丙寅，有蒼白雲氣，南北亙天。二年六月戊寅，日上五色雲。九月辛酉，夜蒼白雲三，東西竟天。三年正月癸亥，東南有黑雲，如人戴笠而揖。四年十一月丁卯，月生五色雲。天順二年十月壬申，四年十月戊午，亦如之。成化二年三月辛未，白雲起南方，東西竟天。十一年正月丙寅，月生五色雲。十八年十月庚午，五色雲見於泰陵。二十一年閏四月壬辰，開、濮二州，淸豐，金鄉，未、申時黑雲起西北，化爲五色，須臾晦如夜。弘治二年正月辛巳，日生五色雲。十四年三月己酉朔，嘉靖十七年九月戊子，並如之。十八年二月庚子朔，當午，日下有五色雲見，長徑二寸餘，形如龍鳳。萬曆五年六月庚辰，祥雲繞月。天啓四年六月癸巳，午刻，南方五色雲見。

校勘記

〔一〕洪武四年二月戊午　戊午，原作「戊戌」，據太祖實錄卷六一改。是年二月乙卯朔，不得有戊戌日。

〔二〕九年二月乙巳至己酉　乙巳，原作「丁巳」。太祖實錄卷一〇四，「己酉太白晝見，自乙巳至於是日」。據改。是年二月乙酉朔，不得有丁巳日。

〔三〕掃軒轅北第八星　北，原作「八」，據明史稿志三天文志改。

〔四〕四十六年閏六月丙戌至戊子黑氣出入日中摩盪　閏六月，本書卷二四二董應舉傳作「閏四月」。二十史朔閏表是年閏四月，並謂「天文志閏六月不合」。

〔五〕四月癸酉　按天啓四年四月甲申朔，不得有癸酉日，此作「癸酉」誤。

〔六〕十二月辛巳至通天皆赤　十二月，指天啓四年十二月。按本書卷二四四周朝瑞傳、熹宗實錄卷一二都繫此事於天啓元年十二月辛巳。此應補「元年」二字，移此條記事於上文「天啓」之下，「四年」之前。

〔七〕十三年九月己巳兩日並出　按崇禎十三年九月己卯朔，不得有己巳日，此作「己巳」誤。又「出」字，原作「日」，據明史稿志一天文志改。

明史卷二十八

志第四

五行一

水

史志五行，始自漢書，詳錄五行傳說及其占應。後代作史者因之。粤稽洪範，首敍五行，以其爲天地萬物之所莫能外。而合諸人道，則有五事，稽諸天道，則有庶徵。天人相感，以類而應者，固不得謂理之所無。而傳說則條分縷析，以某異爲某事之應，更旁引曲證，以伸其說。故雖父子師弟，不能無所抵牾，則果有當於敍疇之意歟。夫苟知天人之應捷於影響，庶幾一言一動皆有所警惕。以此垂戒，意非不善。然天道遠，人道邇，逐事而比之，必有驗有不驗。至有不驗，則見以爲無徵而怠焉。前賢之論此，悉矣。孔子作春秋，紀異而說不書。彼劉、董諸儒之學，頗近於術數禨祥，本無足述。班氏創立此志，不得不詳其學之本原。而歷代之史，往往取前人數見之說，備列簡端。揆之義法，未知所處。故考次洪武以來，略依舊史五行之例，著其祥異，而事應曁舊說之前見者，並削而不載云。

洪範曰「水曰潤下」。水不潤下，則失其性矣。前史多以恒寒、恒陰、雪霜、冰雹、雷震、魚孽、蝗蝻、豕禍、龍蛇之孽、馬異、人痾、疾疫、鼓妖、隕石、水潦、水變、黑眚黑祥皆屬之水。今從之。

恒寒

景泰四年冬十一月戊辰至明年孟春，山東、河南、浙江、直隸淮、徐大雪數尺，淮東之海冰四十餘里，人畜凍死萬計。五年正月，江南諸府大雪連四旬，蘇、常凍餓死者無算。是春，羅山大寒，竹樹魚蚌皆死。衡州雨雪連綿，傷人甚多，牛畜凍死三萬六千蹄。成化十三年四月壬戌，開原大雨雪，畜多凍死。十六年七八月，越巂雨雪交作，寒氣若冬。弘治六年十一月，鄖陽大雪，至十二月壬戌夜，雷電大作，明日復震，後五日雪止，平地三尺餘，人畜多凍死。正德元年四月，雲南武定隕霜殺麥，寒如冬。萬曆五年六月，蘇、松連雨，寒如冬，傷稼。四十六年四月辛亥，陝西大雨雪，槖駝凍死二千蹄。

恒陰

洪武十八年二月，久陰。正統五年七月戊午、己未及癸亥，曉刻陰沉，四方濃霧不辨人。八年，邳、海二州陰霧彌月，夏麥多損。景泰六年正月癸酉，陰霧四塞，既而成霜附木，凡五日。八年正月甲子，陰晦大霧，〔一〕咫尺不辨人物。成化四年三月，昏霧蔽天，不見星日者累晝夜。九年三月甲午，四月丁卯，山東黑暗如夜。二十年五月丙申，番禺天晦，良久乃復。二十三年十二月辛卯，大霧不辨人。弘治十五年十一月，景東晝晦者七日。十六年四月辛亥，甘肅昏霧障天，咫尺不辨人物。十八年秋，廣昌大雨霧凡兩月，民病且死者相繼。正德十年四月，鉅野陰霧六日，殺穀。十四年三月戊午，陰晦。嘉靖元年正月丁卯，日午，昏霧四塞。三年，江北昏霧，其氣如藥。天啓六年六月丙戌，霧重如雨。閏六月己未，如之。〔二〕

雨雪隕霜

洪武十四年五月丁未，建德雪。六月己卯，杭州晴日飛雪。二十六年四月丙申，榆社隕霜損麥。景泰四年，鳳陽八衞二三月雨雪不止，傷麥。天順四年三月乙酉，大雪，越月乃止。成化二年四月乙巳，宣府隕霜殺青苗。十九年三月辛酉，陝西隕霜。弘治六年十月，南京雨雪連旬。八年四月庚申，榆社、陵川、襄垣、長子、沁源隕霜殺麥豆桑。辛酉，慶陽諸府縣衞所三十五，隕霜殺麥豆禾苗。九年四月辛巳，榆次隕霜殺禾。是月，武鄉亦隕霜。十七年二月壬寅，鄖陽、均州雨雪雹，雪片大者六寸。六月癸亥，雨雪。正德八年四月乙巳，文登、萊陽隕霜殺稼。丙辰，殺穀。十三年三月壬戌，遼東隕霜，禾苗皆死。嘉靖二年三月甲子，郯城隕霜殺麥。辛未，殺禾。二十二年四月己亥，固原隕霜殺麥。隆慶六年三月丁亥，南宮隕霜殺麥。萬曆二十四年四月己亥，林縣雪。二十六年十一月辛亥，彰德隕霜，不殺草。三十八年四月壬寅，貴州暴雪，形如土磚，民居片瓦無存者。四十四年正月，雨紅黃黑三色雪，屋上多巨人跡。崇禎六年正月辛亥，大雪，深二丈餘。十一年五月戊寅，喜峰口雪三尺。十三年四月，會寧隕霜殺稼。十六年四月，鄢陵隕霜殺麥。

冰雹

洪武二年六月庚寅，慶陽大雨雹，傷禾苗。三年五月丙辰，蔚州大雨雹，傷田苗。五年五月癸丑夜，中都皇城萬歲山雨冰雹，大如彈丸。七年八月甲午，平涼，延安綏德、米脂雨雹。九月甲子，鞏昌雨雹。八年四月，臨洮、平涼、河州雹傷麥。十四年七月己酉，臨洮大雨雹，傷稼。十八年二月，雨雹。

永樂七年秋，保定、浙東雨雹。十二年四月，河南一州八縣雨雹，殺麥。

正統三年，西、延、平、慶、臨、鞏六府及秦、河、岷、金四州，自夏逮秋，大雨雹。四年五月壬戌，京師大雨雹。五年四月丁酉，平涼諸府大雨雹，傷人畜田禾。六月壬申至丙子，山西行都司及蔚州連日雨雹，其深尺餘，傷稼。八月庚辰，保定大雨雹，深尺餘，傷稼。

景泰五年六月庚寅，易州大方等社雨雹甚大，傷稼百二十五里，人馬多擊死。六年閏六月乙巳，束鹿雨雹如雞子，擊死鳥雀狐兔無算。

天順元年六月己亥，雨雹大如雞卵，至地經時不化，奉天門東吻牌摧毀。八年五月丁巳，雨雹。

成化元年四月庚寅，雨雹大如卵，損禾稼。五月辛酉，又大雨雹。五年閏二月癸未，瓊山雨雹大如斗。八年七月丙午，隴州雨雹大如鵝卵，或如雞子，中有如牛者五，長七八寸，厚三四寸，六日乃消。九年五月丁巳，雨雹如拳。十三年春，湖廣大雨冰雹，牛死無算。十九年六月乙亥，潞州雨雹，大者如盌。二十年二月丙子，淸遠雨雹，大如拳。丙戌，大雷電，復雨雹。二十一年三月己丑夜，番禺、南海風雷大作，飛雹交下，壞民居萬餘，死者千餘人。二十二年三月甲寅，南陽雨雹，大如鵝卵。

弘治元年三月壬申夜，融縣雨雹，壞城樓垣及軍民屋舍，死者四人。二年三月戊寅，賓州雨雹如雞子，擊殺牧豎三人，壞廬舍禾稼。庚辰，貴州安莊衞大雷，雨雪雹，壞麥苗。四月辛卯，洮州衞雨冰雹，水湧三丈。四年三月癸卯，裕、汝二州雨雹，大者如牆杵，積厚二三尺，壞屋宇禾稼。四月己酉，洮州衞雨雹及冰塊。水高三四丈，漫城郭，漂房舍，田苗人畜多淹死。五年四月乙丑，莒、沂二州，安丘、郯城二縣，雨雹大如酒盃，傷人畜禾稼。六年八月己巳，長子雨雹，大者如拳，傷禾稼，人有擊死者。辛未，雨雹，大如彈丸，平地壅積。八年二月壬申，永嘉暴風雨，雨雹，大如雞卵，小如彈丸，積地尺餘，白霧四起，毀屋殺黍，禽鳥多死。三月己亥，桐城雨雹，深五尺，殺二麥。己酉，淮、鳳州縣暴風雨雹，殺麥。四月乙亥，常州、泗、邳雨雹，深五寸，殺麥及菜。丙子，沂州雨雹，大者如盤，小者如盌，人畜多擊死。六月乙卯，雨雹。七月乙酉，洮州衞雨冰雹，殺禾。暴水至，人畜多溺死者。丙戌，甘肅西寧大雨雹，殺禾及畜。九年五月丙辰，雨雹。十年二月己卯，江西新城雨冰雹，民有凍死者。三月丁卯，北通州雨冰，深一尺。十三年八月戊子，雨雹。丙午，又雨雹。九月壬戌，又雨雹。十四年四月丁酉，徐州、清河、桃源、宿遷雨冰雹，平地五寸，夏麥盡爛。五月乙亥，登、萊二府雨雹殺禾。七月辛卯，雨雹。

正德元年六月戊辰，宣府馬營堡大雨雹，深二尺，禾稼盡傷。三年四月辛未，涇州雨雹，大如雞卵，壞廬舍菽麥。四年五月甲午，費縣大雨雹，深一尺，壞麥穀。八年十月戊戌，平陽、太原、沁、汾諸屬邑，大雨雹，平地水深丈餘，衝毀人畜廬舍。十一年六月甲戌，宣府大雨雹，禾稼盡死。九月丙申，貴州大雨雹。十二年五月己亥，安肅大雨雹，平地水深三尺，傷禾，民有擊死者。十三年四月壬午，衡州疾風迅雷，雨雹，大如鵝子，稜利如刀，碎屋，斷樹木如剪。

嘉靖元年四月甲申，雲南左衞各屬雨雹，大如雞子，禾苗房屋被傷者無算。五月己未，蓬溪雨雹，大如鵝子，傷亦如之。二年五月丁丑，大同前衞雨雹。四年四月丁未，大同衞雨雹。五月戊子，固安雨雹。五年五月甲辰，滿城雨雹。六月丁巳，大同縣雨冰雹，俱大如雞子。丁卯，萬全都司及宣府皆雨雹，大者如甌，深尺餘。七月癸未，南豐雨雹，大如盌，形如人面。遂昌雨雹，頃刻二尺，大殺麻豆。六年六月癸丑，鎭番衞大雨雹，殺傷三十餘人。十四年三月辛巳，漢中雨雹隕霜殺麥。四月庚子，開封、彰德雨雹殺麥。十八年五月壬辰，慶都、安肅、河間雨冰雹，大如拳，平地五寸，人有死傷者。二十八年三月庚寅，臨清大冰雹，損房舍禾苗。六月丁卯，延川雨雹如斗，壞廬舍，傷人畜。三十四年五月庚子，鳳陽大冰雹，壞民田舍。三十六年三月癸未，沂州雨雹，大如盂，小如雞卵，平地尺餘，徑八十里，人畜傷損無算。四十三年閏二月甲申，雨雹。四月庚寅，又雨雹。

隆慶元年七月辛巳，紫荊關雨雹，殺稼七十里。三年三月辛未，平溪衞雨雹。平地水湧三尺，漂沒廬舍。四月己丑，鄖陽縣雨雹。平地水深二尺。五月癸丑，延綏口北馬營堡雨雹，殺稼七十里。四年四月辛酉，宣府、大同雨雹，厚三尺餘，大如卵，禾苗盡傷。五年四月戊午，大雨雹。六年八月乙丑，祁、定二州大雨雹，傷損禾菽，擊斃三人。

萬曆元年五月辛巳，雨雹。四年四月丙午，博興大雨雹，如拳如卵，明日又如之，擊死男婦五十餘人，牛馬無算，禾麥毀盡。兗州相繼損禾。五月乙巳，定襄雨雹，大者如卵，禾苗盡損。九年八月庚子，遼東等衞雨雹，如雞卵，禾盡傷。十一年閏二月丁卯，泰州、寶應雨雹如雞子，殺飛鳥無算。五月庚子，大雨雹。十三年五月乙酉，宛平大雨雹，傷人畜千計。十五年五月癸巳，喜峰口大雨雹，如棗栗，積尺餘，田禾瓜果盡傷。十九年四月壬子，雨雹。二十一年二月庚寅，貴陽府大雨雹。十月丙戌，武進、江陰大冰雹，傷五穀。二十三年五月乙酉，臨邑雨雹，盡作男女鳥獸形。二十五年八月壬戌，風雹。二十八年六月，山東大風雹，擊死人畜，傷禾苗。河南亦雨冰雹，傷禾麥。三十年四月己未，大雨雹。三十一年五月戊寅，鳳陽皇陵雨雹。七月丁丑，大雨雹。三十四年七月丙戌，又大雨雹。平地水深三尺。三十六年五月戊子，雨雹。四十一年七月丁卯，宣府大雨雹，殺禾稼。四十六年三月庚辰，長泰、同安大雨雹，如斗如拳，擊傷城郭廬舍，壓死者二百二十餘人。十月壬午，雲南雨雹。

天啓二年四月壬辰，大雨雹。

崇禎三年九月辛丑，大雨雹。四年五月，襄垣雨雹，大如伏牛盈丈，小如拳，斃人畜甚衆。六月丙申，大雨雹。七年四月壬戌，常州、鎮江雨雹，傷麥。八年七月己酉，臨縣大冰雹三日，積二尺餘，大如鵝卵，傷稼。十年四月乙亥，大雨雹。閏四月癸丑，武鄉、沁源大雨雹，最大者如象，次如牛。十一年六月甲寅，宣府乾石河山場雨雹，擊殺馬贏四十八匹。九月，順天雨雹。十二年八月，白水、同官、雒南、隴西諸邑，千里雨雹，半日乃止，損傷田禾。十六年六月丁丑，乾州雨雹，大如牛，小如斗，毀傷牆屋，擊斃人畜。

雷震

洪武六年十一月戊申，雷電交作。十三年五月甲午，雷震謹身殿。六月丙寅，雷震奉天門。十月甲戌，雷電。十二月己巳，廣州大風雨雷電。十八年二月甲午，雷電雨雪。二十一年五月辛丑，雷震玄武門獸吻。六月癸卯，暴風，雷震洪武門獸吻。

宣德九年六月甲子，雷震大祀壇外西門獸吻。

正統八年五月戊寅，雷震奉天殿鴟吻。七月辛未，雷震南京西角門樓獸吻。是日，大同巡警軍至沙溝，風雷驟至，裂膚斷指者二百餘人。九年正月辛亥朔，雷電大雨。閏七月壬寅，雷震奉先殿鴟吻。十一年十二月壬寅，大雨雷電，翼日乃止。十四年六月丙辰，南京風雨雷電，謹身殿災。

景泰三年六月庚寅，雷擊宮庭中門，傷人。

天順二年六月己卯，雷震大祀殿鴟吻。四年六月癸丑，雷毀薊州倉厫四。

成化三年六月戊申，雷震南京午門正樓。五年二月乙卯，又震山川壇具服殿之獸吻。八年四月辛未，始雷。十二年十一月癸亥，南京大雷雨。十三年二月甲戌，安慶大雪，既而雷電交作。十一月辛未冬至，杭州大雷雨。戊寅，荊門州大雷電雨雪。十七年七月己亥，雷震郊壇承天門脊獸。十一月丁酉，江南大雷雨雪。

弘治元年五月丙子，辰刻，南京震雷壞洪武門獸吻。巳刻，壞孝陵御道樹。六月己酉，又壞鷹揚衞倉樓，聚寶門旗杆。二年四月庚子，又毀神樂觀祖師殿。三年七月壬子，又壞午門西城牆。六年閏五月丁未，薊州大風雷，拔木偃禾，牛馬有震死者。十二月壬戌，南京雷雨，拔孝陵樹。七年六月癸酉，如之。七月丙辰，福州雷燬城樓。八年十二月丙子，長沙大雷電雨雪。丁丑，南昌、彭水俱大雷電，雨雪雹，大木折。十年四月，雷震宣府西橫嶺之南山，傾三十餘丈。七月乙卯，雷擊吉王府端禮門獸吻。十二年四月丙午，雷震楚府承運殿。十四年閏七月庚辰，福州大風雷，擊壞教場旗杆、城樓、大樹。

正德元年五月壬辰，雷震青州衣甲庫獸吻，有火起庫中。六月辛酉，雷擊西中門柱脊，暴風折郊壇松柏，大祀殿及齋宮獸瓦多墮落者。丙子，南京暴風雨，雷震孝陵白土岡樹。十二月己巳朔，南通州雷再震。四年十二月壬寅，杭州大雨雷電，越二日復作。五年六月丙申，雷震萬全衞柴溝堡，〔三〕斃墩軍四人。七年五月戊辰，雷震餘干萬春寨旗杆，狀如刀劈。閏五月丁亥，雷震成都衞門及教場旗杆。十年閏四月甲申，薊州賺狗崖、東墩及新開嶺關雷火，震傷三十餘人。十二年八月癸亥，南京祭歷代帝王，雷雨大作，震死齋房吏。十二月庚辰，瑞州大雷電。十六年八月，雷擊奉天門。

嘉靖二年五月丁丑，雷擊觀象臺。四年七月己丑，雷擊南京長安左門獸吻。五年四月戊寅，雷擊阜城門城樓南角獸吻及北九舖旗杆。十年六月丁巳，雷擊德勝門，破民屋柱，斃者四人。癸亥，雷擊午門角樓及西華門城樓柱。十五年六月甲申，雷擊南京西上門獸吻，震死男婦十餘人。十六年五月戊戌，雷震謹身殿鴟吻。二十八年六月丁酉朔，雷震奉先殿左吻及東室門槅。三十三年四月乙亥，始雷。三十八年六月丙寅，雷擊奉先殿門外南西二牆。

隆慶元年八月，大暑雷震。次日，大寒，如嚴冬。是夕，雷震達旦。四年六月辛酉，雷擊圜丘廣利門鴟吻。

萬曆三年六月己卯，雷擊建極殿鴟吻。壬辰，雷擊端門鴟尾。六年七月壬子，雷擊南京承天門左簷。十三年七月戊子，雷震郊壇廣利門，震傷榜題「利」字及齋宮北門獸吻。十六年八月壬午，雷震南京舊西安門鐘鼓樓獸頭。十九年五月甲戌，太平路、喜峰路並雷擊，墩臺折，傷官軍。二十一年四月戊戌，雷震孝陵大木。二十二年六月己酉，雷雨，西華門災。七月壬辰，雷擊祈穀壇東天門左吻。二十四年二月己酉夜，鄜縣大雷雨，火光遍十餘里。二十五年七月庚寅朔，雷燬黃花鎮臺垣及火器。三十二年五月癸酉，雷燬長陵樓，又燬薊鎮松棚路墩臺。三十三年五月庚子，大雷電，擊燬南郊望燈高杆。三十七年八月甲寅，雷劈西城上旗杆。

泰昌元年十月己未，雷燬淮安城樓。

崇禎六年十二月丁亥，大風雪，雷電。九年正月甲戌，雷燬孝陵樹。十年四月乙亥，薊州雷火焚東山二十餘里。十二年七月，雷擊破密雲城鋪樓，所貯砲木皆碎。十月乙未立冬，雷電大作。十四年四月癸丑，雷火起薊州西北，焚及趙家谷，延二十餘里。六月丙午，雷震宣府西門城樓。十五年四月癸卯，雷震南京孝陵樹，火從樹出。十六年五月癸巳朔，雷震通夕不止。次日，見太廟神主橫倒，諸銅器爲火所鑠，鎔而成灰。六月丙戌，雷震奉先殿鴟吻，槅扇皆裂，銅鐶盡燬。

魚孽

嘉靖四十一年二月乙亥，德州九龍廟雨魚，大者數寸。崇禎十年三月，錢塘江木柹化爲魚，有首尾未變者。

蝗蝻

洪武五年六月，濟南屬縣及靑、萊二府蝗。七月，徐州、大同蝗。六年七月，北平、河南、山西、山東蝗。七年二月，平陽、太原、汾州、歷城、汲縣蝗。六月，懷慶、眞定、保定、河間、順德、山東、山西蝗。八年夏，北平、眞定、大名、彰德諸府屬縣蝗。建文四年夏，京師飛蝗蔽天，旬餘不息。永樂元年夏，山東、山西、河南蝗。三年五月，延安、濟南蝗。十四年七月，畿內、河南、山東蝗。宣德四年六月，順天州縣蝗。九年七月，兩畿、山西、山東、河南蝗蝻覆地尺許，傷稼。十年四月，兩京、山東、河南蝗蝻傷稼。正統二年四月，北畿、山東、河南蝗。五年夏，順天、河間、眞定、順德、廣平、應天、鳳陽、淮安、開封、彰德、兗州蝗。六年夏，順天、保定、眞定、河間、順德、廣平、大名、淮安、鳳陽蝗。秋，彰德、衞輝、開封、南陽、懷慶、太原、濟南、東昌、靑、萊、兗、登諸府及遼東廣寧前、中屯二衞蝗。七年五月，順天、廣平、大名、河間、鳳陽、開封、懷慶、河南蝗。八年夏，兩畿蝗。十二年夏，保定、淮安、濟南、開封、河南、彰德蝗。秋，永平、鳳陽蝗。十三年七月，飛蝗蔽天。十四年夏，順天、永平、濟南、青州蝗。景泰五年六月，寧國、安慶、池州蝗。七年五月，畿內蝗蝻延蔓。六月，淮安、揚州、鳳陽大旱蝗。九月，應天及太平七府蝗。天順元年七月，濟南、杭州、嘉興蝗。二年四月，濟南、兗州、青州蝗。成化三年七月，開封、彰德、衞輝蝗。九年六月，河間蝗。七月，眞定蝗。八月，山東旱蝗。十九年五月，河南蝗。二十二年三月，平陽蝗。四月，河南蝗。七月，順天蝗。弘治三年，北畿蝗。四年夏，淮安、揚州蝗。六年六月，飛蝗自東南向西北，日爲掩者三日。七年三月，兩畿蝗。嘉靖三年六月，順天、保定、河間、徐州蝗。隆慶三年閏六月，山東旱蝗。萬曆十五年七月，江北蝗。十九年夏，順德、廣平、大名蝗。三十七年九月，北畿、徐州、山東蝗。四十三年七月，山東旱蝗。四十四年四月，復蝗。七月，常州、鎭江、淮安、揚州、河南蝗。九月，江寧、廣德蝗蝻大起，禾黍竹樹俱盡。四十五年，北畿旱蝗。四十六年，畿南四府又蝗。四十七年八月，濟南、東昌、登州蝗。天啓元年七月，順天蝗。五年六月，濟南飛蝗蔽天，田禾俱盡。六年十月，開封旱蝗。崇禎八年七月，河南蝗。十年六月，山東、河南蝗。十一年六月，兩京、山東、河南大旱蝗。十三年五月，兩京、山東、河南、山西、陝西大旱蝗。十四年六月，兩京、山東、河南、浙江大旱蝗。

豕禍

嘉靖七年，杭州民家有豕，肉膜間生字。萬曆二十三年春，三河民家生八豕，一類人形，手足俱備，額上一目。三十八年四月，燕河路營生豕，一身二頭，六蹄二尾。六月，大同後衞生豕，兩頭四眼四耳。四十七年六月，黃縣生豕，雙頭四耳，一身八足。七月，寧遠生豕，身白無毛，長鼻象嘴。天啓三年七月，辰州瓾平溪生豕，猪身人足，一目。四年三月，神木生豕，額多一鼻逆生，目深藏皮肉，合則不見。四月，榆林生豕，一首二身，二尾八足。六月，霍州生豕，二身二眼，象鼻，四耳四乳。崇禎元年三月，石泉生豕類象，鼻下一目甚大，身無毛，皮肉皆白。六年二月，建昌生豕，二身一首，八蹄二尾。十五年七月，聊城生豕，一首二尾七蹄。

龍蛇之孽

成化五年六月，河決杏花營，有卵浮於河，大如人首，下銳上圓，質青白，蓋龍卵也。弘治九年六月庚辰，宣府鎮南口墩驟雨火發，龍起刀鞘內。十八年五月辛卯，日午，旋風大起，雲翳三殿，若有人騎龍入雲者。正德七年六月丁卯夜，招遠有赤龍懸空，光如火，盤旋而上，天鼓隨鳴。十二年六月癸亥，山陽見黑龍，一龍吸水，聲聞數里，攝舟及舟女至空而墜。十三年五月癸丑，常熟俞野村迅雷震電，有白龍一、黑龍二乘雲並下，口中吐火，目睛若炬，撤去民居三百餘家，吸二十餘舟於空中。舟人墜地，多怖死者。是夜紅雨如注，五日乃息。十四年四月，鄱陽湖蛟龍鬬。嘉靖四十年五月癸酉，青浦余山九蛟並起，湧水成河。萬曆十四年七月戊申，舒城大雷雨，起蛟百五十八，跡如斧劈，山崩田陷，民溺死無算。是歲，建昌民樵於山，逢巨蛇，一角，六足如雞距，不噬不驚，或言此肥䗪也。十八年七月，猗氏大水，二龍鬬於村，得遺卵，尋失。十九年六月己未，公安大水，有巨蛇如牛，首赤身黑，修二丈餘，所至隄潰。三十一年五月戊戌，歷城大雨，二龍鬬水中，山石皆飛，平地水高十丈。四十五年八月，安丘青河村青白二龍鬬。

馬異

永樂十八年九月，諸城進龍馬。民有牝馬牧於海濱，一日雲霧晦冥，有物蜿蜒與馬接。產駒，具龍文，其色青蒼，謂之龍馬云。宣德七年五月，忻州民武煥家馬生一駒，鹿耳牛尾，玉面瓊蹄，肉文被體如鱗。七月，滄州畜官馬，一產二駒，州以爲祥，獻於朝。宣宗曰：「物理之常，何足異也。」

成化十七年六月，興濟馬生二駒。弘治元年二月，景寧屏風山有異物成羣，大如羊，狀如白馬，數以萬計。首尾相啣，迤邐騰空而去。嘉靖四十二年四月，海鹽有海馬萬數，岸行二十餘里。其一最巨，高如樓。

人痾

前史多志一產三男事，然近歲多有，不可勝詳也，其稍異者志之。洪武二十四年八月，河南龍門婦司牡丹死三年，借袁馬頭之屍復生。宣德元年十一月，行在錦衣衞校尉綦榮妻皮氏一產四子。天順四年四月，揚州民婦一產五男。成化十三年二月，南京鷹揚衞軍陳僧兒妻朱氏一產三男、一女。十七年六月，宿州民張珍妻王氏臍下右側裂，生一子。二十年十二月，徐州婦人脇下生瘤，久之漸大，兒從瘤出。二十一年，嘉善民鄒亮妻初乳生三子，再乳生四子，三乳生六子。弘治十一年六月，騰驤左衞百戶黃盛妻宜氏一產三男一女。十六年五月，應山民張本華妻崔氏生鬚長三寸。是時，鄖陽商婦生鬚三繚，約百餘莖。嘉靖二年六月，曲靖衞舍人胡晟妻生一男，兩頭四手三足。四年，橫涇農孔方脅下產肉塊，剖視之，一兒宛然。五年，江南民婦生妖，六目四面，有角，手足各一節，獨爪，鬼聲。十一年，當塗民婦一產三男一女。十二年，貴州安衞軍李華妻生男，〔四〕兩頭四手四足。二十七年七月，大同右衞參將馬繼舍人馬錄女，年十七化爲男子。隆慶二年十二月，靜樂男子李良雨化爲婦人。五年二月，唐山民婦生兒從左脅出。萬曆十年，淅川人化爲狼。十八年，南宿州民婦一產七子，膚髮紅白黑青各色。三十七年六月，繁峙民李宜妻牛氏一產二女，頭面相連，手足各分。四十六年，廣寧衞民婦產一猴，二角四齒。是時，大同民婦一產四男。崇禎八年夏，鎭江民婦產一子，頂載兩首，臂贅一首，與母俱斃。十五年十一月，曹縣民婦產兒，兩頭，頂上有眼，手過膝。

疾疫

永樂六年正月，江西建昌、撫州，福建建寧、邵武自去年至是月，疫死者七萬八千四百餘人。八年，登州寧海諸州縣自正月至六月，疫死者六千餘人。邵武比歲大疫，至是年冬，死絕者萬二千戶。九年七月，河南、陝西疫。十一年六月，湖州三縣疫。七月，寧波五縣疫。正統九年冬，紹興、寧波、台州瘟疫大作，及明年死者三萬餘人。景泰四年冬，建昌、武昌、漢陽疫。六年四月，西安、平涼疫。七年五月，桂林疫死者二萬餘人。天順五年四月，陝西疫。成化十一年八月，福建大疫，延及江西，死者無算。正德元年六月，湖廣平溪、清涼、鎭遠、偏橋四衞大疫，死者甚衆。靖州諸處自七月至十二月大疫，建寧、邵武自八月始亦大疫。十二年十月，泉州大疫。嘉靖元年二月，陝西大疫。二年七月，南京大疫，軍民死者甚衆。四年九月，山東疫死者四千一百二十八人。三十三年四月，都城內外大疫。四十四年正月，京師饑且疫。萬曆十年四月，京師疫。十五年五月，又疫。十六年五月，山東、陝西、山西、浙江俱大旱疫。崇禎十六年，京師大疫，自二月至九月止。明年春，北畿、山東疫。

鼓妖

洪武五年八月己酉，徐溝西北空中有聲如雷。十一年，瑞昌有大聲如鐘，自天而下，無形。天順六年九月乙巳夜，天無雲，西北方有聲如雷。七年二月晦夜，空中有聲。大學士李賢奏，無形有聲謂之鼓妖，上不恤民則有此異。成化十三年正月甲子，代州無雲而雷。十四年八月戊戌，早朝，東班官若聞有甲兵聲者，辟易不成列，久之始定。弘治六年六月丁卯，石州吳城驛無雲而震者再。十七年六月甲申，江西廬山鳴如雷。嘉靖二十九年二月甲子，隆慶州張山營堡山鳴。萬曆十二年十二月己未，蕭縣山鳴如驚濤澎湃，竟夜不止。二十八年八月戊戌，西北方有聲如雷。天啓七年八月丁巳，莊烈卽位，朝時，空中有聲如天鼓，發於殿西。崇禎十二年十二月乙未，蕭縣山鳴。是月，西山大鳴如雷，如風濤。十三年二月壬子，浙江省城門夜鳴。十六年冬，建極殿鴟吻中有聲似鵓鴣，曰「苦苦」，其聲漸大，復作犬吠聲，三日夜不止。明年三月辛丑，孝陵夜有哭聲，亦鼓妖也。

隕石

成化六年六月壬申，陽信雷聲如嘯，隕石一，碎爲三，外黑內青。十四年六月辛亥，臨晉天鳴，隕石縣東南三十里，入地三尺，大如升，色黑。二十三年五月壬寅，束鹿空中響如雷，青氣墜地。掘之得黑石二，一如盌，一如雞卵。弘治三年三月，慶陽雨石無數，大小不一，大者如鵝卵，小者如芡實。四年十月丁巳，光山有紅光如電，自西南往東北，聲如鼓，久之入地，化爲石，大如斗。十年二月丙申，修武黑氣入地，化爲石，狀如羊首。十二年五月戊寅，朔州有聲，如迅雷，白氣騰上，隕大石三。正德元年八月壬戌，夜有火光落即墨，化爲綠石，圓高尺餘。九年五月己卯，濱州有聲隕石。十三年正月己未，鄰水隕石一。嘉靖十二年五月丁未，祁縣有聲如鼓，火流墜地爲石。四十二年三月癸卯，懷慶隕石。隆慶二年三月己未，保定新城隕黑石二。萬曆三年五月癸亥，有二流星晝隕景州城北，化爲黑石。十七年九月戊午，萬載黑烟騰起，隕石演武廳畔。十九年四月辛酉，遵化隕石二。四十四年正月丁丑，易州及紫荆關有光化石崩裂。崇禎九年九月丁未，太康隕石。

水潦

洪武元年六月戊辰，江西永新州大風雨，蛟出，江水入城，高八尺，人多溺死。事聞，使賑之。三年六月，溧水縣江溢，漂民居。四年七月，南寧府江溢，壞城垣。衢州府龍游縣大雨，水漂民廬，男女溺死。五年八月，嵊縣、義烏、餘杭山谷水湧，人民溺死者衆。六年二月，崇明縣爲潮所沒。七月，嘉定府龍游縣洋、雅二江漲，翼日南溪縣江漲，俱漂公廨民居。七年八月，高密縣膠河溢，傷禾。八年七月，淮安、北平、河南、山東大水。十二月，直隸蘇州、湖州、嘉興、松江、常州、太平、寧國，浙江杭州俱水。九年，江南、湖北大水。七月，湖廣、山東大水。十年六月，永平灤、漆二水沒民廬舍。七月，北平八府大水，壞城垣。十一年七月，蘇、松、揚、台四府海溢，人多溺死。十月丙辰，河決蘭陽。十二年五月，靑田山水沒縣治。十三年十一月，崇明潮決沙岸，人畜多溺死。十四年八月庚辰，河決原武。十五年二月壬子，河南河決。三月庚午，河決朝邑。七月，河溢滎澤、陽武。是歲，北平大水。十七年八月丙寅，河決開封，橫流數十里。是歲，河南、北平俱水。十八年八月，河南又水。是年，江浦、大名水。二十三年正月庚寅，河決歸德。七月癸巳，河決開封，漂沒民居。又海門縣風潮壞官民廬舍，漂溺者衆。是歲，襄陽、沔陽、安陽水。二十四年十月，北平、河間二府水。二十五年正月，河決陽武，開封州縣十一俱水。二十六年十一月，青、兗、濟寧三府水。二十七年三月，寧陽汶河決。二十八年八月，德州大水，壞城垣。三十年八月丁亥，河決開封，三面皆水，犯倉庫。

永樂元年五月，章丘漯河決岸，傷稼。南海、番禺潮溢。八月，安丘縣紅河決。二年六月，蘇、松、嘉、湖四府俱水。七月，湖廣、江西水。九月，河決開封，〔五〕壞城。三年三月，溫縣水決隄四十餘丈。濟、澇二水溢。八月，杭州屬縣多水，淹男婦四百餘人。七年五月，安陸州江溢，決渲馬灘圩岸千六百餘丈。六月，壽州水決城。是歲，泰興江岸淪於江者三千九百餘丈。渾河決固安。八年五月，平度州濰水及浮糠河決，浸百十三所。七月，平陽縣潮溢，漂廬舍。八月庚申，河溢開封。十二月戊戌，河決汴梁，壞城。九年正月，高郵甓社等九湖及天長諸水暴漲。六月，揚州屬州縣五江潮漲四日，漂人畜甚衆。七月，海寧潮溢，漂溺甚衆。八月，漳、衞二水決隄淹田。九月，雷州颶風暴雨，淹遂溪、海康，壞田禾八百餘頃，溺死千六百餘人。是歲，湖廣、河南水。十年七月，盧溝水漲，壞橋及隄岸，溺死人畜。保定縣決河岸五十四處。十一月，吳橋、東光、興濟、交河、天津決隄傷稼。十二月，安州水決直亭等河口八十九處。十二年十月，臨晉涑河逆流，決姚暹渠堰，流入硝池，淹沒民田，將及鹽池。崇明潮暴至，漂廬舍五千八百餘家。十三年六月，北畿、河南、山東水溢，壞廬舍，沒田禾，臨淸尤甚。滏、漳二水漂磁州民舍。十四年夏，南昌諸府江漲，壞民廬舍。七月，開封州縣十四河決隄岸。永平灤、漆二河溢，壞民田禾。福寧、延平、邵武、廣信、饒州、衢州、金華七府，俱溪水暴漲，壞城垣房舍，溺死人畜甚衆。遼東遼河、代子河水溢，浸沒城垣屯堡。十八年夏秋，仁和、海寧潮湧，堤淪入海者千五百餘丈。二十年五月，廣東諸府潮溢，漂廬舍，壞倉糧，溺死三百六十餘人。夏秋，湖廣沔陽江漲，河南北及鳳陽河溢。二十一年五月，峨眉溪水漲，溺死百三十人。八月，瓊州府潮溢，漂溺甚衆。二十二年七月，黃巖潮溢，溺死八百人。九月庚辰，河溢開封。

洪熙元年六月，驟雨，白河溢，衝決河西務、白浮、宋家等口堤岸。臨漳漳、滏二河決堤岸二十四。眞定滹沱河大溢，沒三州五縣田。七月，容城白溝河漲，傷禾稼。渾河決盧溝橋東狠窩口，順天、河間、保定、灤州俱水。

宣德元年六七月，江水大漲，襄陽、穀城、均州、鄖縣，緣江民居漂沒者半。黃、汝二水溢，淹開封十州縣及南陽汝州、河南嵩縣。三年五月，邵陽、武岡、湘鄉暴風雨七晝夜，山水驟長，平地高六尺。永寧衞大水，壞城四百丈。六月，渾河水溢，決盧溝河堤百餘丈。七月，北畿七府俱水。五年七月，南陽山水泛漲，衝決堤岸，漂流人畜廬舍。六年六月，渾河溢，決徐家等口，順天、保定、眞定、河間州縣二十九俱水。河決開封，沒八縣。七年六月，太原河、汾並溢，傷稼。八年六月，江西瀕江八府江漲，漂沒民田，溺死男婦無算。九年正月，沁鄉沁水漲，決馬曲灣，經獲嘉、新鄉，平地成河。五月，寧海縣潮決，徙地百七十餘頃。六月，渾河決東岸，自狠河口至小屯廠，順天、順德、河間俱水。七月，遼東大水。

正統元年閏六月，順天、眞定、保定、濟南、開封、彰德六府俱大水。二年，鳳陽、淮安、揚州諸府，徐、和、滁諸州，河南開封，四五月河、淮泛漲，漂居民禾稼。九月，河決陽武、原武、滎澤。湖廣沿江六縣大水決江堤。三年，陽武河決，武陟沁決，廣平、順德漳決，通州白河溢。四年五月，京師大水，壞官舍民居三千三百九十區。順天、眞定、保定三府州縣及開封、衞輝、彰德三府俱大水。七月，滹沱、沁、漳三水俱決，壞饒陽、獻縣、衞輝、彰德堤岸。八月，白溝、渾河二水溢，決保定安州堤。蘇、常、鎭三府及江寧五縣俱水，溺死男婦甚衆。九月，滹沱復決深州，淹百餘里。五年五月至七月，江西江溢，河南河溢。八月，潮決蕭山海塘。六年五月，泗州水溢丈餘，漂廬舍。七月，白河決武淸、漷縣堤二十二處。八月，寧夏久雨，水泛，壞屯堡墩臺甚衆。八年六月，渾河決固安。八月，台州、松門、海門海潮泛溢，壞城郭、官亭、民舍、軍器。九年七月，揚子江沙洲潮水溢漲，高丈五六尺，溺男女千餘人。閏七月，北畿七府及應天、濟南、岳州、嘉興、湖州、台州俱大水。河南山水灌衞河，沒衞輝、開封、懷慶、彰德民舍，壞衞所城。十年三月，洪洞汾水堤決，移置普潤驛以遠其害。

夏，福建大水，壞延平府衞城，沒三縣田禾民舍，人畜漂流無算。河南州縣多大水。七月，延安衞大水，壞護城河堤。九月，廣東衞所多大水。十月，河決山東金龍口陽穀堤。十一年六月，渾河溢固安。兩畿、浙江、河南俱連月大雨水。是歲，太原、兗州、武昌亦俱大水。十二年春，贛州、臨江大水。五月，吉安江漲淹田。十三年六月，大名河決，淹三百餘里，壞廬舍二萬區，死者千餘人。河南、濟南、青、兗、東昌亦俱河決。七月，寧夏大水。河決漢、唐二壩。河南八樹口決，漫曹、濮二州，抵東昌，壞沙灣等堤。十四年四月，吉安、南昌、臨江俱水，壞壇廟廨舍。

景泰元年七月，應天大水，沒民廬。三年六月，河決沙灣白馬頭七十餘丈。八月，徐州、濟寧間，平地水高一丈，民居盡圮。南畿、河南、山東、陝西、吉安、袁州俱大水。四年春夏，河連決沙灣。五年六月，揚州潮決高郵、寶應堤岸。七月，蘇、松、淮、揚、廬、鳳六府大水。八月，東、兗、濟三府大水，河漲淹田。六年六月，開封、保定俱大水。閏六月，順天大水，灤河泛溢，壞城垣民舍，河間、永平水患尤甚。武昌諸府江溢傷稼。七年六月，河決開封，河南、彰德田廬淹沒。是歲，畿內、山東俱水。

天順元年夏，淮安、徐州、懷慶、衞輝俱大水，河決。三年六月，穀城、景陵，襄水湧泛傷稼。四年夏，湖北江漲，淹沒麥禾。北畿及開封、汝寧大水。七月，淮水決，沒軍民田廬。

五年七月，河決開封土城，築磚城禦之。越三日，磚城亦潰，水深丈餘。周王後宮及官民乘筏以避，城中死者無算。襄城水決城門，溺死甚衆。崇明、嘉定、崑山、上海海潮衝決，溺死萬二千五百餘人。浙江亦大水。六年七月，淮安大水，潮溢，溺死鹽丁千三百餘人。七年七月，密雲山水驟漲，軍器、文卷、房屋俱沒。

成化三年六月，江夏水決江口堤岸，迄漢陽，長八百五十丈有奇。五年，湖廣大水。山西汾水傷稼。六年六月，北畿大水。七年閏九月，〔六〕山東及浙江杭、嘉、湖、紹四府俱海溢，淹田宅人畜無算。九年六月，畿南五府及懷慶俱大水。八月，山東大水。十一年五月，湖廣水。十二年八月，浙江風潮大水。淮、鳳、揚、徐亦俱大水。十三年二月甲戌，安慶大雪。次日大雨，江水暴漲。閏二月，河南大水。九月，淮水溢，壞淮安州縣官舍民屋，淹沒人畜甚衆。十四年四月，襄陽江溢，壞城郭。五月，陝州大水，人多淹死。七月，北畿、山東水。九月，河決開封護城堤五十丈。十八年七月，昌平大水，決居庸關水門四十九，城垣、鋪樓、墩臺一百二。八月，衞、漳、滹沱並溢，自清平抵天津。

弘治二年五月，河決開封黃沙岡抵紅船灣，凡六處，入沁河。所經州縣多災，省城尤甚。七月，順、永、河、保四府州縣大水。八月，盧溝河堤壞。四年八月，蘇、松、浙江水。五年夏秋，南畿、浙江、山東水。七年七月，蘇、常、鎮三府潮溢，平地水五尺，沿江者一丈，民多溺死。九年六月，山陰、蕭山山崩水湧，溺死三百餘人。十四年五月，貴池水漲，蛟出，淹死二百六十餘人，旁邑十二皆大水。七月，廉州及靈山海漲，淹死百五十餘人。閏七月，瓊山颶風潮溢，平地水高七尺。八月，安、寧、池、太四府大水，蛟出，漂流房屋。十五年七月，南京江水泛溢，湖水入城五尺餘。十七年六月，廬山平地水丈餘，溺死星子、德安民，及漂沒廬舍甚衆。

正德元年六月，陝西徽州河溢，漂沒居民孳畜。二年六月，固原河漲，平地水高四尺，人畜溺死。三年九月，延綏、慶陽大水。五年九月，安、寧、太三府大水，溺死二萬三千餘人。十一月，蘇、松、常三府水。六年六月，汜水暴漲，溺死百七十六人，毀城垣百七十餘堵。十二年，順天、河間、保定、眞定大水。鳳陽、淮安、蘇、松、常、鎭、嘉、湖諸府皆大水。荆、襄江水大漲。十五年五月，江西大水。十六年七月，遼陽湯站堡大水決城。

嘉靖元年七月，南京暴風雨，江水湧溢，郊社、陵寢、宮闕、城垣吻脊欄楯皆壞。拔樹萬餘株，江船漂沒甚衆。廬、鳳、淮、揚四府同日大風雨雹，河水泛漲，溺死人畜無算。二年七月，揚、徐復大水。夏、秋間，山東州縣俱大水。八月，蘇、松、常、鎭四府大水，開封亦如之。五年六月，陝西五郎壩大水三丈餘，衝決官舍。徐、沛河溢，壞豐縣城。六年秋，湖廣水。十六年秋，兩畿、山東、河南、陝西、浙江各被水災，湖廣尤甚。二十六年七月丙辰，曹縣河決，城池漂沒，溺死者甚衆。二十七年正月，汧陽大水沒城。

隆慶元年夏，京師大水。六月，新河鮎魚口沉運船數百艘。是歲，襄陽、鄖陽水。二年七月，台州颶風，海潮大漲，挾天台山諸水入城，三日溺死三萬餘人，沒田十五萬畝，壞廬舍五萬區。三年閏六月，眞定、保定、淮安、濟南、浙江、江南俱大水。七月壬午，河決沛縣，自考城、虞城、曹、單、豐、沛至徐州，壞田廬無算。九月，淮水溢，自清河至通濟閘及淮安城西，淤三十里，決二壩入海。莒、沂、郯城之水又溢出邳州，溺人民甚衆。四年七月，沙、薛、汶、泗諸水驟溢，決仲家淺等漕堤。八月，陝西大水，河決邳州。五年四月，又決邳州，自曲頭集至王家口新堤多壞。是歲，山東、河南大水。

萬曆元年七月，荊州、承天大水。二年六月，福建永定大水，溺七百餘人。是歲，海鹽海大溢，死者數千人。八月庚午，淮安、揚州、徐州河溢傷稼。三年四月，淮、徐大水。五月，淮水大決。六月，杭、嘉、寧、紹四府海湧數丈，沒戰船、廬舍、人畜不計其數。八月，淮、揚、鳳、徐四府州大水，河決高郵、碭山及邵家口、曹家莊。九月，蘇、松、常、鎭四府俱水。四年正月，高郵清水堤決。九月，河決豐、沛、曹、單。十一月，淮、黃交溢。五年閏八月，徐州河淤，淮河南徙，決高郵、寶應諸湖堤。六年六月，清河水溢。七年五月，蘇、松、鳳陽、徐州大水。八月，又水。是歲，浙江大水。九年五月，從化、增城、龍門溪壑泛漲，田禾盡沒，淹死男婦無算。七月，福安洪水踰城，漂沒廬舍殆盡。八月，泰興、海門、如臯大水，塘圩坡埂盡決，溺死者甚衆。十年正月，淮、揚海漲，浸豐利等鹽場三十，淹死二千六百餘人。七月，蘇、松六州縣潮溢，壞田禾十萬頃，溺死者二萬人。十一年四月，承天江水暴漲，漂沒民廬人畜無算。金州河溢沒城。十四年夏，江南、浙江、江西、湖廣、廣東、福建、雲南、遼東大水。十五年五月，浙江大水。七月，開封及陝州、靈寶河決。是歲，杭、嘉、湖、應天、太平五府江湖泛溢，平地水深丈餘。七月終，颶風大作，環數百里，一望成湖。十六年八月，河決東光魏家口。十七年六月，浙江海沸，杭、嘉、寧、紹、台屬縣廨宇多圮，碎官民船及戰舸，壓溺者二百餘人。十九年六月，蘇、松大水，溺人數萬。七月，寧、紹、蘇、松、常五府濱海潮溢，傷稼淹人。九月，泗州大水，州治浸三尺。淮水高於城，祖陵被浸。十月，揚州湖淮漲溢，決邵伯堤五十餘丈，高郵南北閘俱衝。二十年夏秋，眞、順、廣、大四府水。二十一年五月，邳州、高郵、寶應大水決湖堤。二十二年七月，鳳陽、廬州大水。二十三年四月，泗水浸祖陵。二十四年秋，杭、嘉、湖三府大水。二十九年八月，沔陽大水入城。三十年六月，京師大水。三十一年五月，成安、永年、肥鄉、安州、深澤，漳、滏、沙、燕河並溢，決堤橫流。祁州、靜海圮城垣、廬舍殆盡。六月，泰安大水，淹八百餘人。八月，泉州諸府海水暴漲，溺死萬餘人。三十二年六月，昌平大水，壞各陵橋道。七月，永平、眞、保三府俱水，淹男婦無算。八月，河決蘇家莊，淹豐、沛，黃水逆流灌濟寧、魚臺、單縣。三十五年六月，黃州蛟起。武昌、承天、鄖陽、岳州、常德大水，漂沒廬舍。徽州、寧國、太平、嚴州四府山水大湧，漂人口甚衆。閏六月，京師大水，長安街水深五尺。三十七年九月，福建、江西大水。四十一年六月，通惠河決。七月，京師大水。南畿、江西、河南俱大水。八月，山東、廣西、湖廣俱大水。九月，遼東大水。四十二年，浙江、江西、兩廣俱水。四十四年七月，江西、廣東水。四十六年八月，潮州六縣海颶大作，溺萬二千五百餘人，壞民居三萬間。

天啓三年，睢寧河決。六年秋，河決匙頭灣，倒入駱馬湖，自新安鎮抵邳、宿，民居盡沒。是歲，順天、永平二府大水，邊垣多圮。

崇禎元年七月壬午，杭、嘉、紹三府海嘯，壞民居數萬間，溺數萬人，海寧、蕭山尤甚。三年，山東大水。四年六月，又大水。五年六月壬申，河決孟津口，橫浸數百里。七年五月，邛、眉諸州縣大水，壞城垣、田舍、人畜無算。十年八月，敍州大水，民登州堂及高阜者得免，餘盡沒。十三年五月，浙江大水。十四年七月，福州風潮泛溢，漂溺甚衆。十五年六月，汴水決。九月壬午，河決開封朱家寨。癸未，城圮，溺死士民數十萬。

水變

洪武五年，河南黄河竭，行人可涉。天順二年十二月癸未，武强苦井變爲甘。弘治十四年八月丙辰，融縣河水紅濁如黄河。十月丙辰，馬湖底渦江水白可鑑，翌日濁如泔漿，凝兩岸沙石上者如土粉，十七日乃澄。丁巳，敍州東南二河白如雪、濃如漿者三日。十五年九月丙戌，濮州井溢，沙土隨水而出。正德十年七月，文安水忽僵立，是日大寒，結爲冰柱，高圍俱五丈，中空旁穴。數日而賊至，民避穴中，生全者甚衆。隆慶六年五月，南畿龍目井化爲酒。萬曆二十二年四月，南京正陽門水赤三日。二十五年八月甲申，蒲州池塘，無風湧波，溢三四尺。臨淄濠水忽漲，南北相向而鬭。又夏莊大灣潮忽起，聚散不恒，聚則丈餘，開則見底。樂安小清河逆流。臨清磚板二閘，無風大浪。三十年閏二月戊午，河州蓮花寨黄河涸。四十六年四月，宣武、正陽門外水赤三里，如血，一月乃止。四十七年四月，宣武門響閘至東御河，水復赤。崇禎十年，寧遠衞井鳴沸，三日乃止。河南汝水變色，深黑而味惡，飲者多病。十三年，華陰渭水赤。十四年，山西潞水北流七晝夜，勢如潮湧。十五年，達州井鳴，濠水變血。十六年，松江自五月至七月不雨，河水盡涸，而泖水忽增數尺。

黑眚黑祥

洪武十年正月丁酉，金華、處州雨水如墨汁。十四年正月，黑氣亙天。十一月壬午，黑氣亙天者再。二十一年二月乙卯，黑氣亙天。宣德元年二月戊子，北方黑氣東西亙天。八月辛巳，樂安城中有黑氣如死灰。正統元年九月辛亥，未刻，黑氣亙天，自西南屬東北。二年八月甲申，北方黑氣東西亙天。十四年十一月己丑，晡時，西方有黑氣從地而生。景泰元年二月壬寅，黑氣南北亙天。十月辛未，西南黑氣如烟火，南北亙天。二年四月庚辰，有黑氣如烟，摩地而上。天順五年七月己亥朔，東方有黑氣，須臾蔽天。成化七年四月丙辰，雨黑沙如漆。八年三月庚子，黑氣起西北，臨清、德州晝晦。十二年七月庚戌，京師黑眚見。民間男女露宿，有物金睛修尾，狀如犬貍，負黑氣入牖，直抵密室，至則人昏迷。徧城驚擾，操刃張燈，鳴金鼓逐之，不可得。帝常朝，奉天門侍衞見之而譁。帝欲起，懷恩持帝衣，頃之乃定。弘治五年二月己巳，北方黑氣東西亙天。六年八月壬申，南京有黑氣，東西百餘丈。十四年四月辛未，應州黑風大作。十六年二月庚子，宣良黑氣迷空，咫尺莫辨人形。正德七年六月壬戌，黑眚見順德、河間及涿，大者如犬，小者如貓，夜出傷人，有至死者。尋見於京師，形赤黑，風行有聲，居民夜持刁斗相警達旦，踰月乃息。後又見於封丘。十二年閏十二月丁丑夜，瑞州有紅氣變白，形如曲尺，中外二黑氣，相鬬者久之。八年十月癸巳，杭州雨黑水。三十七年三月，衡州黑眚見。隆慶二年四月，天雨黑豆。六年四月，杭州黑霧，有物蜿蜒如車輪，目光如電，冰雹隨之。萬曆二十四年十二月辛卯，同安生黑毛。

二十五年二月癸亥，湖州黑雨雜以黃沙。崇禎十年，山東雨黑水，新鄉亦如之。十一年，京師有黑眚，狀如貍，入民家爲祟，半歲乃止。十三年正月丁卯，黑氣彌空者三日。

校勘記

〔一〕八年正月甲子陰晦大霧　是年正月丙寅朔，不得有甲子日。本書天文志、五行志中干支日有錯誤，現不能確定其正確干支的，以後不再出校記。

〔二〕天啓六年六月丙戌霧重如雨閏六月己未如之　六月，原作「閏五月」，閏六月，原作「六月」，據明史稿志四天文志改。按是年無閏五月，五月壬寅朔，不得有丙戌日。六月壬申朔，有丙戌日，無己未日。是年閏六月，是辛丑朔，有己未日。

〔三〕五年六月丙申雷震萬全衞柴溝堡　柴溝堡，原作「紫溝堡」，據明史稿志四五行志、本書卷四〇地理志京師萬全右衞注改。

〔四〕貴州安衞軍李華妻生男　按貴州無「安衞」，有「安莊衞」、「安南衞」。「安衞」應是其一之譌。

〔五〕九月河決開封　九月，本書卷六成祖紀作「十月」。

〔六〕七年閏九月　閏九月，明史稿志四五行志、國榷卷三六頁二三〇三作「九月」。

明史卷二十九

志第五

五行二 火 木

洪範曰「火曰炎上」，火不炎上，則失其性矣。前史多以恒燠、草異、羽蟲之孽、羊禍、火災、火異、赤眚赤祥皆屬之火，今從之。

恒燠

洪熙元年正月癸未，以京師一冬不雪，詔諭修省。正統九年冬，畿內外無雪。十二年冬，陝西無雪。景泰六年冬，無雪。天順元年冬，宮中祈雪。是年，直隸、山西、河南、山東皆無雪。二年冬，命百官祈雪。六年冬，直隸、山東、河南皆無雪。成化元年冬，無雪。五年冬，燠如夏。六年二月壬申，以自冬徂春，雨雪不降，敕諭羣臣親詣山川壇請禱。十年二月，南京、山東奏，冬春恆燠，無冰雪。十一年冬，以無雪祈禱。十五年冬，直隸、山東、河南、山西無雪。十九年冬，京師、直隸無雪。弘治九年冬，無雪。十五年冬，無雪。十八年冬，溫如春，無雪。正德元年冬，無雪。永嘉自冬至春，麥穗桃李實。三年冬，無雪。六年至九年，連歲無雪。十一年冬，無雪。嘉靖十四年，冬深無雪，遣官徧祭諸神。十九年冬，無雪。二十年十二月癸卯，禱雪於神祇壇。二十四年十二月甲午，命諸臣分告宮廟祈雪。三十二年冬，無雪。三十三年十二月壬申，以災異屢見，卽禱雪日爲始，百官青衣辦事。三十六年冬，無雪。三十九年冬，無雪。明年，又無雪。帝將躬禱，會大風，命亟禱雪兼禳風變。四十一年至四十五年冬，祈雪無虛歲。隆慶元年冬，無雪。四年冬，無雪。萬曆四年十二月己丑，命禮部祈雪。十六年、十七年、二十九年、三十七年、四十七年，亦如之。崇禎五年十二月癸酉，命順天府祈雪。六年、七年冬，無雪。

草異

永樂十六年正月乙丑，同州、澄城、郃陽、朝邑雨穀及蕎麥。正統八年十一月，殿上生荆棘，高二尺。十四年，廣州獄竹牀，踰年忽青生葉。成化六年二月戊寅，湖廣應山雨粟。弘治八年二月，枯竹開花，實如麥米。苦蕒開蓮花。六月甲子，黟縣雨豆，味不可食。九年，黃州民家瓜大如斗，瓤皆赤血。萬曆四十三年四月戊寅，石首雨豆，大小不一，色雜紅黑。崇禎四年、五年，河南草生人馬形，如被甲持矛馳驅戰鬭者然。十三年，徐州田中白豆，多作人面，眉目宛然。

羽蟲之孽

萬曆二十五年二月壬午，岳州民家有鴨，含絮裹火，飛上屋，入竹椽茅茨中。火四起，延燒數百家。四十三年四月壬午，雙鶴啣火，飛集掖縣海神廟殿。明日，廟火。崇禎六年，汝寧有鳥，鳩身猴足。鳳陽惡鳥數萬，兎頭、雞身、鼠足，供饌甚肥，犯其骨立死。

羊禍

萬曆三十八年四月，崞縣民家羊產羔，一首、二眼、四耳、二尾、八足。三十九年四月，降夷部產羊羔，人面羊身。

火災

洪武元年七月丁酉，〔一〕京師火，延燒永濟倉。三年二月己巳，大河衞火，燔及廣積庫。

七月乙未，寶源局火。甲子，鳳臺門軍營火，延燒武德衞軍器局。四年十一月癸亥，京師大軍倉災。五年二月癸未，臨濠府火。壬辰至甲午，京師火，燬龍驤等六衞軍民廬舍。七月丁卯，永淸衞軍器庫火。十二月丙戌，京師定遠等衞火，焚及軍器局兵仗。十七年十二月己未，潮州火，官廨民居及倉廩、兵仗、圖籍焚蕩無遺。二十一年二月戊辰，歷代帝王廟火，上元縣治亦災。甲戌，天界、能仁二寺災。二十九年二月辛丑，通州火，燔屋千九百餘。三十年四月甲午，廣南衞火，延燒城樓及衞治倉庫。

建文二年八月癸巳，承天門災。

永樂四年十二月辛亥，甌寧王邸第火，王薨。十三年正月壬子，北京午門災。十九年四月庚子，奉天、謹身、華蓋三殿災。二十年閏十二月戊寅，乾淸宮災。

宣德三年三月己亥，東嶽泰山廟火。六年八月，武昌火，延燒楚王宮，譜系勑符俱燼。甲辰，天津右衞北城外火，飛焰入城，燒倉廒。九年二月庚午，京城東南樓火。

正統二年二月，西鎭吳山廟火。三年八月辛酉，順天貢院火，席舍多焚，改期再試。十二月乙亥，韓府承運殿災。四年三月戊午，代府寢殿火。七年正月，廣昌木廠火，焚松木八千八百餘株。戊午，南京內府火，燔廊房六十餘間，圖籍、器用、守衞衣甲皆空。三月辛未，趙城媧皇寢廟火。十年正月庚寅，忠義前後二衞災。是時太倉屢火，遣官禱祭火龍及太歲以禳之。五月甲申，忠義後衞倉復火。癸巳，通州右衞倉火。十一月丁酉，御花房火。十一年秋，武昌火，死者數百人。十二月乙未，周府災。十二年六月，南京山川壇災。十三年二月癸酉，忠義前衞倉火。十四年六月丙辰夜，南京謹身、奉天、華蓋三殿災。

景泰二年六月丙子，青州廢齊府火。三年八月戊寅，秦府火。五年春，南京火，延燒數千家。七年九月壬申，寧府火，延燒八百餘家。

天順元年七月丙寅夜，承天門災。二年五月戊子，器皿廠火。三年九月庚寅，肅州城中火，延燒五千四百餘家，死者六十餘人。四年八月己巳，光祿寺大烹內門火。是歲，楚府頻火，宮殿家廟悉燬。五年三月丁卯，南京朝天宮災。六年六月癸未，楚府火。七年正月丁酉，南京西安門木廠火，延燒皇牆。二月戊辰，會試天下舉人，火作於貢院，御史焦顯扃其門，燒殺舉子九十餘人。

成化二年九月癸未，南京御用監火。六年十一月己亥，江浦火，延燒二百六十餘家。九年七月庚戌，東直門災。十一年四月壬辰夜，乾清宮門災。十三年十一月壬辰，太倉米麥，歲久蒸浥，自焚百餘石。十八年八月丙午，合州火，延燒千五百餘家。乙卯，楚府火凡三發。十一月戊午，南京國子監火。十二月乙卯，器皿廠火。壬辰，寧河王府火。先有妖夜見，或爲神，或爲王侯，時舉火作欲焚狀，是夜燔府第無遺，冠服器用皆燼。二十年正月戊戌，欽天監火。二十二年六月，臨海縣災，延燒千七百餘家。

弘治元年三月庚寅，南京內花園火。十一月丁丑夜，南京甲字庫災。二年四月乙未，南京神樂觀火。四年二月戊午，禮部官舍火。六年四月甲寅，刑部官舍火。辛酉夜，南京舊內災。八年三月戊子，鎮東等堡躍火星如斗，燬公館倉廒，人馬多斃。十一年，自春徂夏，貴州大火，燬官民房舍千八百餘所，死傷者六千餘人。十月甲戌夜，淸寧宮災。十二年六月甲辰夜，闕里聖廟災。十二月，建陽縣書坊火，古今書板皆燼。十三年二月乙酉，禮部官舍火。七月甲寅，南城縣空中有火，乍分乍合，流光下墜十餘丈，隱隱有聲，燬軍民廬舍。庚申，永寧衞雁尾山至居庸關之石縱山，東西四十餘里，南北七十餘里，延燒七晝夜。閏七月辛巳，福州城樓燬。八月己未，瀋府火。十一月庚辰，寧河府火。十六年三月庚午，遼東鐵嶺衞墜火如斗。丙子，火起，燒房屋二千五百餘間，死者百餘人。四月戊午，寬河衞倉災，燬米豆四萬餘石。九月戊寅，廣寧衞城火，燔三百餘家。十七年四月丁巳，淮安火焚五百餘家。五月癸巳，正陽門內西廊火，燔武功坊。

正德元年二月庚寅，鄖陽火，燬譙樓官舍，延百餘家。是歲，寧夏左屯衞紅氣亘天，既而火作，城樓臺堡俱燼。六月庚寅，大同平虜城災，燔槀百萬餘。十一月己亥，臨海縣治火，延燒數千家。七年三月己未，嶧縣有火如斗，自空而隕，大風隨之，燬官民房千餘間。

火，延及丘木。庚申，成山衞秦皇廟火，屋宇悉燬，像設如故。是月，文登大桑樹火，樹燔而枝葉無損。五月癸酉至閏五月丙子，遼東懿路城火三作，焚官民廬舍之半。九月壬午，玉山火，燔學舍及民居三百餘家。八年六月辛酉，豐城縣西南連隕火星，如盆如斗。既而火作，至七月初始熄，燔二萬餘家。七月戊子，火隕龍泉縣，焚四千餘家。十月壬寅，饒州及永豐、浮梁火，各燔五百餘家。浮梁學舍災。庚申，臨江火，燔官舍，延八百餘家。九年正月庚辰，乾清宮火。十一年八月丁丑，黔陽火，燬城樓官廨，延七百餘家。十二年正月甲辰，清寧宮小房火。四月，裕陵神宮監火。八月丁卯，南昌火，燔三百家。九月壬午，建安火，燔二百五十餘家。十三年二月己卯，夷陵火，燔七百餘家。八月庚辰，獻陵明樓災。丁酉，延平火，燔五百餘家。十四年四月乙巳，淮安新城火。七月丙辰，泰寧火，燔五千餘家。十五年五月辛卯，靜樂火，燔八百餘家。

嘉靖元年正月己未，清寧宮後三小宮災，楊廷和言廢禮之應，不報。二月己丑，南京針線廠火。己亥，通州城樓火。二年五月丙子，榮府火。九月戊辰，秦府宮殿火。四年三月壬午夜，仁壽宮災，玉德、安喜、景福諸殿俱燼。五年三月乙酉，趙府家廟火。六年三月丁亥，西庫火。八年十月癸未，大內所房災。十年正月辛亥，大內東偏火。四月庚辰，兵、工二部公廨災，燬文籍。十三年六月甲子，南京太廟火，燬前後殿、東西廡、神廚庫。十五年四月癸卯，山西平虜衞火，盡燬神機官庫軍器。十八年二月乙丑，趙州及臨洺鎭行宮俱火。丁卯，駕幸衞輝，〔二〕行宮四更火，陸炳負帝出，後宮及內侍有殞於火者。六月丁酉，皇城北鼓樓災。二十年四月辛酉夜，宗廟災，燬成、仁二廟主。二十五年五月壬申，盔甲廠火。二十六年十一月壬午，宮中火，釋楊爵於獄。三十一年八月乙丑，南京試院火。三十五年九月戊辰，杭州大火，延燒數千家。三十六年四月丙申，奉天、華蓋、謹身三殿，文武二樓，午門、奉天門俱災。三十七年正月，光祿寺災。三十八年正月癸未，前軍都督府火。四十年十一月辛亥夜，萬壽宮災。四十四年三月己亥夜，〔三〕大明門內西千步廊火。

隆慶二年正月，浙江省城外災，燬室廬舟艦以千計。三月乙亥，乾淸、坤寧兩宮，一時俱燼。五年二月壬子，南京廣、惠二倉火。

萬曆元年十一月己亥，慈寧宮後舍火。三年四月甲戌，工部後廠火。五年十月丙申，禁中火。十一月癸未，宗人府災。十一年十二月庚午夜，慈寧宮災。十二年二月己酉，無逸殿災。十二月癸卯朔，又災。十五年五月甲子，司設監火。十八年三月辛酉，遼東寨山兒堡火，燬城堡器械，傷九十餘人。十九年十二月甲辰，萬法寶殿災。二十一年六月望，太倉公署後樓有礟聲，火藥器械俱燼。二十二年五月壬寅，天火燔鐵嶺衞千餘家。二十四年二月甲寅，潞府門火。三月乙亥，火發坤寧宮，延及乾淸宮，俱燼。二十五年二月壬午，杭州火，燒官民房千三百餘間。丙戌，馬湖屏山災，延燔八百餘家，斃二十四人。三月癸卯，泗州大火，燒民房四千餘。盱眙火，燔民房百六十餘間。撥漕糧二萬石以振。六月戊寅，三殿災，火起歸極門，延皇極等殿，文昭、武成二閣，周遭廊房，一時俱燼。十二月甲寅，吏部文選司署火。二十七年十一月壬申，內府火，延燒尙寶司印綬監、工部廊，至銀作局山牆而止。二十八年三月，南陽火，延燒唐府。二十九年正月己巳，鐵嶺衞火，車輛火藥俱燼。八月己卯，大光明東配殿災。三十年二月乙酉，魏國公賜第火。十月丙申，孝陵災。十二月庚子，南海普陀山寺災。三十一年九月戊寅，通州漕艘火。三十三年二月乙丑，御馬監火。五月辛巳，洗白廠火。九月甲午，昭和殿火。丙申，官軍於盔甲廠支火藥，藥年久凝如石，用斧劈之，火突發，聲若震霆，刀鎗火箭迸射百步外，軍民死者無數。十一月丁卯，刑部提牢廳火。三十五年二月乙卯，易州神器庫火。四月丁酉，通州西倉火。十月己卯，南京行人司署燬。三十七年正月庚子，慶府火，燔寢宮及帑藏。三月丙戌，武昌火，越二日又火，共燔二百六十餘家。六月，慶府災。十月戊午，朝日壇火。三十八年四月丁丑夜，正陽門箭樓火。三十九年四月戊子，怡神殿災。四十一年五月壬戌，蜀府災，門殿爲燼。四十三年四月壬午，黃花鎭柳溝火，延燒數十里。甲午，蜀府殿庭災。遼東長寧堡自二月至五月，火凡五發，燬房屋人畜無算。閏八月辛亥，通州糧艘火。九月丁丑，湖口稅廨燬。四十四年十一月己巳，隆德殿災。丁亥，南城延喜宮災。四十五年正月壬午，東朝房火，延燬公生門。十一月丙戌，宣禧宮災。四十六年閏四月丁丑夜，開原殷家莊堡臺杆八同時燼。甲申，煖閣廠膳房火。九月壬子，茂陵火。四十七年四月癸酉，盔甲廠火。

泰昌元年十月丁卯，噦鸞宮災。

天啓元年閏二月丙戌，〔四〕昭和殿災。三月甲辰，杭州火，延燒六千餘家。八月戊子，〔五〕復災，城內外延燬萬餘家。二年五月丙申，旗纛廟正殿災，火藥盡焚，匠役多死者。三年七月辛卯，南京大內左傍宮災。六年五月戊申，王恭廠災，地中霹靂聲不絕，火藥自焚，煙塵障空，白晝晦冥，凡四五里。五月癸亥，朝天宮災。七月庚寅，登州城樓火。七年十月庚子，寧遠前屯火，傷男婦二百餘人。

崇禎元年四月乙卯，左軍都督府災。五月乙亥，鷹坊司火。丁亥，丁字庫火。七月己卯，公安縣火，燬文廟，延五千餘家。二年十一月庚子，火藥局災。三年三月戊戌，又災。八月癸酉，頭道關災，火器轟擊無餘。六年正月癸丑，濟南舜廟災。七年九月庚申，盔甲廠災。十一年四月戊戌，新火藥局災，傷人甚衆。六月癸巳，安民廠災，震毁城垣廨舍，居民死傷無算。八月丁酉，火藥局又災。

如雷。

火異

成化二十一年正月甲申朔，有火光自中天而少西，墜於下，化爲白氣，復曲折上騰，聲如雷。

弘治三年三月庚午，儀隴空中有紅白火焰，長三丈餘，自縣治東北流，至正東六十餘里而墜，聲震如雷。八年三月辛卯，廣寧右衞臺杆火，高五寸，杆如故。十年四月辛丑，阜平有火光，長八九尺，大如轆軸，有聲，自東南至西南而墜。

正德元年三月戊申夜，太原有火如斗大，墜寧化王殿前。廣寧墩臺火發旗杆，凡六。七月壬戌夜，火光墜卽墨民家，化爲綠石，圓高尺餘。七年三月丁卯夜，大風雷電，餘干仙居寨有光如箭，墜旗竿上，俄如燭龍，光照四野。士卒撼其旗，飛上竿首，旣而其火四散，鎗首皆有光如星。十二年五月己亥夜，火隕都察院獄，旋轉久之始滅。十五年六月癸未夜，台州火隕三，大如盤，觸草木皆焦。

嘉靖五年七月甲申，有火毬三，大五六尺，從北墜於東，其光燭天。二十年七月丙戌，火毬如斗，隕左軍都督府中門東，良久乃滅。

隆慶二年三月戊午，延綏保寧堡城角旗杆出火，灼灼有聲。

萬曆十四年，保定府民間牆壁內出火，三日夜乃熄。十五年二月，綏靖邊城各堡，脊獸旗杆俱出火。軍士以杖撲之，杖亦生火，三更乃熄。二十年三月，陝西空中有火，大如盆，後生三尾，隕於西北。二十一年二月庚辰夜分，大毛山樓上各獸吻俱有火，如雞卵，赤色。卽時雨雪，火上嗟嗟有聲。二十三年九月癸巳夜，永寧有火光，形如屋大，隕於西北。永昌、鎭番、寧遠所見同。二十四年二月戊申夜，鄠縣雷雨，徧地火光，十有餘里。二十五年二月癸亥，平涼瓦獸口出火，水灌不滅。八月甲申，肅、涼二州火光在天，形如車輪，尾分三股，約長三丈。

天啓六年五月壬寅朔，厚載門火神廟紅毬滾出。前門城樓角有數千螢火，幷合如車輪。

崇禎元年，西安有火如碾如斗者數十，色青，焰高尺許，嘗入民居，留數日乃去。用羊豕禳之，不爲害，自五月至七月而止。十三年六月壬申，鎭安火光如斛，自西墜地，土木皆焦。

赤眚赤祥

成化十三年二月甲午，浙江山陰湧泉如血。

正德元年正月乙酉夜，崇明空中有紅光，曳尾如虹，起東北至西南沒，聲如雷。辛丑，鳳陽紅光發，與日同色，聲如雷。二年八月己亥，赤光見寧夏，長五丈。八年七月甲申，龍泉有赤彈二，自空隕於縣治，形如鵝卵，躍入民居，相鬬久之。

嘉靖三十三年四月戊子，慈谿民家湧血高尺餘。三十七年五月戊辰，東陽民張思齊家地裂五六處，出血如線，高尺許。血凝，犬就食之，掘地無所見。三十九年二月己未，竹溪民家出血。

隆慶六年閏二月癸酉，遼東赤風揚塵蔽天。

萬曆六年七月丁丑，松門衞金鐺家湧血三尺，有聲。十三年四月乙丑，虹民王祿投宿姚壘家，見血出於地，驚走至市，市亦流血。鄉人擊器物譟之，乃止。十九年六月庚戌，慈谿茅家浦湧血八處，大如盆，高尺許。血濺船，船即出血，濺人足，足亦出血，數刻乃絕。二十六年九月甲辰，蕭山賈九經家出血，高尺許。

天啓元年六月庚寅，肇慶民王體積中庭噴血，如跑突泉。

崇禎七年二月戊午，海豐雨血。八年八月戊寅，宣城池中出血。

洪範曰「木曰曲直」。木不曲直，則失其性矣。前史多以恒雨、狂人、服妖、雞禍、鼠孽、木冰、木妖、青眚青祥皆屬之木，今從之。

恒雨

洪武十三年七月，海康大雨，壞縣治。二十三年十一月，山東二十九州縣久雨，傷麥禾。

建文元年三月乙卯夜，燕王營於蘇家橋。大雨，平地水三尺，及王臥榻。

永樂元年三月，京師霪雨，壞城西南隅五十餘丈。七月，建寧衞霪雨壞城。二年七月，新安衞霪雨壞城。八月，霪雨壞北京城五千餘丈。六年七月，思明霪雨壞城。七年九月，浙江衞所五，颶風驟雨，壞城漂流房舍。八年七月，金鄉衞颶風驟雨，壞城垣公廨。十二年九月，密雲後衞霪雨壞城。二十年正月，信豐雨水壞城，瞿城衞如之。二十一年二月，六安衞霪雨壞城。是歲，建昌守禦所，淮安、懷來等衞，皆霪雨壞城。二十二年二月，壽州衞雨水壞城。三月，贛州、振武二衞雨水壞城。四月，霪雨壞密雲及薊州城。是歲，南、北畿、山東州縣，霪雨傷麥禾甚衆。

洪熙元年夏，蘇、松、嘉、湖積雨傷稼。閏七月，京師大雨，壞正陽、齊化、順成等門城垣。九月，久雨壞密雲中衞城。

宣德元年五月，永嘉、樂淸颶風急雨，壞公私廨宇及壇廟。

正統元年七月，順天、山東、河南、廣東霪雨傷稼。四年夏，居庸關及定州衞霪雨壞城。五年二月，南京大風雨，壞北上門脊，覆官民舟。七年，濟南、青、萊、淮、鳳、徐州，五月至六月霪雨傷稼。九年閏七月，野狐嶺等處霪雨壞城及濠塹墩臺。十一年春，江西七府十六縣霪雨，田禾淹沒。十二年六月，瑞金霪雨，市水丈餘，漂倉庫，溺死二百餘人。十三年四月，雨水壞順天古北口邊倉。五月至六月，鳳陽、徽州久雨傷稼。九月，寧都大雨壞城郭廬舍，溺死甚衆。

景泰三年，永平、兗州久雨傷禾。大嵩等二十衞所久雨壞城。四年，南畿、河南、山東府十州一，自五月至於八月霪雨傷稼。五年，杭、嘉、湖大雨傷苗，六旬不止。七月，京師久雨，九門城垣多壞。六年，北畿府五、河南府二久雨傷稼，雲南大理諸府如之。七年，兩畿、江西、河南、浙江、山東、山西、湖廣共府三十，恒雨淹田。

天順元年，濟、兗、青三府大雨閱月，禾盡沒。四年，安慶、南陽雨，自五月至七月，淹禾苗。七年五月，淮、鳳、揚、徐大雨，腐二麥。武昌、漢陽、荆州廬舍漂沒，民皆依山露宿。

成化元年六月，畿東大雨，水壞山海關、永平、薊州、遵化城堡。八月，通州大雨，壞城及運倉。二年，定州積雨，壞城垣及墩臺堠口百七十三。八年七月，南京大風雨，壞天、地壇、孝陵廟宇。鳳陽大雨，壞皇陵牆垣。九年三月，南京大風雨，拔太廟、社稷壇樹。十三年七月，京城大雨。十四年八月，鳳陽大雨，沒城內民居以千計。十七年七月乙酉，南京大風雨，社稷壇及太廟殿宇皆摧。十八年，河南、懷慶諸府，夏秋霪雨三月，塌城垣千一百八十餘丈，漂公署、壇廟、民居三十一萬四千間有奇，淹死一萬一千八百餘人。

弘治二年七月，京師霪雨，求直言。三年七月，南京驟雨，壞午門西城垣。七年七月庚寅，南京大風雨，壞殿宇、城樓獸吻，拔太廟、天、地、社稷壇及孝陵樹。自五月至八月，義州等衞連雨害稼。八年五月，南京陰雨踰月，壞朝陽門北城堵。九月，潮州諸府，颶風暴雨壞城垣廬舍。十年七月，安陸霪雨，壞城郭廬舍殆盡。十一年七月，長安嶺暴風雨，壞城及廬舍。十四年六月，義、錦、廣寧霪雨，壞城垣、墩堡、倉庫、橋梁，民多壓死者。十五年六七月，南京大風雨，孝陵神宮監及懿文陵樹木、橋梁、牆垣多摧拔者。十六年五月，榆林大風雨，毀子城垣，移垣洞於其南五十步。十八年三月，雙山堡大雷雨壞城。六月至八月，京畿連雨。

正德元年七月，鳳陽諸府大雨，平地水深丈五尺，沒居民五百餘家。二年七月，武平大風雨，毀城樓。長泰、南靖大風雨三日夜，平地水深二丈，漂民居八百餘家。十二年，蘇、松、常、鎭、嘉、湖大雨，殺麥禾。十三年，應天、蘇、松、常、鎭、揚大雨彌月，漂室廬人畜無算。十六年，京師久雨傷稼。

嘉靖四年六月，登州大雨壞城。十六年，京師雨，自夏及秋不絕，房屋傾倒，軍民多壓死。二十五年八月，京師大雨，壞九門城垣。三十三年六月，京師大雨，平地水數尺。四十五年九月，鄖陽大霪雨，平地水丈餘。壞城垣廬舍，人民溺死無算。

隆慶元年六月，京師霪雨，遼東自五月至七月雨不止，壞垣牆禾黍。

萬曆元年七月，霪雨。十一年四月，承天大雨水。十二年正月，喜峰口大風雨，壞各墩臺。十五年五月至七月，蘇、松諸府霪雨，禾麥俱傷。六月，京師大雨。二十四年，杭、嘉、湖霪雨傷苗。二十八年七月，興化、莆田、連江、福安大雨數日夜，城垣、橋梁、隄岸俱圮。二十九年春夏，蘇、松、嘉、湖霪雨傷麥。三十二年七月，京師霪雨，城崩。三十三年五月丙申，鳳陽大風雨，損皇陵正殿御座。三十九年春，河南大雨。夏，京師、廣東大雨。廣西積雨五閱月。四十二年，浙江霪雨爲災。

天啓六年閏六月，大雨連旬，壞天壽山神路，都城橋梁。是歲，遼東霪雨，壞山海關內外城垣，軍民傷者甚衆。七年，山東州縣二十有八積雨傷禾。

崇禎五年六月，大雨。八月，又雨，衝損慶陵。九月，順天二十七縣霪雨害稼。十一年夏，雨浹旬，圮南山邊垣。十二年十二月，浙江霪雨，阡陌成巨浸。十三年四月至七月，寧、池諸郡霪雨，田半爲壑。十五年十月，黃、蘄、德安諸郡縣霪雨。十六年二月戊辰，親祀社稷，大風雨，僅成禮而還。

狂人

景泰三年五月癸巳朔，以明日立太子，具香亭於奉天門。有一人自外竟入，執紅棍擊香亭曰：「先打東方甲乙木。」嘉靖十八年，駕將南幸。有軍人孫堂從御路中橋至奉天門下，登金臺，坐久，守門官役無知者。升堂大呼，覺而捕之，乃病狂者。

服妖

正德元年，婦女多用珠結蓋頭，謂之瓔珞。十三年正月，車駕還京，令朝臣用曳撒大帽鸞帶。給事中朱鳴陽言，曳撒大帽，行役所用，非見君服。皆近服妖也。十五年十二月，帝平宸濠還京，俘從逆者及懸諸逆首於竿，皆標以白幟，數里皆白。時帝已不豫，見者識其不祥。崇禎時，朝臣好以紗縠、竹籜爲帶，取其便易。論者謂金銀重而貴，紗籜賤而輕，殆賤將乘貴也。時北方小民製幘，低側其簷，自掩眉目，名曰「不認親」。其後寇亂民散，途遇親戚，有飲泣不敢言，或掉臂去之者。

雞禍

弘治十四年，華容民劉福家，雞雛三足。十七年六月，崇明民顧孟文家，雞生雛，猴頭而人形，身長四寸，有尾，活動無聲。嘉靖四年，長垣民王憲家，雞抱卵，內成人形，耳目口鼻四肢皆具。萬曆二十二年六月，靖邊營軍家雌雞化爲雄。崇禎九年，淮安民家牝雞啼躍，化爲雄。十年，宣武門外民家白雞，喙距純赤，重四十斤。或曰此鷟也，所見之處國亡。十四年，太倉衞指揮姜周輔家，雞伏子，兩頭四翼八足。

鼠妖

萬曆四十四年七月，常、鎭、淮、揚諸郡，土鼠千萬成羣，夜啣尾渡江，絡繹不絕，幾一月方止。四十五年五月，南京有鼠萬餘，啣尾渡江，食禾稼。崇禎七年，寧夏鼠十餘萬，啣尾食苗。十二年，黃州鼠食禾，渡江五六日不絕。時內殿奏章房多鼠盜食，與人相觸而不畏，亦鼠妖也。至甲申元旦後，鼠始屛跡。又秦州關山中鼠化鴽鴾者以數千計。十五年二月，羣鼠渡江，晝夜不絕。十月，楡林、定邊諸堡鼠生蝦蟆腹中，一生數十，食苗如割。

木冰

洪武四年正月戊申，木冰。六年十二月乙丑，雨木冰。十一年正月丁亥，雨木冰。二十二年正月甲戌，雨木冰。正統三年十月丁丑曉，木介。天順七年十月甲辰，雨木冰。八年正月乙丑，雨木冰。成化十六年正月辛卯曉，雨木冰。二十三年十二月戊辰曉，木介。隆慶三年十一月癸巳，木冰。萬曆十四年冬，蘇、松木冰。崇禎元年十一月，陝西木冰，樹枝盡折。其後大河以北，歲有此異。

木妖

弘治八年，長沙楓生李實，黃蓮生黃瓜。〔六〕九年三月，長寧楠生蓮花，李生豆莢。嘉靖三十七年十月戊辰，泗水沙中湧出大杉木，圍丈五尺，長六丈餘。隆慶五年四月，杭州栗生桃。萬曆十八年五月丁卯，祖陵大松樹孔中吐火，竟日方滅。二十三年十二月癸亥，皇陵樹顛火出，延燒草木。天啓六年四月癸巳，白露著樹如垂綿，日中不散。十月辛酉，南京西華門內有烟無火。禮臣往視，乃舊宮材木，瘞土中久，烟自生，土石皆焦。以水沃之，三日始滅。崇禎六年五月癸巳，霍山縣有木飢飛墮，不知所自來。七年二月丁巳，太康門牡自開者三，知縣集邑紳議其事，梁墮而死。

青眚青祥

宣德元年八月辛巳，東南天有青氣，狀如人叉手揖拜。

校勘記

〔一〕洪武元年七月丁酉　七月，原作「閏七月」，據明史稿志五五行志、太祖實錄卷二八改。是年閏七月己亥朔，不得有丁酉日。

〔二〕丁卯駕幸衞輝　衞輝，原作「磁州」，據本書卷一七世宗紀、世宗實錄卷二二一改。

〔三〕四十四年三月己亥夜　原脫「三月」，據世宗實錄卷五四四補。

〔四〕天啓元年閏二月丙戌　丙戌，本書卷二二熹宗紀作「戊戌」。

〔五〕八月戊子　八月，原作「七月」，據本書卷二二熹宗紀、熹宗實錄卷八改。是年七月庚子朔，不得有戊子日。

〔六〕黃蓮生黃瓜　黃蓮，明史稿志五五行志作「黃連」。

明史卷三十

志第六

五行三 金 土

洪範曰「金曰從革」。金不從革，則失其性矣。前史多以恒暘、詩妖、毛蟲之孽、犬禍、金石之妖、白眚白祥皆屬之金，今從之。

恒暘

洪武三年，夏旱。六月戊午朔，步禱郊壇。四年，陝西、河南、山西及直隸常州、臨濠、北平、河間、永平旱。五年夏，山東旱。七年夏，北平旱。二十三年，山東旱。二十六年，大旱，詔求直言。

永樂十三年，鳳陽、蘇州、浙江、湖廣旱。十六年，陝西旱。

宣德元年夏，江西旱。湖廣夏秋旱。二年，南畿、湖廣、山東、山西、陝西、河南旱。七年，河南及大名夏秋旱。八年，南、北畿、河南、山東、山西自春徂夏不雨。九年，南畿、湖廣、江西、浙江及眞定、濟南、東昌、兗州、平陽、重慶等府旱。十年，畿輔旱。

正統二年，河南春旱。順德、兗州春夏旱。平涼等六府秋旱。三年，南畿、浙江、湖廣、江西九府旱。四年，直隸、陝西、河南及太原、平陽春夏旱。五年，江西夏秋旱。南畿、湖廣、四川府五，州衞各一，自六月不雨至於八月。六年，陝西旱。南畿、浙江、湖廣、江西府州縣十五，春夏並旱。七年，南畿、浙江、湖廣、江西府州縣衞二十餘，大旱。十年夏，湖廣旱。十一年，湖廣及重慶等府夏秋旱。十二年，南畿及山西、湖廣等府七，夏旱。十三年，直隸、陝西、湖廣府州七，夏秋旱。十四年六月，順天、保定、河間、眞定旱。

景泰元年畿輔、山東、河南旱。二年，陝西府四、衞九，旱。三年，江西旱。四年，南北畿、河南及湖廣府三，數月不雨。五年，山東、河南旱。六年，南畿及山東、山西、河南、陝西、江西、湖廣府三十三，州衞十五，皆旱。七年，湖廣、浙江及南畿、江西、山西府十七，旱。

天順元年夏，兩京不雨，杭州、寧波、金華、均州亦旱。三年，南北畿、浙江、湖廣、江西、四川、廣西、貴州旱。四年，濟南、青州、登州、肇慶、桂林、甘肅諸府衞，夏旱。五年，南畿府

四、州一，及錦衣等衞連月旱，傷稼。七年，北畿旱。濟南、青州、東昌、衞輝，自正月不雨至於四月。

成化三年，湖廣、江西及南京十一衞旱。四年，兩京春夏不雨。湖廣、江西旱。六年，直隸、山東、河南、陝西、四川府縣衞多旱。八年，京畿連月不雨，運河水涸，順德、眞定、武昌俱旱。九年，彰德、衞輝、平陽旱。十三年四月，京師旱。是歲，眞定、河間、長沙皆旱。十五年，京畿大旱，順德、鳳陽、徐州、濟南、河南、湖廣皆旱。十八年，兩京、湖廣、河南、陝西府十五、州二，旱。山西大旱。十九年，復旱。二十年，京畿、山東、湖廣、陝西、河南、山西俱大旱。二十二年六月，陝西旱，蟲鼠食苗稼，凡九十五州縣。八月，北畿及江西三府旱。九月，溫、台大旱，長沙諸府亦旱。

弘治元年，南畿、河南、四川及武昌諸府旱。三年，兩京、陝西、山東、山西、湖廣、貴州及開封旱。四年，浙江府二，廣西府八，及陝西洮州衞旱。六年，北直、山東、河南、山西及襄陽、徐州旱。七年，福建、四川、山西、陝西、遼東旱。八年，京畿、陝西、山西、湖廣、江西大旱。十年，順天、淮安、太原、平陽、西安、延安、慶陽旱。十一年，河南、山東、廣西、江西、山西府十八旱。十二年夏，河南四府旱。秋，山東旱。十三年，慶陽、太原、平陽、汾、潞旱。十四年，遼東鎭春至秋不雨，河溝盡涸。十六年夏，京師大旱，蘇、松、常、鎭夏秋旱。十八年，北京及應天四十二衞旱。

正德元年，陝西三府旱。二年，貴州、山西旱。三年，江南、北旱。四年，旱，自三月至七月，陝西亦旱。七年，鳳陽、蘇、松、常、鎭、平陽、太原、臨、鞏旱。八年，畿輔及開封、大同、浙江六縣旱。九年，順天、河間、保定、廬、鳳、淮、揚旱。十一年，北畿及兗州、西安、大同旱。十五年，淮、揚、鳳陽州縣三十六及臨、鞏、甘州旱。十六年，兩京、山東、河南、山西、陝西自正月不雨至於六月。

嘉靖元年，南畿、江西、浙江、湖廣、四川、遼東旱。二年，兩京、山東、河南、湖廣、江西及嘉興、大同、成都俱旱，赤地千里，殍殣載道。三年，山東旱。五年，江左大旱。六年，北畿四府，河南、山西及鳳陽、淮安俱旱。七年，北畿、湖廣、河南、山東、山西、陝西大旱。八年，山西及臨洮、鞏昌旱。九年，應天、蘇、松旱。十年，陝西、山西大旱。十一年，湖廣、陝西大旱。十七年夏，兩京、山東、陝西、福建、湖廣大旱。十九年，畿內旱。二十年三月，久旱，親禱。二十三年，湖廣、江西旱。二十四年，南、北畿、山東、山西、陝西、浙江、江西、湖廣、河南俱旱。二十五年，南畿、江西旱。二十九年，北畿、山西、陝西旱。三十三年，兗州、東昌、淮安、揚州、徐州、武昌旱。三十四年，陝西五府及太原旱。三十五年夏，山東旱。三十七年，大旱，禾盡槁。三十九年，太原、延安、慶陽、西安旱。四十年，保定等六府旱。四十一年，西安等六府旱。

隆慶二年，浙江、福建、四川、陝西及淮安、鳳陽大旱。四年夏，旱，詔諸司停刑。六年夏，不雨。

萬曆十一年八月庚戌朔，河東鹽臣言：解池旱涸，鹽花不生。十三年四月戊午，因久旱，步禱郊壇。京師自去秋至此不雨，河井並涸。十四年三月乙巳，以久旱，命順天府祈禱。十七年，蘇、松連歲大旱，震澤爲平陸。浙江、湖廣、江西大旱。十八年四月，旱。二十四年，杭、嘉、湖三府旱。二十六年四月，旱。二十七年夏，旱。二十九年，畿輔、山西、河南及貴州黔東諸府衞旱。三十年夏，旱。三十四年夏，亢旱。三十七年，楚、蜀、河南、山東、山西、陝西皆旱。三十八年夏，久旱，濟、青、登、萊四府大旱。三十九年夏，京師大旱。四十二年夏，不雨。四十三年三月，不雨，至於六月。山東春夏大旱，千里如焚。四十四年，陝西旱。秋冬，廣東大旱。四十五年夏，畿南亢旱。四十七年，廣西梧州旱，赤地如焚。

泰昌元年，遼東旱。

天啓元年，久旱。五年，眞、順、保、河四府，三伏不雨，秋復旱。七年，四川大旱。

崇禎元年夏，畿輔旱，赤地千里。三年三月，旱，擇日親禱。五年，杭、嘉、湖三府，自八月至十月，七旬不雨。六年，京師及江西旱。十年夏，京師及河東不雨，江西大旱。十一年，兩京及山東、山西、陝西旱。十二年，畿南、山東、河南、山西、浙江旱。十三年，兩京及登、青、萊三府旱。十四年，兩京、山東、河南、湖廣及宣、大邊地旱。十六年五月辛丑，祈禱雨澤，命臣工痛加修省。

詩妖

太祖吳元年，張士誠弟僞丞相士信及黃敬夫、葉德新、蔡彥文用事。時有十七字謠曰，「丞相做事業，專靠黃、蔡、葉。一朝西風起，乾鱉。」未幾，蘇州平，士信及三人者皆被誅，此其應也。建文初年，有道士歌於途曰：「莫逐燕，逐燕日高飛，高飛上帝畿。」已忽不見，是靖難之讖也。

正統二年，京師旱，街巷小兒爲土龍禱雨，拜而歌曰：「雨帝雨帝，城隍土地。雨若再來，還我土地。」說者謂「雨帝」者，與弟也，帝弟同音。「城隍」者，郕王。「再來」、「還土地」者，復辟也。

萬曆末年，有道士歌於市曰：「委鬼當頭坐，茄花遍地生。」北人讀客爲楷，茄又轉音，爲魏忠賢、客氏之兆。又成都東門外鎮江橋迴瀾塔，萬曆中布政余一龍所修也。張獻忠破蜀毀之，穿地取磚，得古碑。上有篆書云：「修塔余一龍，拆塔張獻忠。歲逢甲乙丙，此地血流紅。妖運終川北，毒氣播川東。吹簫不用竹，一箭貫當胸。漢元興元年，丞相諸葛孔明記。」本朝大兵西征，獻忠被射而死，時肅王為將。又有謠曰：「鄴臺復鄴臺，曹操再出來。」賊羅汝才自號曹操，此其兆也。

毛蟲之孽

弘治九年八月，有黑熊自都城蓮池緣城上西直門，官軍逐之下，不能獲。嚙死一人，傷一人。十一年六月，有熊自西直門入城，郎中何孟春曰：「當備盜，亦宜慎火。」宋紹興間熊抵永嘉城，州守高世則以熊字能火，戒郡中慎火，果延燒廬舍，此其兆也。」是年，城內多火災。嘉靖五年七月，南城縣有虎，具人手足。四十五年六月，太醫院吏目李乾獻兔，體備五色，以為瑞兔。

犬禍

嘉靖二十年，民家生一犬，八足四耳四目。萬曆四十七年七月，懷寧民家產一犬，長五寸，高四寸，一頭二身八脚，狀如人。

金異

洪武十一年正月元旦甲戌，早朝，殿上金鐘始叩，忽斷爲二。六月丁卯夜，寧夏衞風雨，兜鍪旗槊皆有火光。十二年十二月甲子，徐州衞譙樓銅壺自鳴。乙丑，復鳴。是歲，胡惟庸井中生石笋，去之，笋復旁出者三。次年，惟庸伏誅。建文二年四月乙卯，燕王營於蘇家橋，兵端火光如毬，上下相擊，金鐵錚錚，弓絃自鳴。成化十三年六月壬子，雨錢於京師。正德四年三月甲寅，蓋州衞城樓鐘自鳴者三。七年，文登秦始皇廟鐘鼓自鳴。成山衞如之。嘉靖六年五月甲午，京師雨錢。隆慶六年七月七日，有物轟轟，飛至直隸華亭海濱墜於地，乃鐘也。鑄時年月具在，識者謂其來自閩云。萬曆二十一年十月甲申，山東督撫令旗及刀鎗頭皆火出，且有聲。二十六年五月庚寅，古浪城樓大鐘自鳴者三。天啓六年五月丁未，京城石獅擲出城外。銀、錢、器皿飄至昌平閱武場中。崇禎六年五月癸巳，有鐵斧飛落霍山縣。八年十二月辛巳，夜四鼓，山東鎮南城樓大礮鳴如鐘，至黎明，大吼一聲乃止。十三年三月丙申，蘄州城隍廟古鐘自鳴。

白眚白祥

洪熙元年六月庚戌，中天有白氣，東西竟天。宣德元年六月癸未夜，有蒼白氣，東西竟天。八月庚辰，東南有白氣，狀如羣羊驚走。既滅，有黑氣如死蛇，頃之分爲二。弘治五年十二月辛亥夜，東方有白氣，南北亙天，去地五丈。正德元年三月戊申夜，太原空中見紅光，如彎弓，長六七尺。旋變黃，又變白，漸長至二十餘丈，光芒亙天。嘉靖七年十二月望，白氣亙天津。

洪範曰「土爰稼穡」。稼穡不成，則土失其性矣。前史多以恒風、風霾、晦冥、花妖、蟲孽、牛禍、地震、山頹、雨毛、地生毛、年饑、黃眚黃祥皆屬之土，今從之。

恒風

宣德六年六月，溫州颶風大作，壞公廨、祠廟、倉庫、城垣。正統四年七月，蘇、松、常、鎭四府大風，〔一〕拔木殺稼。

天順二年二月，暴風拔孝陵松樹，懿文陵殿獸脊、梁柱多摧。三年四月，順天、河間、眞定、保定、廣平、濟南連日烈風，麥苗盡敗。成化十四年八月丁未，南京大風，拔太廟樹。十五年八月辛卯，大風拔孝陵木。二十一年五月，南京大風拔太廟樹，摧大祀殿及皇城各門獸吻。弘治三年六月壬午朔，陝西靖虜衞大風，天地昏暗，變爲紅光如火，久之乃息。七年三月己亥，廣寧諸衞狂風，瀋陽、錦州城仆百餘丈。正德元年六月辛酉，暴風折郊壇松柏，壞大祀殿、齋宮獸瓦。二年閏正月癸亥，盧龍、遷安大風拔樹毀屋。乙丑，大風壞奉天門右吻。三年二月己丑，大同暴風，屋瓦飛動，三日而止。九年二月丁巳，長樂大雨雹，狂風震電，屋瓦皆飛。五月戊辰，曲阜暴風毀宣聖廟獸吻。十二年四月丙辰，來賓大風雨雹，毀官民廬舍，屋瓦皆飛。十一月癸巳，南京大風雪，仆孝陵殿前樹及園牆內外松柏。十二月己酉，大理衞大風，壞城樓。十三年三月甲寅，慶符大風雹，壞學宮。十六年十二月辛卯，甘肅行都司狂風，壞官民廬舍樹木無算。嘉靖元年七月己巳，南京暴風雨，郊社、陵寢、宮闕、城垣獸吻、脊欄皆壞，拔樹萬餘株。五年，陝西屢發大風，捲掣廟宇、民居百數十家，了無蹤跡。萬曆十八年三月甲辰，大名狂風，天色乍黑乍赤。二十六年十月癸亥，喜峰路臺西北樓內，旋風大作，黑氣冲天，樓內有火光。三十四年七月丙戌，大風拔朝日壇樹。四十一年八月乙未，青州大風拔樹，傾城屋。天啓元年三月辛亥，大風揚塵四塞。四年五月癸亥，乾清宮東丹墀旋風驟作，內官監鐵片大如屋頂者，盤旋空中，隕於西墀，鏗訇若雷。八月戊戌，薊州寒風殺人。崇禎十四年五月，南陽大風拔屋。七月乙亥，福州大風，壞官署、民舍。

十五年五月，保定廣平諸縣怪風，麥禾俱傷。十六年正月丁酉，大風，五鳳樓前門門風斷三截，建極殿榱桷俱折。

風霾晦冥

建文元年七月癸酉，燕王起兵，風雲四起，咫尺不辨人。少焉東方露青天尺許，有光燭地，洞徹上下。天順八年二月壬子，風霾晝晦。成化六年二月丁丑，開封晝晦如夜，黃霾蔽天。三月辛巳，雨霾晝晦。九年三月癸未，濟南諸府，狂風晝晦，咫尺莫辨。二十一年三月戊子，大名風霾，自辰迄申，紅黃滿空，俄黑如夜。已而雨沙，數日乃止。京師自正月至三月，風霾不雨。弘治二年二月辛亥，開封晝晦如夜。三月，黃塵四塞，風霾蔽天者累日。四年八月乙卯，南京晦冥。七年三月己亥，廣寧諸衞晝晦。正德五年三月甲子，大風霾，天色晦冥者數日。十六年十一月辛酉，甘肅行都司黑風晝晦，翌日方散。嘉靖元年九月己巳，大風霾，晝晦。八年正月戊戌朔，風霾，晦如夕。二十六年七月乙丑，甘州五衞風霾晝晦，色赤復黃。二十八年三月丙申，風霾四塞，日色慘白，凡五日。三十年正月辛卯，大風揚塵蔽天，晝晦。四十年二月己酉，亦如之。四月癸巳，大風雨，黃土晝晦。四十三年三月望，異風作，赤黃霾，至二十一日乃止。隆慶二年正月元旦，大風揚沙走石，白晝晦冥，自北畿抵江、浙皆同。萬曆十七年正月乙丑，蓋州衞風霾晝晦，壞廨宇、廬舍。二十五年二月戊寅，京師風霾。二十九年四月，連日風霾。三十八年四月戊戌，崇陽風霾晝晦，至夜轉烈，損官民屋木無算。四十八年八月以前，雲南諸府時晝晦。天啓元年四月乙亥午，寧夏洪廣堡風霾大作，墜灰片如瓜子，紛紛不絕，踰時而止。日將沈，作紅黃色，外如炊烟，圍罩畝許，日光所射如火焰，夜分乃沒。四年二月辛丑，風霾晝晦，塵沙蔽天，連日不止。崇禎元年正月癸亥，永年縣晝晦，咫尺不辨人物。七年三月戊子，黃州晝晦如夜。十三年閏正月丙申，南京日色晦曚，風霾大作，細灰從空下，五步外不見一物。後四年三月丙申，風霾晝晦。

花孽

弘治十六年九月，安陸桃李華。正德元年九月，宛平棗林莊李花盛開。其冬，永嘉花盡放。六年八月，霸州桃李華。

蟲孽

景泰五年三月，畿南五府有蟲食桑，春蠶不育。弘治六年八月己巳，臨晉雨蟲如雪。七年三月，廣寧諸衞有黑蟲墮地，大如蠅，久之入於土。

牛禍

正德十二年，徐州牛產犢，一頭二舌，兩尾八足。嘉靖五年七月，南陽牛產犢，一首兩身。六年十一月，漳浦有牛產犢，三目三角。十一年二月，銅仁黃牸產犢，滿身有紋，卽死。十二年，山東平山衞牛犢有紋，前兩足及尾，悉具鱗甲，中皆毳毛。萬曆十三年九月，光山牛產一物，火光滿地，鱗甲森然，一夕斃。三十七年五月，歷城、高苑二縣牛各產犢，雙頭三眼，兩鼻二口。三十八年三月，獲嘉牛產犢，一身兩頭，四眼四耳，兩口兩足，一尾。三十九年二月，汲縣牛產犢，一膊兩頭，兩口四眼，兩耳七蹄。四月降夷部牛產犢，人頭羊耳。四十五年八月，開州牛產犢，兩口三眼。天啓元年十月，會寧牛產異獸，徧體鱗甲，有火光。三年十月，沅陵牸生犢，一身兩頭三尾。七年三月，莒州牛產犢如麟。崇禎十三年，襄陽牛產犢，兩頭二目。

地震

洪武四年正月己丑，鞏昌、臨洮、慶陽地震。五年四月戊戌，梧州府蒼梧、賀州、恭城、立山等處地震。六月癸卯，太原府陽曲縣地震。七月辛亥，又震。壬戌，京師風雨地震。八月癸未，太原府徐溝縣西北空中有聲如雷，地震凡三日。戊戌，陽曲縣地又震。九月壬戌，又震者再。十月戊寅、辛卯，復震。是年，陽曲地凡七震。自六年至十四年，復八震。八年七月戊辰，京師地震。十二月戊子，又震。十一年四月乙巳，寧夏地震，壞城垣。十三年十二月甲戌，福州府、廣州府、河州地震。十九年六月辛丑，雲南地震。十一月己卯，復震，有聲。二十三年正月庚辰，山東地震。

建文元年三月甲午，京師地震，求直言。

永樂元年十一月甲午，北京地震。山西、寧夏亦震。二年十一月癸丑，京師、濟南、開封並震，有聲。六年五月壬戌、十一年八月甲子，京師復震。十三年九月壬戌、十四年九月癸卯，京師地震。十八年六月丙午，北京地震。〔三〕二十二年六月壬申，南京地震。

洪熙元年二月戊午，六安衞地震，凡七日。是歲，南京地震，凡四十有二。

宣德元年七月癸巳，京師地震，有聲，自東南迄西北。是歲，南京地震者九。二年春，復震者十。三年，復屢震。四年，兩京地震。五年正月壬子，南京地震。辛酉，又震。

正統三年三月己亥，京師地震。庚子，又震。甲辰，又震者再。四年六月乙未，復震。八月己亥，又震。五年十月庚午朔，蘭州、莊浪地震十日。十月、十一月屢震，壞城堡廬舍，壓死人畜。十年二月丁巳，京師地震。

景泰二年七月癸丑，京師地震。三年七月，永新珠坑村地陷十七所。是年，南京地震。五年十月庚子，京師地震，有聲，起西北迄東南。六年二月甲午，安福大雷雨。白泉陂羊塘地陷二，一深三丈，廣十餘丈，一深六尺，廣一丈有奇。

天順元年十月乙巳，南京地震。

成化元年四月甲申，鈞州地震二十三日乃止。三年，四川地震，凡三百七十五。五月壬申，宣府、大同地震，有聲，威遠、朔州亦震，壞墩臺牆垣，壓傷人。四年八月癸巳，京師地震，有聲。十二月戊戌，湖廣地震。五年十二月丙辰，汝寧、武昌、漢陽、岳州同日地震。六年正月丁亥，河南地震。是年，湖廣亦震。十年四月壬午，鶴慶地震。九月己巳，自寅至申，復十五震，壞廨舍民居，傷人畜。十月丁酉，靈州大沙井驛地震，有聲如雷。自後晝夜屢震，至十一月甲寅，一日十一震，城堞房屋多圮。十二年正月辛亥，南京地震。十月辛巳，京師地震。十三年正月己巳，鳳陽、臨淮地震，有聲。閏二月癸卯，臨洮、鞏昌地震，城有頹者。四月戊戌，甘肅地裂，又震，有聲。榆林、涼州亦震。寧夏大震，聲如雷。城垣崩壞者八十三處。甘州、鞏昌、榆林、涼州及沂州、郯城、滕、費、嶧等縣，同日俱震。九月甲戌，京師地三震。十四年六月，廣西太平府地震，至八月乙巳，凡七震。七月，四川鹽井衛地連震，廨宇傾覆，人畜多死。十六年八月丁巳，四川越巂衛一日七震，越數日連震。十七年二月甲寅，南京、鳳陽、廬州、淮安、揚州、和州、兗州及河南州縣，同日地震。五月戊戌，直隸薊州遵化縣地震。六月甲辰，又震，日三次。永平府及遼東寧遠衞亦三震。二十年正月庚寅，京師及永平、宣府、遼東皆震。宣府地裂，湧沙出水。天壽山、密雲、古北口、居庸關城垣墩堡多摧，人有壓死者。五月甲寅，代州地七震。九月辛巳，費縣地陷，深二尺，縱橫三丈許。二十一年二月壬申，泰安地震。三月壬午朔，復震，聲如雷，泰山動搖。後四日復微震，癸巳、乙未、庚子連震。閏四月癸未，鞏昌府、固原衞及蘭、河、洮、岷四州，地俱震，有聲。癸巳，薊州遵化縣地震，有聲，越數日復連震，城垣民居有頹仆者。五月壬戌，京師地再震。九月丙辰，廉州、梧州地震，有聲，連震者十六日。十一月丙寅，京師地震。二十二年六月壬辰，漢中府及寧羌衞地裂，或十餘丈，或六七丈。寶雞縣裂三里，濶丈餘。九月辛亥，成都地日七八震，俱有聲。次日，復震。

弘治元年八月壬寅，漢、茂二州地震，仆黃頭等寨碉房三十七戶，人口有壓死者。戊申，宣府葛峪堡地陷深三尺，長百五十步，濶一丈。沙河中湧嶙，高一尺，長七十步。十二月辛卯，四川地震，連三日。二年五月庚申，成都地震，連三日，有聲。三年十二月己未，京師地再震。四年六月辛亥，復三震。八月乙卯，南京地震，屋宇皆搖。淮、揚二府同日震。六年三月，寧夏地震，連三年，共二十震。四月甲辰，開封、衞輝、東昌、兗州同日地震，有聲。七年二月丁丑，曲靖地震，壞房屋，壓死軍民。是歲，兩京並六震。八年三月己亥，寧夏地震十二次，聲如雷，傾倒邊牆、墩臺、房屋，壓傷人。九月甲午至辛丑，安南衞地十二震。十月壬戌至甲子，海州九震。是歲，南京地再震。九年，兩京地震者各二次。十年正月戊午，京師、山西地震。六月乙亥，海豐地震，聲如雷，數日乃止。是歲，眞定、寧夏、楡林、鎭番、靈州、太原皆震。屯留尤甚，如舟將覆，屋瓦皆落。十一年六月丙子，桂林地有聲若雷，旋陷九處，大者圍十七丈，小者七丈或三丈。十三年七月己巳，京師地震。十月戊申，兩京、鳳陽同時地震。十四年正月庚戌朔，延安、慶陽二府，同、華諸州，咸陽、長安諸縣，潼關諸衞，連日地震，有聲如雷。朝邑尤甚，頻震十七日，城垣、民舍多摧，壓死人畜甚衆。縣東地拆，水溢成河。自夏至冬，復七震。是日，陝州，永寧、盧氏二縣，平陽府安邑、榮河二縣，俱震，有聲。蒲州自是日至戊午連震。丁丑，福、興、泉、漳四府地俱震。二月乙未，蒲州地又震，至三月癸亥，凡二十九震。八月癸丑，四川可渡河巡檢司地裂而陷，湧泉數十派，衝壞橋梁、莊舍，壓死人畜甚衆。癸酉，貴州地三震。十月辛酉，南京地震。十五年九月丙戌，南京、徐州、大名、順德、濟南、東昌、兗州同日地震，壞城垣、民舍。濮州尤甚，地裂湧水，壓死百餘人。是日，開封、彰德、平陽、澤、潞亦震。十月甲子，山西應、朔、代三州，山陰、馬邑、陽曲等縣，地俱震，聲如雷。丁卯，南京地震。十六年二月庚申，南京地震。十八年六月癸亥，寧夏地震，聲如雷，城傾圮。九月癸巳，杭、嘉、紹、寧四府地震，有聲。甲午，南京及蘇、松、常、鎮、淮、揚、寧七府，通、和二州，同日地震。辛丑，蒲、解二州，絳、夏、平陸、滎河、聞喜、芮城、猗氏七縣地俱震，有聲。而安邑、萬全尤甚，民有壓死者。

正德元年二月癸酉至乙亥，郃陽地震者十餘，有聲如雷。四月癸丑，雲南府連日再震。木密關地震如雷凡五，壞城垣、屋舍，壓傷人。八月丁巳，萊州府鰲山衞地震，聲如雷，城垛壞，以後屢震。萊州自九月至十二月，地震四十五，俱有聲如雷。二年九月庚午，雲南府安州、新興州三日連震，搖撼民居，人有死者。四年三月甲寅，廣寧大興堡地陷，長四尺，寬三尺，深四丈餘。五月己亥夜，武昌見碧光如電者六，有聲如雷，已而地震。六年四月乙未，楚雄地三日五震，至明年五月又連震十三日。十月甲辰，大理府鄧川州、劍川州、洱海衞地震。鶴慶、劍川尤甚，壞城垣、房廨，人有壓死者。十一月戊午，京師地震。保定、河間二府及八縣三衞，山東武定州，同日皆震。霸州連三日十九震。七年五月壬子，楚雄府自是日至甲子，地連震，聲如雷。八月己巳，騰衝衞地震兩日，壞城樓、官民廨宇。赤水湧出，田禾盡沒，死傷甚衆。八年十二月戊戌，成都、重慶二府，潼川、邛二州，地俱震。九年六月甲辰，鳳陽府地震有聲。八月乙巳，京師大震。十月壬辰，敘州府，太原府代、平、楡次等十州縣，大同府應州山陰、馬邑二縣，俱地震，有聲。十年五月壬辰，雲南趙州永寧衞地震，踰月不止，有一日二三十震者。黑氣如霧，地裂水湧，壞城垣、官廨、民居不可勝計，死者數千人，傷倍之。八月丁丑，大理府地震，至九月乙未，復大震四日。十一年八月戊辰，南京地震，武昌府亦震。十二月己未，楚雄、大理二府，蒙化、景東二衞俱震。十二年四月甲子，撫州府及餘干、豐城二縣，泉州府，俱地震。浙江金鄉衞自是日至七月己丑，凡十有五震。六月戊辰，雲南新興州及通海、河西、嶍峩諸縣地震，壞城樓、房屋，民有壓死者。九月己卯，濟、靑、登、萊四府地震。是歲，泉州二月至六月，金華二月至七月，皆數震。十三年六月己巳，大理府及趙、鄧川二州，浪穹縣地震。〔三〕是日，蒙化府亦震。十月甲午、十一月癸卯，又震。十四年二月丁丑，京師地震。九月丙午，昌平州、宣府、開平等衞亦震。丙辰，福、興、泉三府地震。十五年三月丙申，安寧、姚安、賓州、蒙化、鶴慶俱地震。蒙化震二日，仆城垣、廬舍，民有壓死者。八月辛酉，景東衞地震，聲如雷。搖仆城牆、廨宇，地多拆裂。乙丑，濟南、東昌、開封地震。

嘉靖二年正月，南京、鳳陽、山東、河南、陜西地震。七月壬申，浙江定海諸衞地震，城堞盡毀。三年正月丙寅朔，兩畿、河南、山東、陜西同時地震。二月辛亥，蘇、常、鎭三府地震。〔四〕是年，南京震者再。四年八月癸卯，徐州、鳳陽一衞三州縣及懷慶、開封二府俱地震，聲如雷。九月壬申，鳳陽、徐州及開封二縣復震。五年四月癸亥，永昌、騰衝、騰越同日地震。貴州安南衞地震，聲如雷，壞城垣。壬申，復震。六年十月戊辰，京師地震。十二年八月丁酉，京師地震。十五年十月庚寅，京師地震。順天、永平、保定、萬全都司各衞所，俱震，聲如雷。十六年九月癸酉，雲南地震。十八年七月庚寅，楚雄、臨安、廣西地震。十九年四月庚午，洮州、甘肅俱震。二十一年九月甲戌，平陽、固原、寧夏、洮州同日地震，有聲。十一月丁巳，鞏昌、固原、西安、鳳翔地震。二十二年三月乙巳，太原地震，有聲，凡十日。明年三月，復如之。四月庚辰，福、興、泉、漳四府地震。二十三年三月朔，太原地震有聲者十日。二十七年七月戊寅，京師地震，順天、保定二府俱震。八月癸丑，京師復震，登州府及廣寧衞亦震。三十年九月乙未，京師地震，有聲。三十一年二月癸亥，鳳陽府地震，有聲。三月丙戌，山西地震，有聲。三十四年十二月壬寅，山西、陝西、河南同時地震，聲如雷。渭南、華州、朝邑、三原、蒲州等處尤甚。或地裂泉湧，中有魚物，或城郭房屋，陷入地中，或平地突成山阜，或一日數震，或累日震不止。河、渭大泛，華嶽、終南山鳴，河清數日。官吏、軍民壓死八十三萬有奇。三十七年正月庚申，陝西地震。三月丁丑，昌平州地震。五月丁卯，蒲州地連震三日，聲如雷。六月甲申，又震。十月丙午，華州地震，聲如雷。至壬子又震，戊午復大震，傾陷廬舍甚多。三十八年七月辛巳，南京地震，有聲。三十九年四月，嘉興、湖州地震，屋廬搖動如帆。河水撞激，魚皆躍起。四十年二月戊戌，甘肅山丹衞地震，有聲，壞城堡廬舍。六月壬申，太原、大同、榆林地震，〔五〕寧夏、固原尤甚。城垣、墩臺、府屋皆摧，地湧黑黄沙水，壓死軍民無算，壞廣武、紅寺等城。四十一年正月丙申，京師地震。是歲，寧夏地震，圮邊牆。四十五年正月癸巳，福建福、興、泉三府同日地震。

隆慶二年三月甲寅，陝西慶陽、西安、漢中、寧夏，山西蒲州、安邑，湖廣鄖陽及河南十五州縣，同日地震。戊寅，京師地震。是日，山東登州、四川順義等縣同日震。欒亭地裂三丈餘者二，黑沙水湧出。寧遠城崩。四月癸未，懷慶、南陽、汝寧、寧夏同日地震。乙酉，鳳翔、平涼、西安、慶陽地震，壞城傷人。七月辛酉，陵川地裂三十餘步。三年十一月庚辰，京師地震。四年四月戊戌，京師地震。五年二月丙午，廣西靖江王府及宗室所居、布政司官署，俱地陷。六月辛卯朔，京師地震者三。

萬曆元年八月戊申，荆州地震，至丙寅方止。二年二月癸亥，長汀地震，裂成坑，陷沒民居。三年二月甲戌，湖廣、江西地震。〔六〕五月戊戌朔，襄陽、鄖陽及南陽府屬地震三日。己亥，信陽亦震。六月戊子，福、汀、漳等府及廣東之海陽縣俱地震。九月戊午，京師地震。十月丁卯，又震。己卯，岷州衞地震。己丑至壬午，連百餘震。四年二月庚辰，薊、遼地震。辛巳，又震。五年二月辛巳，騰越地二十餘震，次日復震。山崩水湧，壞廟廡、倉舍千餘間，民居圮者十之七，壓死軍民甚衆。六年二月辛卯，臨桂村田中青烟直上，隨裂地丈餘，鼓聲轟轟，民居及大樹石皆陷。七年七月戊午，京師地震。八年五月壬午，遵化數震，七日乃止。七月甲午，井坪路地大震，摧城垣數百丈。九年四月己酉，蔚州地震，聲如雷。房屋震裂。大同鎮堡各州縣，同時地震，有聲。十一年二月戊子，承天府地震。十二年二月丁卯，京師地震。五月甲午，又震。十三年二月丁未，淮安、揚州、廬州及上元、江寧、江浦、六合俱地震。江濤沸騰。三月戊寅，山西山陰縣地震，旬有五日乃止。八月己酉，京師地震。十四年四月癸酉，又震。十五年三月壬辰，開封府屬地震者三，彰德、衞輝、懷慶同日震。五月，山西地震。十六年六月庚申，京師地再震。十七年七月己未，杭州、溫州、紹興地震。十八年六月丙子，甘肅臨洮地震，壞城郭、廬舍，壓死人畜無算。八月，福建地屢震。十九年閏三月己巳，昌平州地震。十月戊戌，山丹衞地震，壞城垣。二十三年五月丁酉，京師地震。十二月癸亥，陝西地震，聲若雷。二十四年十一月，福建地震。二十五年正月壬辰朔，四川地震三日。八月己卯，遼陽、廣寧諸衞地震，湧水三日。甲申，京師地震，宣府、薊鎮等處俱震。十二月乙酉，京師地震。二十六年正月丁亥朔，寧夏地震。次日，長樂地陷五丈。八月丁丑，京師地震，有聲。二十七年七月辛未，承天、沔陽、岳州地震。二十八年二月戊寅，京師地震，自艮方西南行，如是者再。三十一年四月丙午，承天府鍾祥縣地震，房屋摧裂。五月戊寅，京師地震。三十二年閏九月庚辰，鞏昌及醴泉地一日十餘震，城郭民居並摧。白陽、吳泉界地裂三丈，溢出黑水，搏激丈餘。三十三年五月辛丑，陸川地震，有聲，壞城垣、府屋，壓死男婦無算。六月庚午，靈川社壇有聲，陷地十餘丈，深丈餘。九月丙申，京師地震者再，自東北向西南行。三十四年六月丙辰，陝西地震。三十五年七月乙卯，松潘、茂州、汶川地震數日。三十六年二月戊辰，京師地震。七月丁酉，又震。三十七年六月辛酉，甘肅地震，紅崖、清水諸堡壓死軍民八百四十餘人，圮邊墩八百七十里，裂東關地。四十年二月乙亥，雲南大理、武定、曲靖地大震，次日又震。緬甸亦震。五月戊戌，雲南大理、曲靖復大震，壞房屋。四十二年九月庚午，山西、河南地震。四十三年二月己卯，揚州地震。狼山寺殿壞塔傾。八月乙亥，楚雄地震如雷，人民驚殞。十月辛酉，京師地震。四十五年五月甲戌，鳳陽府地震。乙亥，復震。八月，濟南地裂者二。四十六年六月壬午，京師地震。九月乙卯，京師地再震，畿輔、山西州縣一十有七及紫荆關，馬水、沿河二口，偏頭、神池同日皆震。四十八年二月庚戌，雲南及肇慶、惠州、荆州、襄陽、承天、沔陽、京山皆地震。

天啓元年四月癸丑，延綏孤山城陷三十五丈，入地二丈七尺。二年二月癸酉，濟南、東昌、河南、海寧地震。三月癸卯，濟南、東昌屬縣八，連震三日，壞民居無數。九月甲寅，平涼、隆德諸縣，鎮戎、平虜諸所，馬剛、雙峰諸堡，地震如翻，壞城垣七千九百餘丈，屋宇萬一千八百餘區，壓死男婦萬二千餘口。十一月癸卯，陝西地震。三年四月庚申朔，京師地震。十月乙亥，復震。閏十月乙卯，雲南地震。十二月丁未，南畿六府二州俱地震，揚州府尤甚。是月戊戌，京師地又震。四年二月丁酉，薊州、永平、山海地屢震，壞城郭廬舍。甲寅，樂亭地裂，湧黑水，高尺餘。京師地震，宮殿動搖有聲，銅缸之水，騰波震盪。三月丙辰、戊午，又震。庚申，又震者三。六月丁亥，保定地震，壞城郭，傷人畜。八月己酉，陝西地震。十二月癸卯，南京地震。六年六月丙子，京師地震。濟南、東昌及河南一州六縣同日震。天津三衞、宣府、大同俱數十震，死傷慘甚。山西靈丘晝夜數震，月餘方止。城郭、廬舍並摧，壓死人民無算。七月辛未，河南地震。九月甲戌，福建地震。十二月戊辰，寧夏石空寺堡地大震。礌山石殿傾倒，壓死僧人。是年，南京地亦震。七年，寧夏各衞營屯堡，自正月己巳至二月己亥，凡百餘震，大如雷，小如鼓如風，城垣、房屋、邊牆、墩臺悉圮。十月癸丑，南京地震，自西北迄東南，隆隆有聲。

崇禎元年九月丁卯，京師地震。三年九月戊戌，南京地震。四年六月乙丑，臨洮、鞏昌地震，壞廬舍，損民畜。五年四月丁酉，南京、四川地震。十月丁卯，山西地震。十一月甲寅，雲南地震。六年正月丁巳，鎮江地裂數丈。七月戊戌，陝西地震。八年冬，山西地震。九年三月戊辰，福建地震。七月丁未，淸江城陷。十年正月丙午，南京地震。七月壬午，雲南地震。十月乙卯，四川地震。十二月，陝西西安及海剌同時地震，數月不止。十一年九月壬戌，遼東地震。十二年二月癸巳，京師地震。十三年十一月戊子，南京地震。十四年三月戊寅，福建地震。四月丙寅，湖廣地震。五月戊子，甘肅地震。六月丙午，福建地震。九月甲午，四川地震。十五年五月丙戌，兩廣地震。七月甲申，山西地震。十六年九月，鳳陽地屢震。十一月丙申，山東地震。明年正月庚寅朔，鳳陽地震。乙卯，南京地震。三月辛卯，廣東地震。

山頹

洪武六年正月壬戌夜，伏羌高山崩。正統八年十一月，浙江紹興山移於平田。是歲，陝西二處山崩。十三年，陝西夏秋霪雨，通渭、平涼、華亭三縣山傾，軍民壓死者八十餘口。天順四年十月，星子山裂。成化八年七月，隴州北山吼三日，裂成溝，長半里，尋復合。十六年四月壬子，巨津州金沙江北岸白石雪山斷裂里許，兩岸山合，山上草木如故。下塞江流，禾黍盡沒。久之其下漸開，水始泄。六月，長樂平地出小阜，人畜踐之輒陷。明年，復湧一高山。十七年十二月辛丑，壽陽縣城南山崩，聲如牛吼。弘治三年六月乙巳，河州山崩地陷。九年六月庚寅，山陰、蕭山二縣同日大雨山崩。十四年閏七月，烏撒軍民府大雨山崩。十五年八月戊申，宣府合河口石山崩。十八年六月丙子，河州沙子溝夜大雷雨，石岸山崩，〔七〕移七八里，崩處裂爲溝，田廬民畜俱陷。正德元年十二月癸亥，卽墨三表山石崩。四年三月甲寅，遼東東山大家峪山崩二處，約丈餘。五年六月癸巳，秦州山崩，〔八〕傷室廬、禾稼甚衆。龍王溝口山亦崩。六年七月丙寅，夔州獰子溪驟雨，山崩。十三年五月癸亥，雲南黑鹽井山崩，井塞。十五年八月丁丑，雲南趙州大雨，山崩。嘉靖四年七月乙酉，清源賈家山崩。五年四月壬申，貴州万蘇屯山崩。十九年十二月己巳，峨眉宋皇觀山鳴，震裂，湧泉水八日。二十一年六月乙酉，歸州沙子嶺大雷雨，崖石崩裂，塞江流二里許。二十六年七月癸酉，澄城麻陂山界頭嶺，晝夜吼數日。山忽中斷，移走，東西三里，南北五里。隆慶二年五月庚戌，永寧州山崩。是歲，樂亭地裂三處，俱湧黑沙水。四年八月，湖州山崩，成湖。萬曆二十五年六月，泰山崩。二十七年八月甲午，狄道城東山崩，其下衝成一溝。山南耕地湧出大小山五，高二十餘丈。三十三年八月丙午，鎭江西南華山裂二三尺。三十七年六月辛酉，甘肅南山崩。天啓三年閏十月乙卯，仁壽長山聲震如雷，裂七里，寬三尺，深不可測。崇禎九年十二月，鎭江金雞嶺土山崩。後八年，秦州有二山，相距甚遠，民居其間者數百萬家。一日地震，兩山合，居民並入其中。

雨毛、地生毛

洪武十九年九月丙子，天雨絮。宣德元年七月甲午，地生毛，長尺餘。正統八年，浙江地生白毛。成化十三年四月，甘肅地裂，生白毛。十五年五月，常州地生白毛。十七年四月，南京地生白毛。弘治元年五月丙寅，瀘州長寧縣雨毛。正德十二年四月，金華地生黑白毛，長尺餘。

年饑

洪武二年，湖廣、陝西饑。四年，陝西洊饑。五年，濟南、東昌、萊州大饑，草實樹皮，食爲之盡。六年，蘇州、揚州、眞定、延安饑。七年，北平所屬州縣三十三饑。十五年，河南饑。十九年春，河南饑。夏，青州饑。二十年，山東三府饑。二十三年，湖廣三府、二州饑。二十四年，山東及太原饑，徐、沛民食草實。二十五年，山東洊饑。

永樂元年，北畿、山東、河南及鳳陽、淮安、徐州、上海饑。二年，蘇、松、嘉、湖四府饑。四年，南畿、浙江、陝西、湖廣府州縣衞十四饑。五年，順天、保定、河間饑。十年，山東饑。十二年，直省州縣二十四饑。十三年，順天、青州、開封三府饑。十四年，平陽、大同二府饑。十八年，青、萊二府大饑。時皇太子赴北京，過鄒縣，命亟發官粟以賑。

洪熙元年，北畿饑。山東、河南、湖廣及南畿州縣三十四饑。

宣德元年，直省州縣二十九饑。二年，直省縣十四饑。三年，直省州縣十五饑。六年，直省縣十饑。八年，以水旱告饑者，府州縣七十有六。九年，南畿、山東、浙江、陝西、山西、江西、四川多告饑，湖廣尤甚。十年，揚、徐、滁、南昌大饑。

正統三年春，平涼、鳳翔、西安、鞏昌、漢中、慶陽、兗州七府及南畿三州、二縣，江西、浙江六縣饑。四年，直省州縣衞十八及山西隰州、大同、宣府、偏頭諸關饑。五年，直省十府、一州、二縣饑。陝西大饑。六年，直省州縣二十六饑。八年夏，湖南饑。秋，應天、鎭江、常州三府饑。九年春，蘇州府饑。是歲，雲南、陝西乏食。十年，陝西、山西饑。十二年夏，淮安、岳州、襄陽、荊州、郴州俱洊饑。十三年，寧、紹二府及州縣七饑。

景泰元年，大名、順德、廣平、保定、處州、太原、大同七府饑。二年，大名、廣平又饑。順天、保定、西安、臨洮、太原、大同、解州饑。三年，淮、徐大饑，死者相枕藉。四年，徐州洊饑。河南、山東及鳳陽饑。五年，兩畿十府饑。六年春，兩畿、山東、山西、浙江、江西、湖廣、雲南、貴州饑，蘇、松尤甚。七年，北畿、山東、江西、雲南又饑。河南亦饑。

天順元年，北畿、山東並饑，發塋墓，斫道樹殆盡。父子或相食。二年，長沙、辰州、永州、常德、岳州五府及銅鼓、五開諸衞饑。四年，湖廣及鎭遠府，都勻、平越諸衞饑。六年，陝西饑。

成化元年，兩畿、浙江、河南饑。二年，南畿饑。四年，兩畿、湖廣、山東、河南無麥。鳳陽及陝西寧夏、甘、涼饑。五年，陝西洊饑。六年，順天、河間、眞定、保定四府饑，食草木殆盡。山西、兩廣、雲南並饑。八年，山東饑。九年，山東又大饑，骼無餘胔。十三年，南畿、山東饑。十四年，北畿、湖廣、河南、山東、陝西、山西饑。十五年，江西饑。十六年，北畿、山東、雲南饑。十八年，南畿、遼東饑。十九年，鳳陽、淮安、揚州三府饑。二十年，陝西饑，道殣相望。畿南及山西平陽饑。二十一年，北畿、山東、河南饑。二十三年，陝西大饑。武功民有殺食宿客者。淮北、山東亦饑。

弘治元年，應天及浙江饑。六年，山東饑。七年，保定、眞定、河間三府饑。八年，蘇、松、嘉、湖四府饑。十四年，順天、永平、河間、河南四府饑。遼東大饑。十五年，遼東洊饑。兗州饑。十六年，浙江、山東及南畿四府、三州饑。十七年，淮、揚、廬、鳳洊饑，人相食，且發瘞胔以繼之。十八年，延安諸府饑。

正德三年，廬、鳳、淮、揚四府饑。四年，蘇、松、常、鎭四府饑。五年，山東饑。七年，嘉興、金華、溫、台、寧、紹六府乏食。八年，河間、保定饑。九年春，永平諸府饑，民食草樹殆盡，有闔室死者。秋，關、陝亦饑。十一年，順天、河間饑。河南大饑。十二年春，順天、保定、永平饑。十三年，蘇、松、廬、鳳、淮、揚六府饑。十四年冬，遼東饑，南畿、淮、揚諸府尤甚。十六年，遼東饑。

嘉靖二年，應天及滁州大饑。三年，湖廣、河南、大名、臨淸饑。南畿諸郡大饑，父子相食，道殣相望，臭彌千里。四年，河間、瀋陽、大同三衞饑。五年，順天、保定、河間三府大饑。六年，遼東大饑。八年，眞定、廬、鳳、淮、揚五府，徐、滁、和三州及山東、河南、湖廣、山西、陝西、四川饑，襄陽尤甚。九年，畿內、河南、湖廣、山東、山西大饑。十二年，北畿、山東饑。十五年，湖廣大饑。十七年，北畿饑。河南、鄖陽、襄陽三府饑。二十年，保定、遼東饑。二十一年，順天、永平饑。二十四年，又饑。南畿亦饑。二十五年，順天饑，江西亦饑。二十七年，鞏昌、漢中大饑。三十一年，宣、大二鎭大饑，人相食。三十二年，南畿、廬、鳳、淮、揚、山東、河南、陝西並饑。三十三年，順天及楡林饑。三十六年，遼東大饑，人相食。三十九年，順天、永平饑。四十年，兩畿、山西饑。四十三年，北畿、山東大饑。四十四年，順天饑。四十五年，淮、徐饑。

隆慶元年，蘇、松二府大饑。二年，湖廣饑。

萬曆元年，淮、鳳二府饑，民多爲盜。十年，延安、慶陽、平涼、臨洮、鞏昌大饑。十三年，湖廣饑。十五年七月，黃河以北，民食草木。富平、蒲城、同官諸縣，有以石爲糧者。十六年，河南饑，民相食。蘇、松、湖三府饑。二十二年，河南大饑，給事中楊明繪饑民圖以進，巡按陳登雲進饑民所食雁糞，帝覽之動容。二十八年，山東及河間饑。二十九年，兩畿饑。阜平縣饑，有食其稚子者。蘇州饑，民毆殺稅使七人。三十七年，山西饑。四十年，南畿洊饑，鳳陽尤甚。四十三年，浙江饑。四十四年，山東饑甚，人相食。河南及淮、徐亦饑。四十五年，北畿民食草木，逃就食者，相望於道。山東屬邑多饑。四十六年，陝西饑。四十八年，湖廣大饑。

崇禎元年，陝西饑，延、鞏民相聚爲盜。二年，山西、陝西饑。五年，淮、揚諸府饑，流殍載道。六年，陝西、山西大饑。淮、揚洊饑，有夫妻雉經於樹及投河者。鹽城教官王明佐至自縊於官署。七年，京師饑，御史龔廷獻繪饑民圖以進。太原大饑，人相食。九年，南陽大饑，有母烹其女者。江西亦饑。十年浙江大饑，父子、兄弟、夫妻相食。十二年，兩畿、山東、山西、陝西、江西饑。河南大饑，人相食，盧氏、嵩、伊陽三縣尤甚。十三年，北畿、山東、河南、陝西、山西、浙江、三吳皆饑。自淮而北至畿南，樹皮食盡，發瘞胔以食。十四年，南畿饑。金壇民於延慶寺近山見人云，此地深入尺餘，其土可食。如言取之，淘磨爲粉粥而食，取者日衆。又長山十里亦出土，堪食，其色青白類茯苓。又石子澗土黃赤，狀如豬肝，俗呼「觀音粉」，食之多腹痛隕墜，卒枕藉以死。是歲，畿南、山東洊饑。德州斗米千錢，父子相食，行人斷絕，大盜滋矣。

黄眚黄祥

正統十一年二月辛酉，有異氣現華蓋殿金頂及奉天殿鴟吻之上。成化九年四月乙亥，兩京雨土。十三年四月戊戌，陝西、甘肅冰厚五尺，間以雜沙，有青紅黄黑四色。弘治十年三月己酉，雨土。十一年四月辛巳，雨土。十七年二月甲辰，鄖陽、均州雨沙。嘉靖元年正月丁卯，雨黄沙。十三年二月己未，雨微土。二十一年，象山雨黄霧，行人口耳皆塞。隆慶元年三月甲寅，南鄭雨土。萬曆二十五年二月癸亥，湖州雨黄沙。四十六年三月庚午，暮刻，雨土，濛濛如霧如霰，入夜不止。四十七年二月甲戌，從未至酉，塵沙漲天，其色赤黄。四十八年，山東省城及泰安、肥城皆雨土。崇禎十二年二月壬申，濬縣有黑黄雲起，旋分爲二，頃之四塞。狂風大作，黄埃漲天，間以青白氣。五步之外，不辨人踪，至昏始定。十四年正月壬寅，黄埃漲天。

校勘記

〔一〕正統四年七月蘇松常鎮四府大風　常，原作「長」，據明史稿志六五行志改。

〔二〕十四年九月癸卯京師地震十八年六月丙午北京地震　原脱「京師地震」。按永樂十四年京師在南京，十八年九月丁亥才下詔於明年改北京爲京師。太宗實録卷一〇二、國榷卷一六頁一一三四都作十四年九月癸卯「京師地震」，據補。

〔三〕浪穹縣地震　浪穹，原作「浪窮」，據本書卷四六地理志、武宗實録卷一六三改。

〔四〕二月辛亥蘇常鎮三府地震　原脱「二月」。辛亥，原作「辛巳」，繫於正月下。按正月是丙寅朔，不得有辛亥日。據世宗實録卷三六及國榷卷五三頁三二九六補改。

〔五〕六月壬申太原大同榆林地震　壬申，原作「壬午」，據世宗實録卷四九八、國榷卷六三頁三九六二改。

〔六〕三年二月甲戌湖廣江西地震　二月，原作「正月」，據明史稿志六五行志、神宗實録卷三五改。是年正月辛丑朔，不得有甲戌日。

〔七〕十八年六月丙子河州沙子溝夜大雷雨石岸山崩　石岸山，明史稿志六五行志、武宗實録卷二作「石崖山」。

〔八〕五年六月癸巳秦州山崩　癸巳，明史稿志六五行志、武宗實録卷六四作「乙未」。